叢書・ウニベルシタス　890

アインシュタインとロブソン

人種差別に抗して

フレッド・ジェローム／ロジャー・テイラー
豊田 彰 訳

法政大学出版局

Fred Jerome and Rodger Taylor
EINSTEIN ON RACE AND RACISM

Japanese translation published by arrangement
with Fred Jerome and Rodger Taylor
c/o Frances Goldin Literary Agency
through The English Agency (Japan) Ltd.

昨日および今日のウィザースプーン街の住民に

目次

第II部　資料　195

序

アインシュタインに関しては百を超える伝記や単行本が出版されているが、そのうちのどれ一つとして、ポール・ロブソンの名前をあげもしなければ、ましてやアインシュタインの彼に対する友情を語ることもなく、W・E・B・デュ・ボイスの名前をあげもしなければ、ましてやアインシュタインの彼に対する支援について語ることもしていない。またこれらの著作には、アインシュタインが積極的にその運動を支持した公民権会議に関する言及が全くないのである。それから、選集、文献集、伝記、要約、記事、ビデオテープ、カレンダー、ポスター、絵はがきといったアインシュタインに関する大海のような公刊物のどこを探しても、ウィザースプーンと呼ばれる街を中心とするプリンストンのアフリカ系アメリカ人社会の住民に対するアインシュタインの訪問や交流に関して、薬にするほどの情報も見いだすことは出来ないであろう。

この歴史的な健忘症の理由の一つは、ロブソンのような彼の「問題のある」友人のうちの幾人かや、反リンチ運動の共同議長を務めるといった活動が、アメリカの偶像としてのアインシュタインを何となく汚すことになるのではないかと、われわれの公的な記憶を形成するアインシュタインの伝記作家やその他の人々が懸念したことにある。『タイムズ』誌がアインシュタインに「世紀の人物」という綽名を奉ったときに神聖になったこの偶像は、すばらしい神話ではあるが、やはり神話であることには変わりがない。実際、神話がいつもそうであるように、アインシュタイン神話も壊すのが難しい。世界中で最も光輝に包まれた科学者が、また親切で、愛すべき、どじなおじいさんという顔も持っているのである。天才教授と癒しの名人との一体化である。象牙の塔から見下ろして世論を操る人たちが、こんなに魅惑的な偶像は、無知な大衆に科学、歴史、アメリカのいずれについても満足感を抱かせるのに役立つと結論したのかも知れない。こんな美しいイメージを、どうして人種差別に関するおしゃべりや、さらにはアインシュタインの政治活動などといったもので、ぶちこわそうとするのか。彼らにいわせれば、政治は醜悪で、歯ぎしりさせ拳を握らせる。それなのにアインシュタインという偶像にどうして政治というペンキを塗りたくるのか。どうして明るい青空に陰鬱な雨雲を引きずってくるのか。アインシュタインならウィンクして答えるかも知れない。雨雲がなければ、人生はあまりにも短いものになってしまうだろうと。あるいは、戦争に倦んだ今日の世界にあっては、明るい青空などおとぎ話にすぎないと彼はいうだけかも知れない。

しかしながら、自分の政治活動——とくにリンチに反対し、各種の人種差別に反対する活動——を公にしようとしたアインシュタインの明確な意図にもかかわらず、歴史を操る人々はそのことに当惑を覚えたようだ。あるいは神経質になったようである。(今日になっても名前を出されては困るという)ある博物館の学芸員が、一九七九年のアインシュタインの生誕百年を祝う主要な展示からこの科学者の政治的発言のいくつかを引っ込めたことを弁解していうことには、「私は理事会の意向を気にしなくてはならなかったんだよ。」

アインシュタインの遺灰やマーサー街の自宅をどう処理するかが問題になったとき、関係者一同は細心なまでに彼の遺言に従った。だが、彼の考え方、とりわけ彼がアメリカの「最悪の病弊」と呼んだものに関する彼の憂慮の問題になると、アインシュタインが自分の見解を出来る限り公にして欲しいと望んだという事実は、アインシュタインを論じる歴史家たちには馬耳東風であったようである。

読者にはご自身で、見落としの原因のどこまでが忘却によるもので、どこまでが他の動機（アインシュタインの見解とは意見を異にするというようなものも含めて）によるものであるかを判断して頂きたい。われわれの関心があるのは、この見落としの動機というよりはその結果である。アメリカ人および世界中の何百万というアインシュタイン・ファンは、アインシュタインが率直で、情熱的な、かつ献身的な人種差別反対者であったことを知らされないままでいるのである。歴史家ハーバート・アプセーカーが述べているように、「人種差別が思想および実践の両面で合衆国の歴史に浸透していることは、確かであり、実際痛ましいほど明白なことである。」しかしながら、「人種差別はつねに重大な異議申し立てに直面してきた」とも彼は付け加えている。

アメリカにおいて人種差別が生き延びるために主として頼っているのは、人種差別反対の声を押さえ込むことである。そういう発言がアルバート・アインシュタインのような、人気のある、そして広く尊敬されている諸個人から来る場合は、特にである。そこで本書が願うのは、猿ぐつわを外すというこの大仕事の一部を担うことである。

謝辞

プリンストン大学ファイアーストーン図書館の特別コレクションで貴重な手引きをして下さったメグ・リッチならびにアナリー・ポールスとチャールス・グリーンに、その記憶とファイルでマッカーター劇場プログラムの歴史に関する情報を提供して下さったダン・バウアーに、プリンストン歴史協会のファイルを精力的にまた迅速に案内して下さったモーリーン・M・スミスに、われわれの感謝を捧げたい。プリンストン大学シーリイ・G・マッド草稿図書館公共政策書類部門の古文書係兼管理者ダニエル・J・リンク、その助手タッド・ベニコフ、それにマッド図書館の優秀な全職員、プリンストン大学トライアングル・クラブのジョウイ・コトルーボとドナルド・マースデン、快い援助ともてなしを賜ったペンシルヴァニア州リンカーン大学のスーザン・ピーヴァーそのほかの方々、リンカーン訪問時のアインシュタインの思い出と写真を提供してくださったイヴォン・フォスター・サザランド、博識と洞察を示されたプリンストン公共図書館のテリ・ネルソンおよびニューヨーク公共図書館ションバーグ黒人文化研究センターのクリス・モーアにも感謝しなければならない。大変な助力を与えられたのは、ションバーグ・センターの全所員、エルサレムのヘブライ大学アインシュタイン文庫のバーバラ・ウルフ、チャヤ・ベッカー、それにロニ・グロシュ博士であった。ニューヨーク大学タミメント図書館の古文書係ピーター・フィラルドと古文書コレクション副主任グレイル・マルムグリーン、アブラハム・リンカーン旅団古文書館（ALBL）の事務局長ジュリア・ニューマンにも感謝する。

ウィザースプーン界隈のすべての住民に、とくにお宅を使わせて下さり、近所の方々をも二回の素晴らしい昼食会に招いて下さったアリスおよびシャーリー・サッターフィールドに特別の感謝をこめて。広い交際を利用して人々と連絡を取り、写真を撮影し、そしていつも現場にいてわれわれを励まして下さったハンク・パネルに。ウィザースプーン界隈とその歴史についてわれわれに教えるために余計な時間と手間を割いて下さったファニイおよびキム・フロイドに。過重な仕事のスケジュールの中から時間を割いて、母親のリリーとその孫娘レナに会えるよう取りはからって下さったメアリ・トロットマンに。

貴重な時間と歴史的知識を分けて下さったジャック・ワシントンに。エミリー・ベルチャーに。プリンストン大学のアフリカ系アメリカ人研究プログラムのネル・ペインターとヴァレリー・スミスに。

読み、批評し、激励し、そして何よりもわれわれの努力を見守ることで援助以上の援助を与えてくれたわれわれの友人たちや家族に。デビー、ジョスリン、ロメア、レベッカ、マーク、ダニエルに（ジョスリンにはねばり強く洞察力に富んだ研究をしてくれたことで、レベッカには見事に翻訳を助けてくれたことで二重に感謝しなければならない）、チェリル・グロス、ミチェル・ボイド、ジェイムズ・ボイド、アーニー・ハーマン、そしてボブ・アプターに、「清潔で、明るい場所」を提供して下さったニルズおよびガニラ・スミス＝ソルバッケンに、プリンストンを散歩するアインシュタインを見たというフローレンス・テイラーに。

初期原稿の誤りを細心綿密に訂正して下さったジョン・スターチェルとドロシー・ゼルナーに特別の感謝を捧げる。寛大にその研究を利用させ、多くの友人たちにわれわれを紹介して下さったばかりか、最初から「あなた方は是非ともこの企画を実現しなければならない」といって励まして下さったキッツィ・ワッターソンにとりわけ感謝する。絶えず支えて下さっていつまでもお若いわれわれのエージェントのフランシス・ゴルディンに、ラトガーズ大学出版局の仕事熱心な担当編集者オードラ・ウルフに、最後になるが寄与が劣るわけではなく、編集面で魔術的な助力を惜しまれなかったマイケル・デネニーに。

2

1

4

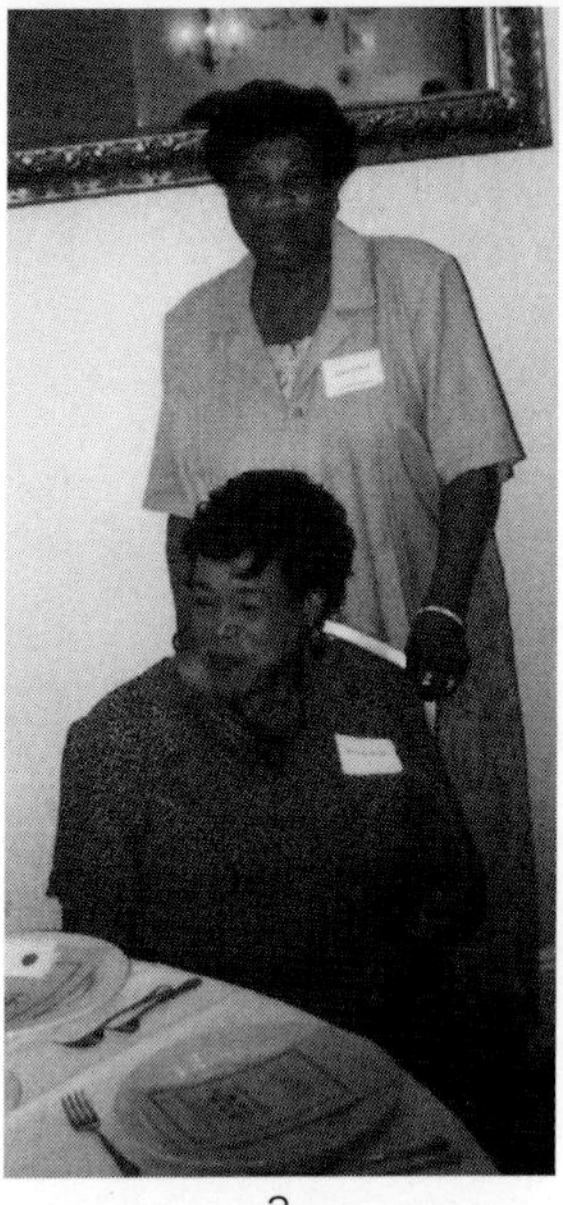

3

---

1. リリー・トロットマン．写真撮影　メアリー・トロットマン．
2. 左から右にシャーリー・サッターフィールド，ペネイ・エドワーズ＝カーター，ヘンリー・パネル．写真提供　ヘンリー・パネル．
3. メルセデス・パネル（座っている人）．写真撮影　ヘンリー・パネル．
4. ウォーレス・ホランド．写真撮影　ヘンリー・パネル．

6

5

8

7

10

9

11

13

12

---

5. ハリエット・キャロウェイ．写真撮影　ヘンリー・パネル．
6. コンスエラ・キャンベル．写真撮影　ヘンリー・パネル．
7. アリス・サッターフィールド．写真提供　シャーリー・サッターフィールド．
8. ロイド・バンクス．写真撮影　ヘンリー・パネル．
9. モリス・ボイド．写真撮影　ヘンリー・パネル．
10. メアリー・トロットマン．写真提供　メアリー・トロットマン．
11. ヴァイオレット・ハインズ・ジョーンズ（座っている人）と娘のシャール・ガドソン（左側），孫とひ孫．写真提供　シャール・ガドソン．
12. 1948年に高等学術研究所のフルド・ホールの外側で同僚たちと立っているアリス・サッターフィールド（右から2人目）．写真提供　シャーリー・サッターフィールド．
13. ティミー・ハインズ．写真撮影　ヘンリー・パネル．

15

14

17

16

14．ジョイおよびハリー・モートン．写真提供　ジョイ・モートン．
15．ロッド・パネル．写真撮影　ヘンリー・パネル．
16．ファニーおよびジム・フロイド．写真提供　ジョイ・フロイド．
17．102 歳のアルバート・ハインズ．写真撮影　フレッド・ジェローム．

18

19

18. ウィザースプーン街長老派教会．写真撮影　クロード・サッターフィールド．写真提供　シャーリー・サッターフィールド．
19. 1903年頃のウィザースプーン・スクールの学生たち（ポール・ロブソンもいる）．写真提供　シャーリー・サッターフィールド．

20

22

21

20．ウィザースプーン・スクール．写真提供　シャーリー・サッターフィールド．

21．ウィザースプーン街とポール・ロブソン通りの交差点の街路標識，プリンストン，2004年．写真撮影　ヘンリー・パネル．ウェイン・カー，ビル・ユーリカム，ジェイソン・モルガンに感謝する．

22．1942年8月，プリンストンのマッカーター劇場公演でオセロ役を演じるロブソン．プリンストン大学アーカイヴズ，ボックス2，マッカーター劇場関係記録．写真提供　プリンストン大学図書館稀覯書および特別収集品部．

23

24

23. リンカーン大学の学生に相対性理論の講義をするアインシュタイン，1946 年 5 月 3 日．写真提供　ペンシルヴァニア，リンカーン大学アーカイヴズ．

24. 1946 年 5 月 3 日の授与式典で，リンカーン大学学長ホレイス・マン・ボンド博士から名誉学位（D.Sc.）を受けるアインシュタイン．写真提供　ペンシルヴァニア，リンカーン大学アーカイヴズ．

25

26

25. アインシュタインとリンカーン大学教員の子供たち．左から右にラリー・フォスター，ステファニー・レイノルズ，イヴォンヌ・フォスター．写真提供　イヴォンヌ・フォスター・サザランド．
26. 1947 年 11 月，プリンストンのアインシュタイン邸で，左から右にヘンリー・ウォーレス，アルバート・アインシュタイン，ラジオ・コメンテイターのフランク・キングドン，ポール・ロブソン．写真版権　ベットマン／ CORBIS.

第Ⅰ部　ウィザースプーン街でのアインシュタインとロブソン

あなた方の祖先が、こういう黒人たちを故郷から力ずくで引きずって来たのだ。そして、白人が富と安易な生活を追い求めたために、黒人たちは容赦なく押さえつけられ搾取されて、奴隷の身に貶められたのだ。黒人に対する現代の偏見は、この恥ずべき状態を維持しようとする欲望の結果である。……物事を正直に考え抜こうとする人であれば誰でも、黒人に対する伝統的な偏見がいかに恥ずべきものであり、致命的でありさえすることをやがて理解するであろうと、私は信じる。

——アルバート・アインシュタイン

第1章　ベルリンからの脱出

ヒトラーとナチスがドイツ政府を乗っ取った一九三三年一月三十日に、世界で一番有名だった科学者は、また一番幸運に恵まれていたのかも知れない。アルバート・アインシュタインと妻のエルザはカリフォルニア州パサデナを訪れていて、ベルリンの自宅を留守にしていたからである。これは、彼がカリフォルニア工科大学の客員教授として迎えた当地での三回目の冬であった。アインシュタイン夫妻は春には帰国するつもりでいたのだが、それは一月三十日までのことであった。数カ月もたたないうちに、ナチス政権は、アインシュタインがまだ生きていられるのは何よりも彼がドイツ国内にいないからだということを明らかにした。

アインシュタインは他のいかなる科学者にも増して、おそらく他のいかなる人間にも増して、ユダヤ人でもある天才、民主主義者、そして後には社会主義者という生き方そのものによって、ヒトラーのナチス理論が嘘八百であることを明らかにしていた。

ナチスが自らをナチスと呼び始める以前（ヒトラーの国家社会主義党が一九二〇年代中頃に出現する以前）にも、ドイツの右翼国家主義者たちはアインシュタインを攻撃の的にしていたのだった。

これらの民族主義者たちの中には、ハーバーランド街のアパートやプロシア科学アカデミーの研究室の外でアインシュタインを待ち受け、この有名な人物が姿を現わすやいなや「ユダヤの科学」などという悪罵を浴びせる者もいた。汚らわしいことや脅し文句を書いた手紙で彼の郵便受けを溢れさせる輩もいた。ある時には、右翼学生の一団がベルリン大学でアインシュタインの講義を中断させ、そのうちの一人が「あの汚らしいユダヤ人ののど笛を掻き切ってやるぞ」と叫んだこともあった。ルドルフ・ライブスという名の反ユダヤ的扇動家が、この憎らしい科学者を暗殺する者に賞金を約束した廉で［一九二一年に］逮捕されたが、結果は十六ドルという些細な罰金刑を科されただけであった。(1)

この間、アインシュタインは世界中の聴衆から講演を依頼され、喝采を浴びていたが――ある旅行ではアインシュタイン夫妻は中国、日本、パレスチナ、スペインを歴訪し、何十万という人々から熱烈に歓迎された。――ドイツでは、「純粋な学問を保存するためのドイツ人科学者委員会」を自称する一団がアインシュタインに対する攻撃を開始し、相対性理論に「ユダヤ的堕落」というレッテルを貼った。一九二一年にノーベル物理学賞を受賞するときにさえ、アインシュタインは反ユダヤ主義に直面した。*

＊ アインシュタインは、それまでの十二年間（一九〇九年―一九二〇年）に十回にわたってノーベル賞の候補者にあがっていたが、ノーベル委員会が彼への授賞に同意したのは、彼が世界的に有名な名士として喝采を浴びた後のことでしかなかった。後年になって、『小説　ノーベル賞』の著者アーヴィング・ウォーレスがノーベル賞審査委員の一人スヴェン・ヘディンにインタビューしているが、審査委員たちが繰り返しアインシュタインへの授賞に反対票を投じ

たのには、反ユダヤ主義の影響があったとヘディンは認めた（ウォーレス『ある小説の書き方』）。ヘディンは後にナチスを公然と支持したし、ゲーリング、ヒムラー、ヒトラーの友人でもあった。

一九二〇年代半ばの数年間には、米国と英国からかなりの額の経済援助を受けてドイツ経済が安定したので、公然たる反ユダヤ主義は鎮静化し、国粋主義者たちもさほど人目につかなくなった。だが、二〇年代末に経済がガタピシすると、極右勢力がその政治的な、そして軍隊まがいの腕力をちらつかせた。アーリア民族支配を謳うヒトラーの人種主義が、経済的苦境と国際的影響力の喪失に対するスケープゴートを求める何百万というドイツ人の心を捉えた。そして、一九二九年の世界的な経済恐慌がドイツに猛烈な失業とインフレーションをもたらしたとき、それは同時にナチスに厖大な不満分子という勢力拡大の基盤を与えたのであった。

ヒトラーに率いられるナチ党が最初に新聞紙面を賑わしたのは、一九二三年の「ビア・ホール暴動」のときであった。これはバヴァリア州政府を乗っ取ろうとする試みであったが、失敗に終った。この「暴動」のあと、党の成長は緩慢になり、一九二九年になってもライヒスターク（ドイツの国会）に占める議席はわずか十二にすぎなかった。経済恐慌の衝撃とナチスの巧みな宣伝活動が、一九三〇年の選挙においてナチスの得票を急上昇させ、ライヒスタークの議席は一〇七に増加した。

ナチスの街頭行動隊はヒトラーの敵対者、特に左派の人々やユダヤ人に対して、ますます激しい攻撃を加えていった。ある歴史家が語っているところでは、「ナチスの最終的な権力掌握の地ならしをするために、党は月が改まるごとに一般のドイツ人の目につく暴力の水準を上昇させていった。」

この戦略を典型的に示しているのが、一九三二年六月十日の事件であった。この日の午後、数百人のナチス突撃隊員および……親衛隊の私兵たちがベルリン・ウェッディングの労働者居住地区を襲い……ある道路の両端を封鎖し……反ユダヤ的なスローガンを叫び……不運にもその辺にいた人々に手当たり次第に殴りかかった。ナチス隊員に打擲《ちょうちゃく》された住民は約三十人ほどであるが、そのうちには高齢者や緊急状態で病院に収容された一人の妊婦も含まれる。(2)

ナチスが最優先する標的が誰であるかに関しては、疑問の余地はなかった。アインシュタインの伝記を書いたフィリップ・フランクの言によれば、彼らの敵意は、「おどろくべきほど……また恐ろしくなるほどアインシュタインに集中していた。(3)」一九二九年にライプツィヒの一出版社は『アインシュタインに反対する百人の著者』と題した本を刊行した。この本自体はほとんど影響力を持たなかったが、「これは警告であった。」安定した一九二〇年代中葉には、著名なユダヤ人に対する攻撃は勢いを緩めたかも知れないが、「いまや……脅威が舞い戻ってきた。(4)」一九三〇年のドイツにアインシュタインを訪問したある友人は増大する反ユダヤ主義の兆候を記していたし――「ユダヤ人が経営する多くの商店が略奪にあっていた。」――、アインシュタインは「いくら落ち着いているとはいえ、心配そうだった(5)」と報告していた。

ヒトラーが権力に接近するにつれて、アインシュタインに対する脅迫は増大した。アインシュタイン夫妻はポツダム近くのカプートという村に避暑用の別荘を建てさせてあったが、この土地のパン屋は大声で顧客たちにこの科学者の「ユダヤの家」について苦情をこぼし始めていた。一九三二年の晩春に、アインシュタインは一人で散歩することを取りやめたし、エルザの友人アントニーナ・ヴァランタンは、「アインシュタインをドイツに残しておくのは、殺人行為を犯すのに等しい(6)」と警告した。一九三二年十二月にアインシュタイン夫妻が最後にドイツを離れる直前に、彼はドイツの高い地位にある将軍から彼の生命が「もはやドイツでは安全ではない」という「暖かい警告(7)」を受け取った。

公式にはアインシュタイン夫妻の出発はもう一学期間だけ国外で過ごすためのもので、春にはベルリンに戻ってくる計画であった。アインシュタインは『ニューヨーク・タイムズ』紙に「私はドイツを去るつもりはない……。私の終の住処は依然としてベルリンにしておきたい(8)」と語っていた。だが、彼は自分たちが二度とは帰らないだろうという予感を持っていたのかも知れない。一九三二年十二月十日に蒸気船オークランド号がブレーメルハーフェンを離れたとき、この船はアインシュタイン夫妻と三十個の荷物を運んでいた。アインシュタインの友人にして伝記作家であったアブラハム・パイスがいったように、これは「三カ月の旅行にしてはいささか大げさ(9)」であった。

アメリカに到着すると、アインシュタインはすぐさまドイツ国家から中傷を受けた。彼は、あるいは「共産主義的」と形容されたり、あるいは「ユダヤ・インターナショナル(10)」と呼ばれたりする秘密反ナチ運動の首領であると指弾されたのである。

三月二十三日、第三帝国は、ユダヤ人や共産主義者が大学で教えたり、弁護士や公務員として働くことを禁止した。アーリア民族の優越性を主張するこの政権にとっては、科学者たち、とりわけユダヤ人科学者たちが特別な標的であった。ナチスのある教育学の指導者はあからさまにこう述べていた。「制限しなければならないのは科学というよりはむしろ科学研究者と教師である。国家に、そして人種的な世界観に全面的な忠誠を誓った者……だけがドイツの大学で教え、研究を遂行することになるであろう。」[11]

ナチスは再三にわたってアインシュタイン夫妻のベルリンのアパートを襲撃し、彼らの所有物を没収し、銀行口座を凍結した。三月にはナチス親衛隊隊員がカプートの彼らの別荘をくまなく捜索した。反ナチ蜂起に使用する目的で「共産主義者たちがそこに隠匿したとされる」秘密の武器庫を発見するためであった。いかなる武器も見つからなかったとき――『ニューヨーク・タイムズ』の報じるところによれば「彼らが見つけたのはパン切りナイフだけにすぎなかった。」――彼らは、この家が破壊活動の資金に充てるために売却されようとしているのは「明らかだ」と決めつけて、これを接収してしまった。

突然、アインシュタインは難民になった。たとえ奇跡的にドイツへの帰還がかなう日まで生きながらえることが出来たとしても、「私がこの件で選択できる限り、私は、市民的自由、寛容、それに法の前でのすべての市民の平等が認められている国にしか住まないであろう。……このような条件は現在のドイツには存在していない」[12]と、彼は報道関係者に語った。だが、アインシュタイン夫妻は実は一九三三年の春と夏にヨーロッパに戻って、休養と将来の計画を考え直すために数カ月をル・コック・シュル・メールというベルギーの海岸沿いの町で過ごしていたのである。ナチスの新聞が彼の首に五千ドルの値段を付けたというニュースを聞いたアインシュタインは、「私は自分にそんな価値があるとは知らなかった」と皮肉をいった。しかしながら、殺害の脅しは冗談では済まされなかった。彼のル・コック滞在中、ベルギー政府は、伝えられているナチスの暗殺チームから彼を防衛するために昼夜を問わず二人のボディーガードを配置していた。ヒトラー政権が公式の写真集『国家の敵』を刊行したとき、アインシユタインの写真の下につけた説明文には *Noch Ungehängt*（縛り首にする予定）とあった。[13]

これ以外にアインシュタインを欲しがっていたのは――だがこちらは生きていて考えるアインシュタインをであるが――世界各地の主要な学術機関であった。オックスフォード、パリ、マドリード、ライデンを含むヨーロッパのいくつかの大学がアインシュタインに教授職を提供したし、新設の――そして資金が潤沢な――プリンストン高等学術研究所*（IAS）も負けてはいなかった。アインシュタインはヨーロッパのほうが落ち着けると感じていたが、作家でもあり物理学者でもあるC・P・スノーが説明しているように、どこに居住するかという選択は、もうほとんど彼の思い通りには行かなくなっていた。

* 最初からもっぱら理論的研究のセンターとして計画されたこの研究所と創立者アブラハム・フレクスナーは、世界中から傑出した学者を連れてきて、IASで生活し、思索し、研究してもらおうと考えた。この研究所はプリンストンに位置してはいても、大学からの独立性を保つ予定だった。両者の間の明白な違い――研究所は学位授与機関ではなく、学生もうけいれなかった――のほかに、本書のテーマに関わってくるもう一つの決定的な政策の違いは、IASがプリンストン大学とは異なり、世界中からユダヤ人学者を歓迎したということである。この研究所は、世界における主要な経済的、技術的大国として浮上していたアメリカの地位を大いに反映していた。研究所の存在を認識させ、国際的評価を確保する上で、アインシュタインは研究所の最も貴重な財産であった。

彼自らがヒトラーの最大の公敵であった……彼は勇敢な人であったが、もし彼が［ドイツに］戻ってきたとしたら、殺されることになるであろう……彼にはベルギーがいいと思われた。彼はこぢんまりした小国でのほうが居心地がよかったが（彼のお気に入りの国はオランダだった）、ナチスの手からは安全ではなかった。こころならずも彼はまた旅路につき、プリンストンに［引っ越した］

……。

これは一種の亡命であった。いかなる土地をも故郷とは決して認めなかった彼ではあったが、時にはヨーロッパの音や匂いを懐しく思ったはずである。だが、彼がその英知を全開させると共に、深い悲哀を味うのはアメリカにおいてだった。

ドイツを離れる前から、アインシュタインは歯に衣を着せぬナチス批判者であったばかりでなく、アメリカにおける人種差別に反対する発言を始めるようにもなっていた。人種差別と、ナチスの反ユダヤ主義やアーリア的超人理論との類似性は明らかであった。

一九三一年に、NAACP〔全国黒人向上協会〕の創立者でその機関誌『クライシス』の編集者であったW・E・B・デュ・ボイスは、まだベルリンに住んでいたアインシュタインに次のような手紙を書いた。

拝啓

ぶしつけにも雑誌『クライシス』を何部か同封でお送りしますことをお許し下さい。『クライシス』はアメリカの黒人が発行するもので、その目的は、この国の旧奴隷の血筋を受けた千二百万の人々の市民権を擁護することであります。私どもはちょうど満二十一歳の誕生日を迎えたところです。お手紙を差し上げましたのは、ご多忙中の貴殿に時間を割いて頂き、世界における人種的偏見という弊害について一言書いて頂けないかとお願いするためであります。このテーマで五百語から千語程度のご発言が頂けますならば、私どもが今後も自由への戦いを続けるのに大きな助けになることでありましょう。

小生のことにつきましては、『アメリカ人名辞典《フーズ・フー・イン・アメリカ》』をご覧になりますといくらかお分かりになると思います。小生は以前、ベルリン大学でワーグナーとシュモラーのもとで学びました。

貴殿からのご返事が頂けますならば幸甚に存じます。

敬具

W・E・B・デュ・ボイス(15)

アインシュタインは一九三一年十月二十九日に返事を書いた。

拝復

貴殿の新聞のための短い文章を同封しますのでご覧下さい。仕事があまりにも過重なので、これより長い説明は書けませんでした。

この上ない敬意を込めて

アルバート・アインシュタイン(16)

『クライシス』の一九三二年二月号は、次のような記事を掲載した。

編集者［デュ・ボイス博士］の覚え書き――

筆者のアルバート・アインシュタインはドイツ国籍のユダヤ人である。彼は一八七九年にヴュルテンベルクで生まれ、スイスで教育を受けた。彼はチューリヒとプラハの物理学教授を歴任し、現在はベルリンのカイザー・ヴィルヘルム物理学研究所所長である。彼はプロイセン王立科学アカデミーと英国王立協会の会員である。彼は一九二一年にノーベル賞を、一九二五年にコプリー・メダルを受賞した。

アインシュタインは高等物理学の天才であり、コペルニクス、ニュートン、ケプラーに比肩する人物である。一九〇五年に最初に提唱された、かの有名な相対性理論は、物理現象に関するわれわれの説明や、運動、時間、空間に関するわれわれの考え方に革命的変化をもたらしている。

しかし、アインシュタイン教授は単なる数学的頭脳の持ち主だけではない。彼は一切の人間的向上に関心を寄せる、生きた人間である。彼は軍備縮小と世界平和の輝かしい唱道者であり、ユダヤ人として人種的偏見の何たるかを知っているがゆえに、これを憎悪している。われわれの要請に応えて、彼は以下の文章を『クライシス』誌に“Ausgezeichneter Hochachtung”（「この上ない敬意」）を込めて送ってくれた。

アメリカの黒人たちに

少数者集団が、とくにそこに属する個々人が身体的差異により識別可能な場合には、その中で生活する多数者集団から劣等階級として取り扱われるということは、普遍的な事実であるように見える。しかしながら、このような運命の悲劇的な部分は、これらの少数者集団が経済的ならびに社会的関係の中で味わう自動的に現実化した不利益にあるだけではなくて、このような取り扱いを受ける人々の大部分が、多数者の暗示的な影響を受けてこの偏った評価を黙認し、自分たちに似た人々をも劣等であると見なすようになるという事実のうちにもある。この悪弊の第二の、そしていっそう重要な側面には、少数者集団内部でのもっと緊密な連帯と意識的な教育的啓発によって対処できるであろう。そうすれば、少数者集団の魂の解放も達成できるであろう。

この方向を目指すアメリカの黒人たちの断固たる努力は、万人の是認と助力に値するものである。

アルバート・アインシュタイン[17]

（デュ・ボイス－アインシュタイン往復書簡の全文については、第II部資料Aを参照して頂きたい。）

デュ・ボイスがアインシュタインにメッセージを依頼したということは、このアフリカ系アメリカ人学者が広報活動に類いまれな閃きをもっていたことを明らかにした。アインシュタインのお陰で、『クライシス』の記事が珍しくも、『ニューヨーク・タイムズ』に「アインシュタイン、黒人に呼びかける」と小見出しのもとにではあったが、取り上げられたからである。[18] 約二十年後に、別のデュ・ボイス－アインシュタイン往復書簡がはるかにずっと重大な結果をもたらすことになるのであるが、恐怖の一九五〇年代には、マスコミの取り上げるところとはならないであろう。

アメリカに移住する直前、アインシュタインは「スコッツボローの少年たち」を救えという国際的運動に参加した。これは、レイプをしたという虚偽の告発を受けた、アラバマに住む十代のアフリカ系アメリカ人九人のことであるが、そのうちの八人が一九三一年に死刑を宣告されていたのである。アインシュタインにとって、スコッツボロー事件はアメリカの法制度における人種的不公正に対して抗議する最初の事例であった。J・エドガー・フーヴァーとFBIにとっては、これはアインシュタイン・ファイルの「共産党系の大衆組織における活動」という項目の最初の記載となった。だが、これはわれわれの物語の先の方の話である。

第2章　「天国」

アインシュタインとエルザが一九三一年十月にプリンストンに着いたとき、そこはアインシュタインにとって別世界のようだった。この小さな街の最も際だった第一印象がベルリンとの対比になるのは、必然の成り行きだった。すなわち、鉤十字の腕章を着けて、街頭に繰り出し、ユダヤ人やジプシーたちを打擲《ちょうちゃく》し、左翼や労働組合の集会に襲いかかり、商店の窓をたたき割る連中が存在しないことだった。プリンストンは安全な避難所になってくれそうであった。「天国に追放されたようなものだ」と、アインシュタインはある友人宛ての手紙に書いた。プリンストンには、古くからのエリートの家系や「社交界」の人々の群れが発する堅苦しさもあった。アインシュタインは後になって、これを「竹馬に乗ったちっぽけな半神半人たちが住む古風な儀式張った村(1)」と記述することになるであろう。

それにもかかわらず、彼は明らかにプリンストンのうわべの静寂さに感動してもいた。「この小さな大学町には、人間たちの争いの喧騒はほとんど入って来ません。ほかのすべての人々が闘い、苦しんでいるときに、こんなに平和に暮らすのが恥ずかしくなるくらいです(2)。」

プリンストンというと、人々は世界的に有名な、アイビーリーグ所属の、富裕で、保守的な大学のことを考える。街のことなどは考えもしないのだ。現実には二つのプリンストンが存在するのである。中心部分にあるのがバロー（次にでるタウンシップと同じく、ニュージャージー州においてカウンティーの下にある五種類の独立した地方自治機関の一つ。）であって、約一・七平方マイルの広さに今日では約一万七千人が住んでいる。このバローを取り囲んでいるのが、もっと大きなタウンシップである。二つのプリンストンは美しく、静寂で、自然に包まれ、緑が多く、それぞれが独自の魅惑を放っている。バローの長さも幅員も最大の通りであるナッソー街が、下町の商業地域を大学から切り離している。老木と古典的な十九世紀式建物を擁する、陽の当たらないキャンパスが遠方に広がっている。

プリンストンはどこにでもある目立たない小さな大学町と思われかねない。そういう面も確かにあるかも知れないが、このバローで十分長く暮らしてみると、アメリカが始まったのはプリンストンからだと感じられるようになる。ジョージ・ワシントンがここで宿泊しているし、ここは多くの人により独立戦争の転換点だと考えられた戦闘が行なわれた場所でもあるのだ。

最初にプリンストンに入植したヨーロッパ人たちは、大きな川の畔に住居を定めた。この川は、この地域に長い間住んでいたアメリカ先住民集団レニ・ルナーペにとっても、生命の源であった。彼らはこの川をウォポウォグと呼び、ヨーロッパ人たちはストーニー・ブルックと呼んだ。ルナーペは漂泊民であったから、個人的な土地所有などという概念を認めなかった。だが、ヨーロッパ人入植者のほうは、たちまち、この地が肥沃で農業に適していることを知った。彼らの入植は急激に拡大していった。

元来はプリンス・タウンといったプリンストンという名前は、オレンジ公（Prince of Orange）、つまりナッソー家のウィリアムに因むともいうし、近くにあったキングス・タウン（今日のキングストン）の姉妹都市であったからそう呼ばれたのだともいう。この街の発展にとって、その立地が果たした役割も大きかった。フィラデルフィアからもニューヨーク市からもほぼ等距離にあるから、プリンストンは駅馬車で旅する人々にとって好都合の宿泊地になった。

プリンストン大学は創立以来、この町の発展に基本的な役割を演じた。ちょうど磁石のように、人々、金、事業を引きつけたからである。一七四六年にニュージャージー州エリザベスで創立されたときには、それはカレッジ・オブ・ニュージャージーと呼ばれていた。大学は一七四七年にニューアークに、そして一七五六年になってプリンストンに移った。大学を経営する富裕で、有力な、そして著名な人々が、往々にして町の運営にもあたった。

プリンストンの歴史には、ストックトンという名前が頻出する。彼らの存在をいつまでも思い出させるのは、今は博物館になっているこの家の屋敷モーヴェンである。歴史上、重要なのは、紛らわしくもあるが、リチャード・ストックトンという名前である。この家族の中では、リチャードというのがきわめて好まれる名前になったためである。そのうちの数名は、その生誕の地を遠く離れた場所でも有名になった。ミシシッピ州の判事であったリチャード・ストックトンは齢三十一にして決闘で死んだ。リチャード・ストックトン・フィールドというニュージャージー州選出の合衆国上院議員もいた。それはさておき、少なくとも三人のリチャード・ストックトンがプリンストンの、そしてある意味ではこの国の遺産に基本的な貢献をしている。歴史家たちによれば、その最初のリチャード・ストックトン――叙述の便宜のためにリチャード・ストックトン一世と呼ぶことにするが――が、この町の創設者であるという。彼は一六九六年にウィリアム・ペンから六四〇〇エーカーの土地を購入した。プリンストンのバローは、彼が購入した土地のほぼ真ん中に位置しているのである。彼はこの土地の広大な部分を豊饒な農園に変えたが、それによりこの家族の権力と富が急速に増大することになった。

彼の末子ジョン・ストックトンは、一七五〇年代に家族の信仰をクエーカー派から長老派に変える先駆けになった。ひとりで四十エーカーの森林を寄付したほかに、彼はほかの三人と共に、カレッジ・オブ・ニュージャージーのプリンストン移転を助けるために一千ポンドを拠出した(3)。

ジョン・ストックトンの長子リチャード・ストックトン二世は、のちにプリンストン大学になるものの第一回卒業生の一人であったが、モーヴェンとよばれる宮殿のようなストックトン屋敷を建築した。一九五〇年代にはこれがニュージャージー州知事の公邸になった。それは一九八一年に博物館に指定され、二〇〇四年十月から一般に公開された。成功した弁護士であり、独立宣言の署名者でもあったリチャード・ストックトン二世は、独立戦争の悲劇的な英雄の一人であった。英軍の捕虜になった彼は、監禁中にうけた乱暴な取り扱いから身体的に回復することなしに、一七八一年に死んだ。リチャード・ストックトンの息子の一人であるリチャード・ストックトン三世は、「大公」とも呼ばれていたが、米国議会でニュージャージー州を代表した。この議員の息子の一人で海軍士官であったロバート・フィールド・ストックトン提督はアメリカ-メキシコ戦争の後、カリフォルニアで政府の設立に協力し、植民協会*で活動したが、この協会は、アメリカの黒人をアフリカに送還しようとする十九世紀の努力の表われであった。その後、この提督もニュジャージー州選出の米国上院議員になった。

* 十九世紀の初頭に、米国における人種差別問題を解決する最も人間的で、かつ／あるいは好都合な方法は、アフリカ系アメリカ人をアフリカに送還することであると考える人が現れ始めた。こういう考え方に刺激されて、後に全国的に広がる植民協会が誕生した。『ジャーナル・オブ・ニグロ・ヒストリー』第二巻第三号（一九一七年七月十七日号）二一四ページ、「アメリカ植民協会の創立」によると、一八一六年十一月六日にアーカリーズ・ビーティーとロバート・フィンレーが、「プリンストンで開催されたわが国始まって以来最初の植民問題会議」を主導した。ジョン・F・ハーゲメン『プリンストンとその諸団体の歴史』（フィラデルフィア、J・B・リッピンコット社、一八七九年）、二二三ページ。

一七四八年にニュージャージー地方総督ジョナサン・ベルチャーは、「ここおよび近隣の入植者たちの精神を一層啓発し、そのマナーを洗練する」(4)ために、教育を行政の主要な中心に据えることにした。カレッジ・オブ・ニュージャージーの敷地に関してはいくつか議論があったが、彼は最終的にプリンストンに白羽の矢を立てた。ベルチャー総督には、プリンストンが「他のいかなる候補地よりもこの地方の中心に近い」(5)と思われたからである。大学の建物の建設は、フィラデルフィアの建築家ロバート・スミスに委託された。スミスが建設したのがナッソー・ホールであって、当時、「植民地で二番目に大きな石造建築物であったこのホールは、教室、共同寝室、礼拝堂、図書館、食堂と大学全部を収容することが出来た。ナッソー・ホールはハーヴァード、ブラウン、ダートマス、ラトガーズなどの建物の手本になった。(6)」一七五六年に大学はこのキャンパスに移転した。名称をプリンストン大学と改めたのは、一八九六年であった。

学長のジョン・ウィザースプーンは大変な愛国者でもあったし、カレッジ・オブ・ニュージャージーをこの国のきわめて声望の高い大学の一つにするのに大いに尽力した幾人かの一人でもあった。ウィザースプーンが生まれたのは、スコットランドである。彼は、当時、世界できわめて威信の高かった学術機関の一つであるエディンバラ大学の卒業生であった。牧師職についた彼は、スコットランド教会の中で福音派、つまり「民衆派」の指導者として広く知られるようになった。力強く、また臨機応変なウィザースプーンの演説スタイルは聴衆を魅惑した。そのころ、彼よりカリスマ性が高いのはジョージ・ワシントンだけだろうといわれたものである。一年余にわたって就任の要請を受けた後、ついにはベンジャミン・ラッシュやリチャード・ストックトン二世といった名士たちの説得に負けて、ウィザースプーンは一七六七年に大変な歓迎を受けてプリンストンに到着し、第六代学長になった。着任するとすぐに、彼は大学には資金が必要であることに気がついた。彼は南部に重点を置いたものの植民地中を旅して、募金と学生集めに奔走した。

十八世紀には、大学は今日とは少々違っていた。高等教育機関は今日のものよりずっと規模が小さく、主として聖職者たちを教育していた。ウィザースプーンの在任中に、大学が雇用したのは、ほかに二人の教授と三人の講師だけであった。ウィザースプーンは、学務の管理と毎日曜日の二回の説教以外に、過重な授業負担をこなして、大学のカリキュラムの幅を広げ、質を向上させた。大学の敷地を表すのに、「キャンパス」ということばを用いたのは、彼が最初だそうである。ウィザースプーンのもとで、「プリンストンそのものが、しばらくの間、……『革命』の学術センターになった」と未来の合衆国大統領ウッドロー・ウィルソンは後になって述べている。プリンストンの卒業生のうち、著名な政治家になったものの数は異常なほど多い。上院議員が二十一人、下院議員が三十九人、知事が十二人、最高裁判事が三人、副大統領が一人（アーロン・バー・ジュニア）、そして大統領が一人（ジェイムズ・マディソン）いるが、これは学生数が滅多に百名を超えることがなかった大学で、約二十五年という期間内に生じたことなのである。プリンストンの卒業生九人が憲法制定会議の代表を務めたが、そのうちの五人はウィザースプーンの教え子であった[7]。ウィザースプーン自身も独立宣言の署名者になった。

ウィザースプーンが学長の職にある間に、独立戦争の帰趨を左右する重大な出来事がプリンストンで生じた。一七七五年からほぼ一七七六年末にかけて、ジョージ・ワシントンの率いるみすぼらしい植民地軍はずっと退却を繰り返していた。英軍は彼らをニューヨークからペンシルヴァニア東部まで追跡した。植民地軍の兵士を打ちのめしたのは、敵弾よりも雨、泥、飢え、寒さであり、靴や衣服の不足であった。

植民地軍がデラウェア川を渡ってペンシルヴァニアに入ったとき、兵士たちがひどく疲弊しボロボロになっていたので、ワシントンは「もう戦いは終ったも同然だ[8]」と手紙に書いたくらいであった。英軍司令官ウィリアム・ホウ卿は、自軍を冬営地に送ることにした。ホウは、生き残った大陸の兵士を殺すような仕事は春まで残しておけばよいと考えたのである。これに気がついたワシントンは逃げるのを止め、攻撃計画を立てた。ヘッセン兵、つまり英国に雇われたドイツ人傭兵が、トレントンの前哨地点に配備されていた。ワシントンはクリスマス翌日の奇襲攻撃を計画した。午前八時、みぞれの降る中を、ワシントンの軍勢と大砲が三つの違う方向から襲ってきたので、ヘッセン兵は完全に虚をつかれてしまった。植民地軍は、時には激烈を極めたわずか二時間の戦闘で、勝利を収めた。

大胆になったワシントンは、攻撃を続けようと思った。兵役期間の切れようとしている兵士が多かったにもかかわらず、彼は兵士たちに熱情に溢れた演説を行ない、軍隊にとどまって、闘うように説得した。大晦日に彼らはもう一度デラウェア川を渡ったが、たちまち英軍に追いつめられてしまった。宵闇が迫っていた。英軍司令官コーンワリス卿は攻撃を中止させ、部下の士官たちに「あの老いぼれ狐にけりをつけるのは明朝にしよう」(9)といった。その夜、ワシントンの命令で、少数の兵士がそこにとどまって、キャンプファイアーを焚き、音を立てて、野営の準備を急ぐふりをする一方、彼の兵士の大部分は、人知れぬ小道づたいに、プリンストンめがけて突進した。そこには、英軍の二個連隊が主力から切り離されて駐屯していたのである。夜が明けると、コーンワリス卿は、老いぼれ狐に巻かれてしまったことに気がついた。まもなく、彼はワシントンがプリンストンを攻撃していることを知らされた。

伝えられているところによれば、このなかのある時点に、敵の前線から三十ヤード離れたところにいたワシントンは、兵士たちに撃てと命じた。彼らは射撃を始め、英軍もこれに応戦してきた。ワシントンの姿は硝煙の中に消えた。煙が晴れたとき、ワシントンは無傷の姿を現わしたが、壊滅させられた敵軍の兵士たちは命からがら逃げ出し、ナッソー・ホールやその周辺に避難した。ウッドロー・ウィルソンの言によれば、この記念すべき日には、街頭で戦闘が行なわれ、ナッソー・ホールに向けて大砲が発射された。わずか数日前に打ち負かされ、デラウェア川を渡ってからは退却ばかりしていたワシントンが、英国軍を打ち負かし、「戦争の全貌を一変させてしまった」(10)のであった。

この出来事のうちで大抵の人が耳にしたことがないのは、プリンストン界隈および周辺の黒人の植民地アメリカ人がこの決定的な勝利に重要な役割を果たしたということである。全員が黒人でよりぬきの第一ロードアイランド連隊*からの多数を含めて、植民地のかなりのアフリカ系アメリカ人がこの戦闘に参加した。独立戦争に従軍した黒人の元兵士オリヴァー・クロムウェルは、齢百歳になった一八五二年年の春に、ワシントン軍が「英国軍を撃ち破った[11]」次第を生き生きと回想している。戦闘の中にはプリンストンのアフリカ系アメリカ人居住区で戦われたものもあった。「十九人のヘッセン兵がウィザースプーン街で殺された。戦闘の後も長い間、住民たちは戦闘で死んだ一人のヘッセン兵の亡霊に悩まされた話をしていた[12]。」

* 全員が黒人の第一ロードアイランド連隊は、解放奴隷三十三人と、戦争が終るまで勤務したら自由にしてやると約束された奴隷九十二人からなっていた。彼らはニューポートの戦いで勇名を馳せた。しかしながら、この連隊はヨークタウンで英軍の攻撃にさらされ、全滅同然になった。

当時、奴隷状態にあった多くのアフリカ系アメリカ人は、民主主義、平等、自由などという諸原理に刺激されて、くびきから逃げ出した。プライムという名で通っていたあるプリンストン住民も、そのような人々の一人であった。彼の主人アブサロム・ベインブリッジは英国を支持していた。ベインブリッジは志願し、外科医としてロングアイランドに駐屯していた国王軍に勤務した。余儀なく主人と一緒に旅立ったプライムは逐電してプリンストンに戻った。ここで彼は植民地軍に加わるよう勧められ、従軍すればあとで自由になれるだろうと思って、承諾した。

しかしながら、戦争が終ってからもプライムは法的には解放されなかった。彼は一七八四年までほぼ自由な暮らしをしていたが、この年に奴隷狩り人に捕えられてしまった。このとき、彼の法的代理人は奴隷解放の請願を提出した。アブサロム・ベインブリッジは国家の敵となって英軍に加わったとき、一切の所有権を喪失したというのが、プライムの弁護士の主張であった。法廷はプライム側の勝訴を宣し、彼はやっと自由になった。その後、彼がどうなったかは闇の中である。今までのところ、彼の生活の資料となるような記録は全く出てきていないからである。他方、プリンストンの奴隷所有者アブサロム・ベインブリッジは一七七四年にリチャード二世の兄弟のジョブ・ストックトンから家を一軒借りた。この家は彼が戦時中に英国の味方をしたときに没収されてしまったが、今日もなおその旧宅にはベインブリッジという名前が残っている。彼の息子にして、一八一二年の［米英］戦争の英雄だったウィリアム・ベインブリッジに因んで名付けられたわけだが、今はそこにはプリンストン歴史協会が入っている。

「ほかの大学でこれほどの優秀な学者や立派な人物を送り出しているところはない」とジョージ・ワシントンは戦争の後で、プリンストンにあるこのニュージャージーの名門校について書いている。義理の息子がこの大学で退学処分にあっているにもかかわらず、彼は生涯を通じてこの大学の支援者であった。もう一人の合衆国大統領ジェイムズ・マディソンはキャンパスを訪れて資金集めの手助けをして、大学を支援した。

十九世紀の後半には、二人のプリンストン大学学長が大学と地域社会に重要な貢献をした。ただ一人、独身者でプリンストンの学長になったジョン・マックリーン・ジュニアは、この町の公立学校制度を発展させるために献身的に働いた。そして一八八〇年代には、スコットランド生まれのプリンストンの学長ジェイムズ・マッコシュは壮麗な建物を建設することに力を注ぎ、ここのキャンパスをこの国で優れて美しいものの一つにした。

一九〇二年に、この大学でいまや最も人望があり一番高い給料を取っていた教員である卒業生が、満場一致でプリンストンの学長に選出された。ウッドロー・ウィルソンは長老派教会員であり牧師の息子ではあったけれども、非聖職者の学長はプリンストンで初めてであった。彼の功績は大学を近代化した最初の報告において、プリンストンを本格的な規模の大学に改革するために千二百五十万ドルの計画を提案した。当時、これはあっと驚くような金額であったが、理事会は即座に承認した。「ウィルソンは、理事会に出す最初の報告において、プリンストンを本格的な規模の大学に改革するために千二百五十万ドルの計画を提案した。当時、これはあっと驚くような金額であったが、理事会は即座に承認した。ウィルソンは履修指導を担当する事務部門を設置し、その責任者には直接自分に連絡させた。彼は、最初の二年間に共通に課される一般教育の後に、学生が選択した分野を二年間集中的に勉強するという、現在、どこでも行なわれているやり方を創始した。[13]」

ウィルソンは一九一〇年にプリンストンを退職して、ニュージャージー州知事に立候補し、当選した。その二年後に、彼は合衆国大統領に選出された。博士号を有する大統領は彼が最初で、今日に至るまで彼以外にはいない。ウィルソンはまた、南北戦争以後では初めての南部出身の大統領であった。

アルバート・アインシュタインが、講義を行ない名誉学位を受け取るために、一九二一年に初めてこの大学を訪問したとき、学長はウッドロー・ウィルソンの後任のジョン・G・ヒッベンであった。彼はしばしば強力な指導者というよりは、まとめ役ないしは調停役といった人柄であったといわれている。彼はアインシュタインがプリンストンに移る一九三三年には、ハロルド・W・ドッズがプリンストンの学長職に就いたばかりであった。ドッズの長い任期は一九五七年まで続くことになるであろう。つまり、アインシュタインの死の二年後までである。

アインシュタインはこうした歴史を量と質にわたって知っていたかもしれないし、彼が到着する前にここにいた歴史的人物たちのことも知っていたのかもしれない。彼はまた、プリンストン生活の別の面に気づいたとき、びっくりしたかもしれない。

アインシュタインが自分の新たな故郷の通りを探索しながら、大学からいろいろな店や学生食堂のあるナッソー街へと歩を進め、ウィザースプーン街へと下っていくのを想像してみることが出来る。たぶんアインシュタインはまず、ここにはきちんと舗装された歩道が少ないことに、あるいはたぶん急に黒人がいるかと思うと、白人が姿を消したことに気づいたことであろう。いずれにせよ、大した時間もかからないうちに、肌の黒いプリンストン住民が別の居住区に住み、その子供たちを別の学校に通わせ、映画館では別の席に座り、ナッソー街の大抵の店には入ることが出来ないことを、彼は知ることになる。

これは、米国史の教科書にはたいてい引用されることのない、もう一つのプリンストンの歴史である。独立宣言への署名者にして、当時の卓越した医師であり、プリンストンの卒業生（一七六〇年次）でもあったベンジャミン・ラッシュは次のような回想を残している。「エゼキエル・フォアマンやアレグザンダー・マクドナルドの時代には、プリンストンの中心街には商店や居酒屋が軒を連ね、村には独自の郵便局があり、医師、弁護士、商人からなる活動的な中産階級がいた。定期市の日には、奴隷、牛、馬、羊が売られていた。日に一回の駅馬車がニューヨーク－フィラデルフィア間に旅客を運びながら、プリンストンで停車した。」(14)「奴隷の販売」は終ったかも知れないが、数年あるいは数十年にとどまらず、あと百年もの間、植民地的心性が大学の内外を問わずプリンストンのエリートを支配し続けた。これがプリンストンのもう一つの歴史であるが、それはそんなに美しいものではない。

第3章　もう一つのプリンストン

一八五〇年代の『ハーパーズ・マンスリー』誌にある記者が書いた記事によると、ニュージャージー州を通りかかった旅行者が、白人一人あたりに二人のくろん坊、黒人一人あたりに二匹の犬のいるところに来たら、プリンストンにいると思ってまず間違いはない。

——ロイド・ブラウン『若きロブソン』、一二二ページ

ウィザースプーン街という名前は、ジョン・ウィザースプーンが自宅と大学の間を往復するのに通った道に因むという。近代になってもう百年以上もの間、かつてはインディアンの通り道であったこの一画を北に進むと、アフリカ系アメリカ人の居住区に出る。ウィザースプーン街となる以前には、それはヒル・ロードであり、またロッキー・ヒル、アフリカン・レイン、アフリカン・アリーとも呼ばれていた。ウィザースプーンも、隣接するクレイ、マックリーン、クオリー、ジョンなどの街も、今日では町の他の部分と同様に、眠たげで木々に覆われているように見える。家々の中には幾分小さめで、あまり近代的でも清楚でもないものもあるけれども、この小さな区画がニュージャージー州よりはアラバマ州のセルマに類似した歴史を持っていることを示すようなものは何もない。プリンストン公共図書館員の

テリ・ネルソンは、この町の歴史的社会的条件を説明しながら、「黒人居住区は分離され、別扱いを受けていた」と語った。「それと同時に、黒人たちはプリンストンの日常生活のあらゆる仕組みに巻き込まれてもいた。」プリンストンに生まれたポール・ロブソンはこれを「南部の一番北の町」と呼んだ。

今日のプリンストンにも、レストランに入ることを断られたり、店で買い物をさせてもらえなかったことを記憶している黒人がいる。映画館では、彼らは「黒人用」の座席に座らなければならなかったし、高校に通うには町の外に出なければならなかった。プリンストンはニューブランズウィックやトレントンなどの近くの町とは異なっていた。これらの町にも、もちろん、人種差別はあったけれども、こんなに根深い黒人蔑視《ジム・クロウ・イズム》の長い歴史を持ってはいなかった。一九四〇年代にある住民が語ったところによると、「ニューブランズウィックでは、通う学校は皮膚の色ではなくて、住所によって決められた。[(1)]」

プリンストン大学は、キャンパスに奴隷街を抱え込んで建設されたと噂されたことがある。ほとんどの歴史家は、そのような証拠はないと信じている。しかしながら、知的思想の要塞である大学が、この町で苛酷な人種隔離を制度化し、永続化する先鋒であったことは間違いない。

作家、活動家であり、ニューヨーク刑事裁判所の前判事であったブルース・ライトは、十六年間の在任期間中に進歩的で論議を呼ぶ決定をすることで有名になった人であるが、プリンストンに生まれた。一九三六年に彼は大学への全額給付奨学金を獲得したが、アフリカ系アメリカ人であるという理由で入学を拒否された。

「私はプリンストン大学で学びたいと思っていた」と彼は書いている。

私の高校教師の一人の世話で奨学金がもらえることになったのは、金のない家庭にとって大きな喜びであった。というのも、われわれは大恐慌のまっただ中にいたからである。

私は希望に溢れて入学手続きの列に並んだ。太陽が輝いていて、大学の緑の芝生が眼にも鮮やかだった。無邪気だった私は、身分を表すオレンジ色の腕章をつけた上級生から入学者選抜部長の部屋まで付いてくるようにいわれたときにも、平気だった。

私はラドクリフ・ヘイアマンスの面前に連れて行かれた。このフォールスタフのように肥満した人物が私を上から見下ろした。この部屋の鉛桟《なまりさん》ガラス窓を通して光が射し込んでいた。ヘイアマンスは神のごとき輝きに包まれてそこに立っていた。彼は私に向かって「ミスター・ライト」と呼びかけた最初の人だった。だが、彼の次のことばは子供っぽい私を叩きのめし、その後、私が教室で学ぶいかなることにも増して私を教育してくれることになるであろう。「奨学金の決定をしたときには、われわれは君が黒人だとは知らなかったんだよ。(2)」

ジョン・ウィザースプーンの時代から、大学は南部のエリートとの関係を深めようと一貫した努力を行なってきた。おそらくプリンストンがハーヴァード、エール、コロンビア、あるいはダートマスよりもずっと南に位置していたからであろうが、この南部戦略は実効があった。一八四〇年代の十年間を調べた結果が示すところによれば、プリンストンで南部出身学生の比率が四十パーセント以下に落ちたのはたった一年だけであった。一八四八年には、それは五十一パーセントという高率であった。(3)

独立戦争の間に、三十五人の学生が北軍側で戦死し、三十五人が南軍側で戦死した。こういう熱い、緊張の高まった時期に、何人かの南部出身の学生は大学を去ったけれども、分裂は一時的なものであった。戦争が終ると間もなくプリンストンの南部的伝統が再び開花したからである。一九二八年度の学生の一人は次のように語っている。「プリンストンが南部で人気があるのは、東部の大学で黒人を入学させないのはここだけだからだ。(4)」

一七五六年から一九四七年までの間にプリンストンで学び、プリンストン大学の学士号を取得したアフリカ系アメリカ人は、たった一人だけである。この一人が一九四七年卒業のジョン・ルロイ・ハワードである。* 一九四八年にニュージャージー州議会がプリンストンの公立学校における人種差別を終えるよう命令する法令を通過させたとき、大学は、学長ハロルド・W・ドッズに率いられて、この立法に反対する態度を表明した。驚くには当たらないが、プリンストンは、アイビーリーグのうちで黒人差別を止めるのが一番遅れた大学であった。

* ほぼ四分の三世紀前、長い間、A・M・E・ザイオン教会と関係があった著名なトレントンの牧師アーウィン・W・L・ラウンドトリー師が、プリンストンの学位を授与される最初の黒人になった。カレッジ・オブ・ニュージャージーが正式にプリンストン大学になる以前の一八九五年に、リンカーン大学とプリンストン神学校の卒業生だったラウンドトリーはプリンストンから修士号を受け取った（一九六九年七月十八日、プリンストン大学広報課による）。

プリンストンにおける人種差別と、それが黒人の生活に及ぼしたゆゆしき効果は、大学から始まったわけではない。オランダの奴隷商人から買い取られたアフリカ人奴隷は、最初からストーニー・ブルック入植地の一部をなしていた。リチャード・ストックトン一世がプリンストンに到着したとき、彼は少なくとも七人のアフリカ人奴隷を所有していた。何年か後に、ストックトン家の屋敷モーヴェンを建てたのは奴隷労働者であった。彼らはまた、その敷地内に自らのために煉瓦で奴隷居住区を建てた。

自身が奴隷所有者であったジョン・ウィザースプーンは、プリンストンの学長であった間に、少なくとも六人のアフリカ系学生の面倒を見ていたと伝えられている。プリンストンの学生ジョン・クオマインとブリストル・ヤンマの二人は、プリンストンに始まって一九二〇年代に広く普及する植民運動に先駆けて、アフリカに送り返されるアフリカ系アメリカ人集団の指導者となる訓練を受けていた。独立戦争の到来が、この計画も、クオマインやヤンマの教育の継続も途絶させてしまった。

ウィザースプーン時代の最も著名なアフリカ系アメリカ人学生ジョン・チャヴィスがプリンストンで学び始めたのは、一七九二年九月のことであった。この年、長老派教会で将来働くことに同意した貧困学生の教育に充てるために設立されたレスリー基金という奨学金を、チャヴィスが貰えるように推薦してくれたのは、ジョン・B・スミス牧師であった。チャヴィスは卒業はしなかったけれども（彼の名は現在、公式の非卒業者名簿に掲載されている。）、レスリー基金の規定を充たして、正式の長老派教会牧師になり、ノースカロライナ州とヴァージニア州で大規模に説教活動を行なった。チャヴィスがきわめて精力的に活動したのは一八三二年まで、つまり、前年のナット・タイラーの奴隷反乱に驚愕したノースカロライナ州が黒人に状況の如何を問わず公の場所で演説することを禁止するまでであった。チャヴィスがレイリーに学校を持っていたそれ以前の時期に、彼のもとで、当時のノースカロライナ州のアフリカ系アメリカ人教師には珍しいことだが、黒人白人双方の学生が学んでいたということである。

十九世紀初頭の二、三十年間に、プリンストンでは八十人から九十人の黒人がナッソー街の第一長老派教会の礼拝に規則的に出席していた。彼らが許されたのは二階席に座ることだけであった。火事のため教会の内部が全焼し、建物を再建しなければならなくなったとき、問題が生じた。プリンストンの教授で教会の有力会員であったジェイムズ・アレクサンダー博士によって書かれた手紙が、会衆の気持ちを説明していた。

われわれは新しい立派な教会堂を持っています。それが建設されている間、黒人たちは彼ら独自の小さな場所で別に礼拝を行なっていました。指定席所有者の大部分は彼らが今後とも、分離礼拝を続けて欲しいと思っています……彼らが戻ってくれば、二階席の約半分は取られてしまうでしょう。イエス・キリストの教会の中には黒も白もないこと、色などという偶発的な性質をいささかでも考慮に入れる権利が私どもにはないことは、私もよく承知しています。とは申しながら、黒人たちが今、このような特権にこだわるのは全く賢明さに欠けるように思います。数年前ならば、彼らを受け入れるのに全然問題はなかったことでしょうが、差別廃止運動の結果、下層階級の白人が黒人に対して抱く偏見は過大に、また人間にあるまじきものになっているのです(5)。

黒人会衆は、彼ら独自の教会を造るか、新築の教会でいやがられるかの選択を迫られた。白熱した交渉の後に彼らが選んだのは、自らの教会を作ることであったが、建設資金の大部分は以前に教会を同じくした白人会衆からのローンに頼らなければならなかった。結局、彼らの新しい教会はウィザースプーン長老派教会と名付けられることになった。

南北戦争に向かって突進する時期に、プリンストンはアメリカの他の地方と同じく分裂していた。アフリカ系アメリカ人と戦争を憎む人が多かったけれども、奴隷廃止の大義を支持する人々もいた。デイヴィッド・ハンター将軍はそのような人々の一人であった。ブラック・デイヴという綽名でも知られていた彼はアブラハム・リンカーンの友人になり、奴隷廃止論を支持する将軍になった。一八六二年の春、サウスカロライナ州で、彼はアフリカ系アメリカ人の逃亡奴隷を組織し、武器を与えているとして告発された。下院が彼に説明を求めたとき、彼は「この地域では解放奴隷連隊などというものは、組織されたこともないし、されてもいない。しかしながら、元の主人たちが逃亡叛徒であるような人々の素晴らしい連隊が存在している[6]」と答えた。ハンターがこの兵力を集結させていたとき、北軍は、南北戦争と奴隷制とは何の関係もないというふりをしていた。この時点までに北部同盟の制服を着ていた黒人は、皆無ではないにしても、ごくわずかしかいなかった。その行動の合法性について尋ねられたハンターの答えは、次のようなものであった。「結論からいうと、解放奴隷なるものが見つかればの話だが、彼らを兵士として徴募する権限を私は与えられている。しかしながら、われわれの最先端の前哨地点においても、そのような人物はまだ出現していない。いたるところで農場に残っている忠実な奴隷たちはわれわれを歓迎し、食物や労働や情報を提供してくれている。ライフルを手に、遠方の木立に隠れてこそこそし、どう見ても逃亡者でしかないのは、奴隷所有者たちのほうである[7]。」

一八六二年五月九日に、将軍はジョージア、フロリダ、サウスカロライナの三州で奴隷制を廃止するという宣言を発布した。リンカーン大統領は不安げな議会に対して、ハンターの宣言は正式に承認されたものではないといって納得させた。古くからの奴隷廃止論者であったハンター将軍は、ストックトン家の一員でもあった。彼の母メアリーが、独立宣言の署名者リチャード・ストックトン二世の娘だったからである。

ニュージャージー州は、黒人のというか、当時のいい方を借りれば「有色兵士」の連隊を組織しなかったから、プリンストンの黒人は他の州に行って入隊しなければならなかった。こうした不便さにもかかわらず、リンカーンによる一八六三年の奴隷解放宣言の後には、この町の黒人二十二名が北部同盟の海軍に加わり、六十五名以上の者が陸軍に加わった。南北戦争が終っても、またそれに続く時代にもプリンストンの黒人住民の地位は向上しなかった。彼らは町のどこに行っても今なお、大抵は入場を拒否されたし、歓迎もされなかった。その結果、ウィザースプーン街界隈には黒人所有の花屋、美容室、衣料品店、貸家などが見られるようになった。グリッグス・レストラン、グレイズ・レストラン、デ・ポーアズ・レストランなどもあった。プリンストンの黒人は自分たちの新聞『シティズン』を発行し、エルクス・クラブという黒人のＹＭＣＡを作り、自分たちの学校までも創設した。そのうちよく知られているのが、ウィザースプーン・スクールである。

一八五八年に、すでに十年間も存在してきた黒人子女のためのウィザースプーン・スクールが、マックリーン街とウィザースプーン街の角にあるもっと大きな建物に移って授業を開始した。学業に重点を置いたこの学校は界隈の象徴的存在になった。ここで百年以上にわたってアフリカ系アメリカ人教師がプリンストンの若い黒人を教育することになった。

この学校という遺産は、プリンストンのほかの多くのものと同じように、この町の最も傑出した家系であるストックトン家と直接に結びついていた。ウィザースプーン・スクールの創立、発展、成功に最も緊密な関係があった人物は、ベツィ・ストックトンだったからである。たぶんストックトン家の中で最も風変わりな、このエネルギーに溢れた女性は、この家系に属するアフリカ系アメリカ人であった。一七九八年という、大抵の女たちが家族と家庭に縛り付けられていた時代に生まれたベツィ・ストックトンは、旅行者、知識人、奴隷、裁縫女、看護婦、作家、教師、そして地域社会のリーダーでもあった。

ベツィ・ストックトンを養育したアシュベル・グリーンによれば、十三歳頃までの彼女は、「狂暴とまではいえないとしても、気性が激しく、無分別だった」という。[8] 彼女の子供時代は非常に苦しいものであったらしい。彼女の内部では怒りがくすぶっていたのかも知れない。彼女の父親はロバート・ストックトンであるけれども、彼らの関係は秘密に包まれていた。というのも、ロバート・ストックトンの妻はベツィの母親ではなかったからだ。彼女の母親セイラはロバート・ストックトンの奴隷であった。彼女は娘が生まれるとすぐ、子供からも奴隷状態からも逃亡してしまったのである。ベツィ・ストックトンは、六歳の時、おそらく「ロバート・ストックトンに対する民事訴訟の決着の一部として」[9]、プリンストン大学の第八代学長であったアシュベル・グリーン*と、ロバート・ストックトンの娘エリザベス・ストックトン・グリーンの財産になってしまったのである。アシュベルとエリザベス・グリーンは、エリザベスの異母姉妹を奴隷の身分に留めておくことを望まなかったので、ベツィは「家族の一員」になった。

＊　アシュベル・グリーンは一八一二年から一八二二年までプリンストンの学長であった。学長時代の彼の独裁的で時代遅れの姿勢は、数回の大きな学生暴動を惹き起こした。ある暴動の間には、ナッソー・ホールの大玄関に仕掛けられ

た爆薬が爆発し、上から下まで壁が倒壊した。大学教員であった彼の息子の任期をめぐって理事会といざこざがあった後、グリーンは辞職した。

教育者のアシュベル・グリーンは、ベツィが非常に利口で、学習の能力や意欲を持っていることに気が付いた。自分の厖大な書庫への出入りを許したり、家庭教師を雇ったりして、グリーンは彼女の教育環境を整えた。二十五歳のとき、彼女は宣教師としてハワイに旅行した。数年間をそこで暮らす間に、彼女はこの土地の言語を苦もなく覚え、学校を一つ作り、自分の一生の使命が教育にあることを発見した。

ハワイでの経験の後、彼女はプリンストンに戻る前に、フィラデルフィア州で数年間を教育者として過ごした。一八三七年にウィザースプーン長老派教会が始まったとき、ベツィ・ストックトンの名前が九十二人の信者名簿の最初に載っていたのは、明らかに彼女が会衆の中である種の役割を果たしていたことを表している。だが、ベツィ・ストックトンの主な使命は、バローにアフリカ系アメリカ人の学校を創設することであった。一八三七年に彼女はプリンストンで教え始めたが、彼女の小さな教室一つだけの学校が、やがて成長してウィザースプーン・スクールになった。ベツィ・ストックトンの精神とプリンストンにおける彼女の遺産は、一八六五年に彼女が死んでからもずっと後まで、その力を発揮し続けた。

黒人による学問的業績にもかかわらず、プリンストンの白人は大部分が相も変わらず人種差別主義者であった。その多くは昔の南部を哀惜し、アフリカ系アメリカ人には自由と取り組む能力が欠けていると熱心に信じていた。一八九五年の大学新聞『プリンストニアン』に「新体制の一つの結果」と題して掲載された一つの記事が、この見解を反映している。

友よ、私と共にウィザースプーン街を散策し、荒れ果てた掘っ立て小屋の列やそれ以上にくたびれた住人たちの間を通り抜けてみよう。ロッキー・ヒルに向かってしばらく歩き、道が急に曲がっていくところで立ち止まってみよう。われわれの目の前にある屋根板、曲がった羽目板、泥、石の塊は、納屋にしては小さすぎるし、鶏小屋にしては大きすぎる。これは家なのだろうか。然りである。煙突が、というよりは煙突の残骸があるではないか。(そこに住んでいる)アブラハムはクリーニング屋で、「分業」の信奉者である。というのも、彼は洗濯仕事を善良なる妻ハンナと姉娘たちに分割しているし、自分自身の時間も分割して、大学の事務室に洗濯料金を受け取りに来るか、居酒屋へ行くかのどちらかだからである。[10]

学生数やキャンパス、飲食施設、それに学外の食堂数が増加するに連れて、プリンストン大学はますますプリンストンに住む多くのアフリカ系アメリカ人の収入源になっていった。仕事は大抵、きつくて、やりがいのないものであった。「大勢の人がプロスペクト・アヴェニューの食堂街で働いていたよ」と、ここに長く住むエステル・ジョンソンは語った。「彼らは何人かの学生と知り合いにはなれたよ。だが、それだけのことさ。学生たちが彼らに話しかけ、彼らとふざけ回るのは構わなかったが、彼らは学生に対してはやはりミスター誰それと呼びかけねばならなかったのだから。[11]」

大学との間で企業的な関係を作り上げたプリンストンの黒人も多かった。ウィリアム・スポート・ムーアという人がいた。その孫ドナルド・ムーアの記憶によると、「プリンストンの学生はあまり金は持ってはいなかったが、衣料品店ではいくらでも掛け売りをしてもらえた。彼らはよくニューヨークに行きたがったものだが、そういうときには、自分の衣服を祖父のところに持ってきて、それを祖父が買い取ったものだ。彼らはその金を持ってニューヨークにいって、遊び回り、私の祖父はその衣服を誰彼構わず売り飛ばすというわけだ。こういう衣服のほとんどは新品だった。[12]」衣類の販売に加えて、スポート・ムーアは学生の家具の売買もした。プリンストンで自家用自動車を持った最初の黒人だといわれているキッド・グリーンは、学生のためにポロ競技用の馬の世話をして金持ちになったそうだ。

長年にわたって、アフリカ系アメリカ人商人は、プリンストンのキャンパス生活の不可欠な部分をなしていた。こういう商人のうちでおそらく最も有名なピーター・スカダーは一八四〇年代に靴磨きとして働き、大学の学生にリンゴとアイスクリームを販売した。彼はいくらかの財産を蓄え、やがて、当時プリンストンの黒人にとっては異例のことであったが、不動産所有者になった。「ピーター・ポライト」という通称で知られたスカダーはナッソー街にアイスクリームと甘味類を商う評判のいい店を持っていた。[13]それから約二十年の後、ジミー・ジョンソンが逃亡奴隷としてプリンストンに到着したとき、大変な騒動が持ち上がった。南部の賞金稼ぎたちが彼を奴隷の身に連れ戻そうとしたが、何人かのプリンストン住民が彼のために間に入って、彼の自由を買い取った。何よりも、彼の機知と人を熱狂させる性格とが彼を家畜のような境涯から救ったのだった。歳を取った彼は一八九〇年代に、キャンパスに欠かせない人間として、大きな一輪車を引いてキャンディーやピーナッツを売り歩き、おもしろい話をして顧客や通行人たちを愉しませていた。ジョンソンが一九〇二年に死んだとき、プリンストンの学生たちは金を集めて、彼の墓に墓石を建てた。記憶すべきプリンストンのアフリカ系アメリカ人商人の系図のたぶん最後に位置するのは、「ジガー」というちょっと嘲笑的な綽名の付いたウィリアム・テイラーであろう。ナッソー街やプリンストンのすべての催し物の会場で、有名なベーコンパンやホットドッグ、リンゴやキャンディーを売る彼とその四輪車は、一九四〇年代半ばまで見慣れた光景であった。

大学が始まって最初の二百年の間に、プリンストン大学にかつていたアフリカ系アメリカ人教師に最も近い存在は、アレクサンダー・デュマ・ワトキンスであろう。「彼は、正規の教育課程でプリンストンの学部生を教育した唯一人の黒人であった。[14]」彼は約八年の間この仕事に携わった。組織学と生物学の専門家であった彼には、『ニューヨーク・タイムズ』紙の報道によれば、「あまり優秀ではない学生の何人かを教えることが許された。[15]」

ワトキンスは一九〇三年に急死したが、これはプリンストンにおけるアフリカ系アメリカ人に対する抑圧が新たに高揚する前夜であった。二十世紀の初頭には、明らかに一層人種差別的な雰囲気がこの国全体に広がり、何千ものクー・クラックス・クラン（KKK）団員が南部やそれ以外の州でもデモ行進を行なった。ご多分に漏れずニュージャージー州でも一九二四年の「労働者の日」（九月の第一月曜日）には、クラン団員一万人がヤードヴィルとマーサーヴィルを通って行進し、ついでハミルトンに行き、ここで大衆的な「クラン団」大集会を開催した*。ワシントンDCにおいてさえ、KKKは「議事堂の周辺を仮面も被らないで行進するほど十分に強力であった。」一九〇〇年と一九一四年の間に、南部諸州では一千百人以上のアフリカ系アメリカ人がリンチに遭っていた。[16] プリンストンで、ただでさえ人種差別的な雰囲気をさらに悪化させたのがウッドロー・ウィルソンであった。歴史書の中で彼の功績がいかに論じられようとも、ウィルソンは単刀直入にいって人種差別主義者であった。

＊　ＫＫＫは一九二〇年代までに三百万人以上の団員を擁していた。『ライフ』誌の『変動の世紀』（ボストン。リトルブラウン社、二〇〇〇年）二一六ページを参照。

一八五六年にヴァージニア州に生まれたウィルソンは、南北戦争前の南部における最もおぞましい状況のいくつかに懐旧の情を示していた。一九一五年に映画『国民の創生』が公開されたとき、この映画がＫＫＫを賛美し、正当化していたため、全国で何千という人々がピケを張った。当時、合衆国大統領であったウッドロー・ウィルソンは、特別にホワイトハウスでこの映画を上映させた。これを見た後のウィルソンの感想は「これは稲妻の中で歴史を書くようなものだ。ただ一つだけ私が残念に思うのは、この内容がすべて恐ろしいほどに真実であるということだ」[17]というものであった。

ウィルソンは黒人からピーナッツを買ったり、靴を磨かせたりすることにはやぶさかでなかったろうが、彼の指導下にあったプリンストンの学問の世界はアフリカ系アメリカ人の来るべき場所ではなかったし、彼はそのことを歯に衣を着せずに明言した。真偽のほどは保証しかねるが、ウッドロー・ウィルソンに関して黒人社会で信じられている逸話がある。

ウィザースプーン長老派教会の長年にわたる教会員アリス・サッターフィールドに語ってもらうと、こんな風になる。

ポール・ロブソンの父親［ウィリアム・D・ロブソン］は二十一年の間、私どもの教会の牧師でした。それは黒人差別がひどい時期で、彼の父親はつねに黒人の権利のために闘っていました。彼の息子のベン［ポールの兄］はプリンストンへの入学が決まっていたのですが、彼が黒人だということを知ると、彼らは彼をはねつけてしまいました。噂によると、ポールの父親は、その当時、大学の学長であったウッドロー・ウィルソンに談じ込んだそうです。ウィルソンから長老会への差し金があって、ロブソンは牧師の仕事と地位から解雇されてしまったのです。

だが、ロイド・ブラウンがその著書『若きポール・ロブソン』において示唆したところによれば、ウィリアム・D・ロブソンが牧師職を失ったのは、それよりもむしろ、一八九八年のウィルミントン［ノースカロライナ州］暴動のためであるらしい。長年にわたる黒人への権利付与と人種混合行政に腹を立てた以前の奴隷所有者が、支配権回復の行動に立ち上がったのである。「ウィルミントンで脅迫が絶頂に達したのは、選挙の翌日に、最も善良な人々が個人的に参加した組織的殺人テロという手段により市の行政当局が退陣させられてしまったときであった。この襲撃が起きたのは、何カ月にもわたって計画が練られ、銃が購入され、組織活動が行なわれ、人種憎悪が煽り立てられた後のことであった(18)。」

公的な記録によれば、三十人のアフリカ系アメリカ人が殺害された。本当の数は三百に近いだろうと信じる人が多かった。地方や連邦の当局者たちがこれに対して全く何の行動も取らなかったために、国中のアフリカ系アメリカ人が怒り、燃え上がった。十一月二十九日に、プリンストンに住む黒人の大集団がウィザースプーン長老派教会に参集して、人種的暴力に関する集会を開いた。ロブソン牧師は主要な演説者の一人であった。彼とほかの二人がフィラデルフィアで開かれる抗議集会の代表に選ばれた。この集会と行動への呼びかけが（彼らが提起したのは非暴力的行動であったにもかかわらず）、プリンストンの支配層を怒らせたのは、明らかであった。黒人の長老派教会は、この地方の全員が白人の長老派監督機関の支配下にあった。一九〇〇年十一月八日に、中会（その地区の全教会の牧師と長老からなる会議）と呼ばれる機関が票決を行なって、ロブソンを彼の教会から追放することを決めた。教会員の人望を集めていたにもかかわらずであった。

ポール・ロブソンはその著書『ここに私は立つ』の中で、彼の父親ウィリアム・D・ロブソンの思い出を次のように語った。「彼は人並みの背丈であったけれども、肩幅がきわめて広く、その物腰は彼の人格の盤石のごとき強さと威厳とを反映していた。彼の話す声は、私が今までに聞いた中で一番大きかった。それは深くて響きのよい低音であって、律動に富み、洗練されており、彼に溢れていた愛と同情でふるえていた。[19]」解任後、ウィリアム・ロブソンは数年間の貧困生活を余儀なくされた。彼が再び姿を現わしたのはニュージャージー州ウェストフィールドであって、そこのアフリカン・メソジスト監督（A・M・E）教会の牧師になった。六十二歳の時、彼はニュージャージー州サマヴィルにあるもっと大きな教会、聖トマス・A・M・E・ザイオンに異動し、一九一八年に七十三歳の生涯を終えるまでここで牧師を務めた。

二十世紀の大半にわたって——一九〇二年に始まるウッドロー・ウィルソンのプリンストン学長時代から一九六〇年代の公民権運動までの間——この町を支配した名門大学は人種隔離と人種主義の第一要塞であった（アインシュタインの研究場所であった高等学術研究所は独立しており、大学とは別の機関であった）。他のアイビーリーグの諸大学以上に、プリンストンは高い比率の南部諸州学生を相変わらず惹きつけていた。『プリンストン・ヘラルド』紙の「説明」では、黒人学生を大学に受け入れることは、倫理的には正当化されるとしても、プリンストンの多数の南部出身学生にとっては、あまりにも不愉快極まることになるだろうというのであった。[20]

一九三六年にブルース・ライトが黒人であることに気づいた大学当局から大学への入学を拒否された後、彼はプリンストン構内を「あるブロックから別のブロックへと」そぞろ歩きしていた。プリンストンの白人の人種主義を表現していると彼が感じた出来事を記述して、彼は次のように書いている。「私は一人の白人がバーの外壁にもたせかけた椅子に座って、中で鳴っているラジオに熱心に聴き入っているのに気が付いた。突然、彼はほとんど私の真ん前で跳び上がった。彼は片手の拳をもう一方の手に激しく叩きつけると、こう叫んだ。「とうとう、あの黒ん坊の糞野郎がやっつけられたな。」私は後になって、マックス・シュメーリングがジョー・ルイス（一九一四年―一九八一年。合衆国のボクサー。一九三七年にヘビーウェイト級の世界チャンピオンになり、このタイトルを以後十二年間保持した。）との最初の試合でジョーをノックアウトしたことを知った。*」

＊ライト『黒い法服、白い正義』三七ページ。その二年後の一九三八年、二人のボクサーは、世界が注視し、ヒトラーが支配者民族の優越性をもう一度示せとドイツのヘビーウェイト級選手に派手な応援をする中で、ヤンキースタジアムで二回目の試合を行なった。ルイスがシュメーリングを第一ラウンドでノックアウトした。

富裕で、白人で、南部出身のプリンストンの学生たちは、この町のアフリカ系アメリカ人住民に、尋常ではない緊張、悲しみ、恐怖を産み出した。二十世紀初頭のある時期には、黒人社会はその子弟を保護するために外出禁止令を出さなければならぬことさえあった。「学生連中が、大かがり火、「プリンストンの運動チームが試合に勝ったとき」勝利の大かがり火を焚くためにしょっちゅうやっていたことを、今でも思い出す」と、プリンストンの黒人社会の主要な、そして長期的なリーダーの一人エンマ・エップスが一九七七年にある聞き手に語っている。「連中は私たちの近所にやってきて、かがり火にくべるためにポーチを引きはがしたものよ。彼らはここにやってきて、そこらじゅうのものを盗んでたき火にくべたの。」彼女は続けた。「全く彼らは恐ろしかった。外出禁止令はそのためだったの。私たちは走ったものですよ。キルフォイルさんが、『走れ、エンミイ、走りなさい』というものだから。で、その外出禁止の鐘は「とりわけ」春には午後九時に鳴ったの。九時はまだちょっと明るかったけどね。連中は怖かったわよ。」

エンマ・エップスと同世代の隣人として少年時代を過ごしたポール・ロブソンが、プリンストンで黒人がどんな目に遭わなければならなかったかを回想して語る一九五〇年のインタビューからも、同じような情況が浮かび上がってくる。「プリンストンのほとんどすべての黒人は、大学のおこぼれにあずかって暮らしており、そのことについて回る状態を受け入れていた。どうみたって、南部の農園で暮らすのと同じことだった。農園で暮らす以上に、胸を張って生きられたわけでもなかった。酔っぱらいの金持ちどもに腰を屈めたり、お辞儀したりしなくてはならないのだから。」「酔っぱらいの金持ちども」という彼のことばは、外出禁止の話をこだまのようにぴったり繰り返している。午後九時に――たぶん教会のであろうが――鐘が鳴ると、それが意味していたのは、黒人の子供が外へ出てはならないことだけではなくて、酔っぱらった白人の人種差別主義者の群衆が近所界隈に押し掛けてくるということでもあった。
「ああ、あの鐘の音は忘れられないわ」とエンマ・エップスはいった。[21]

アインシュタインは、あまり有り難いことではなかったが、合衆国で、以前にナチスドイツ以外の大抵のヨーロッパ諸国でそうであったの同じように、「地球上で一番頭のよい人」という天才の生きた象徴になってしまった。彼は科学のスーパースターであり、プリンストンで最も有名な人物であった。だが、アインシュタインが自由とはいかにはかないものであるかを思い出すためには、ウィザースプーン街を数ブロック歩いて行くだけで事足りた。アメリカ社会の「最悪の病弊は、黒人に対する待遇である。子供の時からこの不正になれていない人は誰でも、見るだけで心が痛む。成年に達してから新たにこの事態を知るものが誰も感じるのは、不正だけにとどまらず、合衆国を創設した憲法制定者たちの原理『人はすべて平等に作られている』に対する軽蔑の念である。[22]」

第4章　ウィザースプーン街

撮影隊が『IQ』という映画［ウォルター・マッソーがアインシュタインを演じる一九九四年の映画］を撮りにプリンストンにやってきたとき、私はそれに出たかったの。上品に見えるようにおめかしして、オーディションにいったのを覚えているわ。いろんなことを尋ねられるの。私はアイン、シュタイン、と一緒によく散歩したといってやったわ。そういえば採用してもらえるのじゃないかと思って。

この映画には黒人の役は一つしかなくて、それはウェイトレスだったの。

――シャーリー・サッターフィールド、長らくプリンストンに居住したアフリカ系アメリカ人

一九四六年の秋、リーヴィ・ジャクソン熱のとりこになったアフリカ系アメリカ人社会の人々は、大挙して彼の応援に駆けつけていた。当時、ニューヨーク市ブルックリン区に住んでいたフローレンス・テイラーの記憶では、これは彼女が夫と一緒にエール大学にフットボールの試合を見に行った年であったという。フローレンスはフットボールのことは何も知らなかったが、競技場が満員だったことと、エール・チームのスター選手で、興奮をかき立てるアフリカ系アメリカ人のランニングバックが肌の色の

障壁や固定観念を打ち砕くのを見て、熱狂した観衆が「リーーーーーヴィーーーー、リーーーーーヴィーーーーー」と唱和したことを覚えている。試合が終ってから、彼女と夫は同乗した友人を自宅におろすために、プリンストンに立ち寄った。

フローレンスは、友人の家にいた間に、一瞬、突風のような興奮が生じたことを覚えている。誰も彼も窓辺に走り寄った。それはアインシュタイン見たさのためであった。プリンストンの有名人であるアルバート・アインシュタインは、黒人居住区の真ん中にあるこのあたりまで、しばしば散歩に来ることになっていたのである。「彼はごく普通の人のように見えた。普段着だったし、髪の毛も、もさもさだったし」と、フローレンスは回想した。

ごまんといる彼の伝記作家は決して記録していないのであるが、アインシュタインは散歩の時間の大半をプリンストンのアフリカ系アメリカ人居住区で過ごした。「彼はここが居心地よかったんだよ。われわれは彼を普通の人として扱ったから」と、黒人のプリンストン住民ヘンリー・パネルは説明する。もう半世紀以上が経過したのに、アインシュタインの記憶は今なお、黒人居住区の住人の間に残っている。隣人のポーチ、あるいは隣人の階段に腰をかけたとか、子供たちにキャンディーを与えたとか、ここでは会話、あちらでは友情と笑いを交わしたりして、アインシュタインはウィザースプーン街を散歩する住民の仲間になっていたのである。以下に掲げるのは、多くの黒人プリンストン住民が話してくれた思い出である。(参加者のリストは、参考文献のインタビューの項に掲げるので、ご覧いただきたい。)

キャリー・キャラウェイ・シンクラー——少女だったころ、私は妹のリリー[・テイラー]と一緒にアインシュタインが黒人街のメインストリートだったウィザースプーン街を歩いてくるのをよく眺めたものだわ。あの人はね、マーサー街の家から近道をしてきて、病院に行くためにウィザースプーン街を上がっていったわ。

モリス・ボイド――そう、私はアインシュタインがマーサー街をよく歩いているのを見ました……セーターの裾を垂らして、サンダルで……。何でもアインシュタインの義理の娘さんが車を買ってあげようとしたんだそうだけれど、あの人は歩くほうが好きだったんだって。

ペニー・エドワーズ＝カーター――私は一九五〇年代の初めにアインシュタインが自転車に乗って通りを行ったのも、歩いて行ったのも覚えています。こどもの僕たちにキャンディーをくれたりしたんです。

ファニー・フロイド――そうね、私はナッソー街でよくアインシュタインを見かけたわ。たいてい、墓地のある側を歩いていました。

ロイド・バンクス――アインシュタインは白人にしてはかなり変わった人でした――黒人街にいることが気にならない人だったんです。私たちは駆け出していったものでした――子供だったから私たちはいつも駆けていって、彼に話しかけたものですが、あの人は立ち止まって私たちと話をしてくれたのです。私たちは「アインシュタイン先生、アインシュタイン先生」と叫びながら駆けていくのですが、彼は数分間を私たちと共にしてくれるのでした。彼は私たちに話しかける時間を惜しまなかったのです。彼は非常に優しい人でした。こういうことが毎日のように、というか少なくとも毎週ありました。彼は始終歩いていました。

ロッド・パネル——彼はジャクソン街とジョン街の角によく立っていたものでした。……私たちはジャクソン街の角から二軒目に住んでいました。……私は彼のカーキ色のズボンとセーターを思い出します。ときにはあの角でずいぶん長い間、宇宙のことを考え込んで立っていたものです。量子論などといったことなんかを考えていたのかも知れませんね。……彼はほとんどこの街の一員でした。

ヘンリー・パネル——全くその通り。あそこは彼が本当に自由だと感じられる場所だったのです。

ウォーレス・ホランド——私はある日、アインシュタインの家に行きました。……私は、火やたばこから出た煙が空に昇っていって、私たちの手の届かないところにいってしまったとき、どうなるのだろうかと考えていたのです。煙はどこに消えてしまうのだろうか。私はこのことについて考えた挙げ句、アルバート・アインシュタインに尋ねに行くことにしました。彼なら教えてくれるだろうと思って……。私は彼のほかには誰に尋ねたらよいか分からなかったのです。私は十歳か十一歳でした。私は彼の家に行きました――彼の家は誰でも知っていましたから――すると妹さんが*ドアを開けてくれました。私はミスター・アインシュタインにお話ししたいのですがといいました。彼は家にはいなかったのですが、彼に会いに行くのには何も面倒なことはなかったのです。彼は近所を散歩するときには、いつも子供たちと話していました。

* マヤ・アインシュタインは一九三九年にプリンストンに到着した。彼女は、ムッソリーニがヒトラーの圧力に屈して反ユダヤ政策を取り始めるまでは、夫と共にイタリアで暮らしていた。一九三八年に、アインシュタインの従兄弟ロベルトの妻子が、ロベルトの留守中に、イタリアのファシストにより惨殺された。帰宅して家族を襲った出来事を知ったロベルトは自殺した。アインシュタインは直ちにフィレンツェのマヤに手紙を書き、アメリカにいる彼を「訪問」に来るように勧めた。彼女は一九五一年に死ぬまでマーサー街の家にとどまった。

ティミー・ハインズ――えーと、私は十二、三歳の時にアインシュタインを見たことを覚えています。一九五二年頃のことだったと思います。彼はよくジョン街を歩いていました。氷や石炭を売るバークレイの店まで行って、腕一杯の薪を買って、また家まで歩いて戻っていくのでした。

シャーリー・サッターフィールド――また彼はジョン街をよく歩いていました。彼は黒人街を歩くことを恐れるようなことはなかったのです。

エリック・クレイグ――彼には人種差別的な態度が全くありませんでした。ドイツではあんなことが起こりましたから、彼はそんな状況の下からやってきたわけです。私は、彼がドイツでユダヤ人に対するおぞましい人種差別を経験したはずで、そのせいでプリンストンの大部分の白人よりも人種意識が強いのだと思ったことを覚えています。両親が彼は重要人物だよと教えてくれていましたから、私たちは彼を見たとき、本当に興奮してしまいました。彼はほとんど毎日のようにウィザースプーン街を歩いていったものです。われわれは子供だったから、駆け出していきました。なにしろ、両親に彼は有名人だといわれていたものですから。彼はいつもぶらぶら歩きました。それは一九四二年、四三年、四四年のことだったんですが。私は彼の長い髪の毛を覚えています。

イヴリン・ターナー――彼は両手を背中で組んで、ゆっくり歩いていました。あのころは街を通るバスはなかったんです。ナッソー街を走るトレントンからのバスがあっただけで。

マーシーディス・ウッズ――私は九つぐらいの小さい子だったわ。私はナッソー街の公共広場でよく彼に話しかけたものでした。彼はベンチによく座っていたんです。彼は本当によい人でした。彼は髪の毛がぼさぼさで、靴下をはかず、靴ひももほどけたままでした。彼は大変おもしろい人でした。私は何度も彼に話しかけたわ。アインシュタインはとても優しい人でした。

アルバート・アインシュタインはプリンストンのマーサー街一一二番地の家に住んでいた。そのほとんどすべての間、彼は妹のマヤ、義理の娘マーゴット、それに秘書のヘレン・デュカスと一緒に暮らしていた。彼らに雇われた家政婦の一人がリリー・トロットマンで、彼女は現在もプリンストンに住んでいる。トロットマン夫人は二〇〇二年に起きた発作のために、ほとんど話せなくなってしまったが、娘のメアリー・トロットマンと孫娘のレナ・S・ソーヤーが思い出を語ってくれた。

メアリー・トロットマン——アインシュタインは、プリンストン出身のあるアフリカ系アメリカ人青年に大学へ行く学費援助をしていたと、母から聞きました。

リリーがよく話してくれたもう一つの話は、アインシュタインが帰宅すると、表の扉に鍵が掛かっているので、——裏の扉が開いているのを忘れてしまって——警察を呼ぶことが時々あったそうです。

レナ・S・ソーヤー——私の祖母はアインシュタインの家政婦として働いていました。私が学校で教えられたことのないような、彼の家庭生活の細部を彼女は知っていました。

アインシュタイン先生のところに来客があると、彼らは食堂に座って話をし、食事を取りました。祖母はそれを台所から聞いていたそうです。

祖母が「彼は黒人の友人だった」とか「彼はいい人だった」とかいっていたのを覚えています。ほかに細かいことで覚えているのは、彼がソックスをはかなかったことと、奥さんが病気だったことです。私には祖母が彼のことをいい人だとか、黒人の友人だとかどうしていえるのか理解にくるしむ時期がありました。というのも、私は彼女に彼と一緒に食事したことがあるのと尋ねたことを覚えているからです。二十二歳の私にとって、これはある人が対等の立場にあり、したがって「いい人」であることのしるしだったからです。彼がいい人であることと、それでも祖母には台所で座って食べさせることとをどう折り合わせたものか、私は苦労しました。とにかく、祖母が笑い出し、来客があるときはもちろん私は台所で食べるのよといったことを覚えています。どうしたって、彼女は彼のお手伝いだったんですからね。私はどういう理由で彼女が彼はいい人だといったのか、正確ないい方は覚えていませんが、彼はユダヤ人で、ヨーロッパで酷い目にあったので、黒人のおかれた境遇を理解できるのだといいました。しかし、これがどんなふうにいわれたのかは覚えていないのです。たとえば、私が思うのは――彼は彼女に高めの賃金を支払ったのでしょうか、彼女を敬意と尊厳をもって扱ったのでしょうか、彼は彼女にいろいろなものを与えたのでしょうか。

私が大学生のころ、祖母が雇い主の一人、そうオヴァートンさんという人から貰った衣類を私のところに持ってきたことを思い出します。私の祖母にとっては、これは親切のしるしだったのです。けれども、私が大学院に入って二年目に、祖母から一度オヴァートンさんに会って、この衣類の「お礼をいって」欲しいといわれたとき、私はテニスや快適な生活のために健康ですらりとしたこの婦人に対する怒りを呑み込むのに苦労しました。彼女は祖母をリリーと呼び、祖母は彼女を「ミズ・オヴァートン」と呼んでいたのです。それに私たちが会ったとき、祖母がミズ・オヴァートンより力関係で低い地位にいることは明らかでした。だから、私はアインシュタインに関する祖母の判断を理解するのに苦労しました。祖母は彼を何と呼んだのでしょうね。彼は彼女をどう呼んだのかしら。

アルバート・アインシュタインがアフリカ系アメリカ人街を歩いていたという思い出と共に、プリンストンの黒人住民の中には、自分やその家族がこの科学者とおしゃべりしたり散歩したりして一緒の時を過ごした様子を記憶している人々もいる。

ポール・ハインズ（「ポール・ハインズ、変化する業界を去る」『パケット・パブリケイション』一九八五年七月十六日号より）―― 「私はインテリたちの間に住んでいました。アインシュタイン博士のところにごみの収集に行ったときには、よく座り込んで、博士とおしゃべりをしたものでした。私はごみを収集して、それでさよならというわけにはいきませんでした。人々と話もしなければならなかったんです――座ってコーヒーを飲んだりして。*」

＊「私は誰に対しても同じような話し方をします。その人がごみの収集人であれ、大学の学長であれ関係なしにです。」アインシュタインのピーター・A・バッキーに対する応答。（第Ⅱ部、資料Jを参照）

アルバート・ハインズ――私の兄のポールはごみ収集の会社をやっていて、アインシュタインのごみも取りに行きました。アインシュタインは話をしていけといって彼をよく呼び入れたものでした。

ティミー・ハインズ――私の父［ポール・ハインズ］はごみ集めに行ったとき、アインシュタインの妹のマヤとよくおしゃべりをしていました。父は長い間、バンマン食料品店で働いていましたが、その後、小さなごみ収集会社を起こしてからも現場まわりをしましたから、（ほかのお得意と同じように）アインシュタインのごみも取りに行ったのです。

父が自然の好きな人であったことを覚えています。彼はジョン・マックフィーを読むことを好み、自然や花を愛しました。彼はごみを集めに行くと、芝生から花を一本抜いてきて、うちの庭の隅に植えたものでした。次の日にはまた別の花で同じことをするのです。こうして、すぐに自分だけの花壇を作ってしまいました。また彼は、ハイスクール時代にはフットボールをやっていました。

アルバート・ハインズ――私の妹ヴァイオレット・ハインズ・ジョーンズは、アインシュタインの隣に住んでいた家族のところでよく働いていました。

妹はアインシュタインと手を組んで、毎日のようにマーサー街をよく歩いたものだそうです。私は姪からこのことを聞きました。

シャール・ガドソン――私の母［ヴァイオレット・ハインズ・ジョーンズ］はフレンドシップ・クラ

ブ*の会員でした。彼女の父親は英領ギニアの出身で、大学で一九二三年次学生の雑用係として働いていました。この年の卒業記念アルバムに彼の写真が出ています。ヴァイオレットの母親はプリンストンの住人でした。夫婦の間には娘が五人ありました。

母はアインシュタインのことをあまり話してはくれませんでした。「私はあの人を知っているよ」といっただけでした。あるとき彼の話をしていて、彼は「親友」だよといいました。仕事帰りに彼らがよく会っていたことは、確かに聞いていました。彼がある場所で待っていたのだそうです。会うと彼は「私たちは毎日同じ場所で出会うみたいですね」といったそうです。時には彼は冗談のように、「こんな会い方は止めなくてはいけませんね」といったそうで。

「はい、おっしゃるとおりです。」

「でも、一緒に散歩するのは構いませんね。」

「あなた方は何の話をしたの」と私は母に尋ねました。

「学生たちや街のことだよ。そうね、毎日ではなかったかも知れないけれど、しょっちゅうだったわね。ときによると、一ブロックか二ブロックほど歩くだけだったけれど。」

「お互いにどういう呼び方をしたの。」

「私は彼をミスター・アインシュタインと呼んだわ。彼は私をミス・ハインズと呼んだわ。でもそのうちに彼は私をヴァイオレットと呼ぶようになったの。」

母はフィラデルフィアに引っ越しました。それで彼らが出会うことはなくなりました。母が亡くなったとき、私たちは監督教会で記念礼拝をしました。叔父のアルバート［・ハインズ］が話をしました。彼は「ヴァイオレットはアルバート・アインシュタインの、何といったらいいか、友達(buddy)でした」といったのです。

＊一九三二年にプリンストンのアフリカ系アメリカ人社会の有力な婦人たち六人により創立されたフレンドシップ・クラブは、学生たちを（奨学金で）援助し、（ドロシー・メイナード、デューク・エリントン、ポール・ロブソン等を含むアーティストによるコンサートを主催して）芸術やアーティストを奨励し、近隣地域の移住労働者問題などさまざまな問題に支援活動を行なった。創立時の会員はエンマ・アッシュ・バンクス、バーザ・ヒル・ブランドン、エンマ・グリーン・エップス、キャリー・ダンス・パネル、ルーシー・ラフィン、ルイーズ・スキップワースであった。このクラブはニュージャージー州黒人女性クラブ連合やＮＡＡＣＰと提携していた。

ヘンリー・パネル――この街の私ぐらいの年齢の者ならみんな、子供のころアインシュタインを見たことを覚えていると思うよ。彼は、白のスニーカーに、ソックスをはかず、ゆったりしたセーターを着てやってくると、子供の僕らに五セント白銅貨をくれたものだよ。彼が私の祖母のところにやってきて、ポーチに腰をかけ、祖母とおしゃべりをしていたことを覚えているよ。

私の祖母キャリー・ダンス・パネルは、フレンドシップ・クラブの初めからの会員だった。彼女はジャクソン街でも、ウィザースプーンの［黒人］街のすぐ端のところに住んでいたんだ。アインシュタインがマーサー街にあった彼の家から、昔も今もウィザースプーン街にある病院に歩いていこうとすると、まず最初にやってくるのがジャクソン街（今はポール・ロブソン通りになっているが）というわけで、歩き続ける前にちょっと一休みしたり、友達とおしゃべりしたり、あるいはその両方をするのに格好の場所なんだ。祖母はナッソー・クラブの料理人として働いていて、フレンドシップ・クラブではエンマ・エップス、バーサ・ヒル・ブランドンといった仲間と一緒に活動していた。

アインシュタインはこの街の誰にでも話しかけていたものだよ。彼は祖母のところにやってきて、ポーチに腰を掛けただけではなくて、ウィルソンなど他の人のポーチにも腰を掛けたよ。彼は誰とでも話をしたんだ。

子供のころ、彼の周りにいるといつもくつろいでいられたよ。私は実際に彼に話しかけたことはなかった。だけど、子供のころ、彼がこの街を歩いていたことを覚えているんだ。それに、彼の秘書のヘレン・デュカスとは本当に親しくしていたよ。彼女は素晴らしい女性だった。

私がプリンストン高等学術研究所で働いていたころ、印刷室が地下にあって、その左手に金庫扉の付いた大きな部屋があった——金庫室のようなものだった。ミス・デュカスはあの空気と温度が調節された部屋で仕事をしていたんだ。彼女はアインシュタインの論文を整理していたんだ——彼の全論文があそこにあったからね。これは彼が亡くなってからのことで、彼の論文がどんなに大切なものか分かっていたので、地下のあの金庫というか金庫室にしまっておいたのさ。そのドアは厚さが二、三フィートの——スティール製の——金庫扉だった。そのころ、ミス・デュカスの視力が落ちてきていたので、数字合わせ錠の操作を私に任せていたんだ。ほかの人は誰も知らなかったけれど、彼女は数字合わせが出来なかったから、私が彼女に金庫を開けてあげたものだよ。彼女は私を、一人の人間がもう一人の人間を扱うように扱ってくれたよ。

マッカーター劇場はプリンストンで一番のコンサートホールであった。アインシュタインが大プリマドンナ、マリアン・アンダーソンの一九三七年の公演を見たのは、ここでだった。フィラデルフィア南部の貧しい家庭に生れたアンダーソンは、オペラの名歌手の一人に成長するが、アメリカにおける人種主義と人種隔離のために広汎な聴衆に接する機会を与えられなかった。六歳で、彼女はユニオン・バプティスト教会の聖歌隊で歌っていたが、彼女が初めて正規の音楽教育を受けることが出来たのは、十五歳になって、教会が彼女のために拠金してくれた時であった。この時代の多くの黒人演奏家の例に漏れず、彼女は国外で演奏した後でなければ、国内で名声を獲得することは出来なかった。そこで、一九三〇年にこの偉大なコントラルトは奨学金を得て海外にわたり、やがて大陸の諸都市で聴衆を惹きつけ、絶賛を浴びて、ヨーロッパ中を酔わせてしまった。有名な指揮者アルトゥーロ・トスカニーニは彼女に向かって「あなたのような声は百年に一度しか聞かれない」と語った。

プリンストン・グループ・アーツというのは、プリンストンのアフリカ系アメリカ人子弟に、人種差別のあるこの地の学校では受けられない芸術教育を提供する団体であったが、この団体がマッカーター劇場におけるマリアン・アンダーソンの公演を主催した。この演奏会は、この団体のリーダーであった著名なアフリカ系アメリカ人芸術家レックス・ゴアリーが考え出したものであった。[1]

驚くには当たらないことであるが、彼女のきらめくような演奏はプリンストンの新聞紙上で高い称賛（「素晴らしい声を完璧に芸術的に駆使している」）を浴びた。しかしながら、アンダーソンが得た喝采や、彼女の国際的な名声、それにマッカーター劇場に溢れた聴衆にもかかわらず、このアフリカ系アメリカ人のコントラルトはプリンストンの白人専用の宿ナッソー・インで宿泊を拒否された。アルバート・アインシュタインは直ちに、彼がマーゴットやヘレン・デュカス（エルザは一九三六年に死んでいた）と暮らす自宅に泊まるようにと彼女を招待した。大プリマドンナは彼の申し出を受け入れ、以後、彼らの親交はアインシュタインが死ぬまで続いた。プリンストンに戻ってくるときはいつでも、マリアン・アンダーソンはマーサー街のアインシュタインの家に滞在するのだった。[2]

アルバート・ハインズ――マッカーター・ホールでのマリアン・アンダーソンの演奏会のことは覚えています。私もあの事件にかかわりがあったのです。――ほら、彼女がナッソー・インで宿泊を拒否されて、アインシュタインが娘のマーゴットと一緒に住む自宅に泊まるように招いたときです。

私はレックス・ゴアリーとスプリング・ストリート・グループ・アーツの仕事をしていました――ゴアリーが責任者だったんです。グループ・アーツは大勢のアフリカ系アメリカ人芸術家をプリンストンに呼びました。カーメン・マックリーやデューク・エリントンも連れてきました。けれども、黒人たちはホテルには宿泊しなかったのです。たいていはヒル夫人の家か、別の下宿屋、これもグリーン街にあったディッカーソン夫人のところに行きました。

一九三九年に、アメリカ愛国婦人会（DAR）は、ワシントンDCに所有するコンスティテューション・ホールでマリアン・アンダーソンが歌うことを禁止した。その代わりに、彼女はエリノア・ルーズヴェルトの世話を受けてリンカーン記念堂で演奏会を開き、七万五千をこえる聴衆の歓呼に迎えられた。彼女の世界的な評判にもかかわらず、彼女がニューヨークのメトロポリタン・オペラでとうとう歌うことが出来たのは、一九五五年一月のことであった。この同じ月に、プリンストンのフレンドシップ・クラブがもう一度マッカーター劇場で演奏会をするようにと彼女を呼んだ。このオペラ歌手は、余命数カ月の旧友アルバート・アインシュタインの家に泊まることにした。別れるとき、「これが本当のさようならになるだろうと私には分かっていた(3)」と後になって、彼女は記している。

アリス・サッターフィールド――私は四〇年代初めに三年から五年の間、高等学術研究所の厨房で働いていて、アインシュタインを知るようになりました。シャーリーが学校にいっていたので、私は研究所からよく歩いて帰宅したものでした。私がバスに乗らずアインシュタイン先生も歩いていらっしゃるときには、先生のお宅まで一緒に歩いたものでした。私は先生にさようならといって、家に向かって歩き続けました。

私たちはあまりおしゃべりはしませんでした――先生が私の手を取って何も言わないでいることが数回ありました。彼はただ静かに、また見事に歩くだけなのですが、その歩き方から万事がうまくいくだろうという気がしてくるのでした。
彼と歩いていると、気分が安らぎました。彼は人を見下すことがありませんでした。彼は他人に元気を吹き込んでくれる人でした。

ミズ・サッターフィールドの友人たちにいわせると、彼女自身がおおいに他人に元気を吹き込む人であるらしい。若かったころ、彼女はプリンストンの映画館ガーデン劇場の白人専用席で座り込みを行なった。

アリス・サッターフィールド――何が何でもやらなくちゃならないと思ったんです。私たちは人種差別的な座席配置等々のタブーを破らなければと話し合っていましたから、私はガーデン劇場にいって、自分の好きな場所に座っただけなんです。それは金曜日の午後だったと思います。金曜日の午後は子供向けのプログラムになっていて、その日はリン・ティン・ティンの映画でした。リン・ティン・ティンというのは、映画によく出ていた犬です。黒人は片一方の側に座ることになっていたんですが、私は白人席に座りました。私には何も起こりませんでした――たぶん私は運がよかったのでしょう。
ボールト・ベイカリーが黒人には入店禁止だったことを覚えています。入ってはいけないことになっていたんです。忌々しいことに、ナッソー街にはほかにも人種差別をする店がたくさんあったのです。私はこうしたことが嫌だったので、ボールトの店にも入っていってやったんです。

高等学術研究所には自家用のバスがあって、黒人や白人労働者を町まで運んでいました。私はこのバスによく乗りましたが、ときおり、アインシュタインが同じバスに乗っていることがありました。彼は非常に温かな人でした。彼のような人があまりいないのは残念ですね。

このバスでは好きなところに座ってよかったんです。研究所自体が世界中からやってきた人々で溢れていました。インドからやってきた紳士と私が一緒に座り、ナッソー街まで乗っていくこともありました。研究所では外国人でも誰であっても人種差別はありませんでした。人種差別をしていた大学とは違っていたのです。

でも、研究所も完全に人種差別と無関係だったわけではないのです。はっきりした階級構造があったのです――明らかに研究者はお手伝いと談笑すべきではないという空気があったからです。[J・ロバート・]オッペンハイマー博士は毎年一回、大きなパーティーを開いたものでした――私は、ある教授が私と踊ったことで叱責されたのを覚えています。彼は私に「どうしてあなたと踊っていけないのか、私には理解できないね」といいました。私の記憶では、アインシュタインはこういうパーティーには出席しませんでした。

オッペンハイマー博士と研究所が、科学者たちと(往々にして非白人の)「下層の」職にある者たちの親交に眉をひそめたことを語るのは、ミズ・サッターフィールドだけではない。「一九四〇年代後半の[黒人所有の]グリッグス・レストランをめぐる実話をお話ししよう」と、研究所の世界的に有名な理論物理学者フリーマン・ダイソンは回想した。

私は、当時プリンストン大学にいたデイヴィッド・ボーム*と一緒に、あそこで決まって夕食を食べたものでした。食べ物がうまくて、安かったんです。私の好物はハムとキャベツを煮込んだものだった。私のところに、当時オッペンハイマーの秘書をしていたケイ・ラッセルから手紙が来たが、その内容は研究所の所員がグリッグスで食事をするのはふさわしくないというものでした。もちろん、私はこの手紙を無視して、グリッグスで食べ続けました。オッペンハイマーがこの手紙を書かせたのかどうか、あるいは彼がこの手紙のことを知っていたのかどうか、私には最後まで分かりませんでした。彼の承認なしにケイがこんな手紙をよこすなどということは、あり得ないと思うのですが。(4)

＊ 才能に溢れた物理学者ボームは、一九五〇年に上院議員ジョゼフ・マッカーシーの審問官たちの面前で人の名前をあげることを拒否した後、プリンストン大学学長ハロルド・ドッズにより解雇された。ドッズのよく知られた反ユダヤ主義が、ユダヤ人であったボームの追放に一役買っていたのであろう。

シャーリー・サッターフィールド――アインシュタインは人を見下すということがありませんでした。私は研究所の調理室で母と一緒にいたことがよくありました。お昼時になると、アインシュタインが入ってきたものでした。……私はこの人がすっかり白髪だったことを覚えています。彼は本当にいい人でした。私をよく散歩に連れて行ってくれたものです。私はアインシュタインとバルコニーで遊んだり、研究所の中を歩き回ったことを覚えています。彼の研究室の中にもよく入っていったものでした。私は六歳ぐらいだったと思いますが。

私が覚えているのは、彼が大変優しいことと、彼の髪の毛が、何というか、一度も櫛を入れたことがないように見えたことです。彼は私の手を取り、もう一方の手には杖をもって歩き、私に話しかけてくれました。彼がいったことの内容は何も覚えていませんが、あのアクセントとあの本当に優しい話し方はよく覚えています。彼は他の人とは違って見えましたが、それは頭髪があんな風だったし、どんな天気の時にもサンダルを履いていたからです。

彼はよく生卵を食べていました。私と来たら、オリーヴを全部食べたものでした。研究所の調理室にはオリーブの入った大瓶があったのです。私の大好きなあの調理室では、ブレッドプディングを作ってもらいました。私はしょっちゅう、調理室や食堂で食べていたのです。私の母は一生懸命に働いていましたが、私は家に帰ると、家族によく話をしたものです。家族全員が私の面倒を見てくれました。私たちは祖母と三人の叔父と暮らしていたのですが、その叔父たちはみんな戦争［第二次世界大戦］にいきました。母が仕事で家にいないときは、叔母か祖母が私の世話をしてくれました。あのころはみんながみんなをよく知っていました。あそこは結びつきの強い隣近所でした。

私たちはナッソー街に行くことを「繁華街に行く」といっていました。繁華街に行くのは素晴らしいことですが、私たちには入っていけない場所がいくつかありました。たとえば、ラヒアという名のレストランのように。

アルバート・ハインズ――一九五〇年代になってさえ、黒人に食事をさせないレストラン――ナッソー街のレンウィックです――もありました。

シャーリー・サッターフィールド――それから、母がいったように、ボールト・ベイカリーも私たちを入れてくれませんでした。ガーデン劇場のほかにプレイハウスというのもありました。大変きれいでした。プレイハウスは黒人が住んでいたジャクソン街（今はポール・ロブソン通りになっています）に入り込んでいました。日曜日にはいつもそこに行って座り、ニュース映画や漫画や劇映画を見たものです。どうして私たちがいつも後部の右側に座るのか、不思議に思っていました。私は、私たちがたまたまいつもそこに座っていたのだと思っていましたが、実際は、私たちが座ることができたのは、そこだけだったのです。

一九九七年に一時間のテレビ番組「アインシュタイン――光速の二乗」が放映されたが、そのシナリオ、製作、演出はレイモンド・ストーリー、リチャード・モーザー、デイヴィッド・ディヴァインによるものであった。彼らの物語は実在の人物に基づいているわけでもないし、また彼らはプリンストンで全然調査をしなかったけれども、彼らの作品の多くの部分は、居心地の悪い真実を反映している。

アインシュタインは、ラニー・ウィリスという若いアフリカ系アメリカ人少女に出会うが、彼女はプリンストンのキャンパスで宿題をやっているところである。このキャンパスは私有地だからお前なんかの入ってくるところではないと（人種差別的な含意に溢れた場面で）乱暴に少女に告げる二人の白人大学生を追い払ってやって、科学者はラニーの信頼を得る。そのあと、アインシュタインはグミキャンディーと交換に彼女の宿題を手伝う約束をする。彼女とアインシュタインは友達になる。

ラニーはクラスでただ一人の黒人児童であることをわれわれは知らされる。彼女の白人の教師は消極的で、見下すような態度を取り、「あなたには職業学校が向いているわ」というような意見を述べる。彼女はラニーを補習クラスに入れようとする。ラニーの母親はこの教師と面談して、補習クラスというのが黒人生徒を入れるゴミ捨て場にほかならないことを知ると、憤然として教師の提案を拒否する。ラニーは教室にとどまるが、彼女の自信は打ち砕かれてしまう。アインシュタインは、自分も彼女と同じ年頃のころ、学校が好きでなかったことを打ち明け、彼女がほかの誰にも負けず劣らず利口だよといって、彼女を元気づける。

この映画のクライマックスは理科の発表会であって、そこでラニーは（彼女の学年から見て）重要な発表をすることになる。アインシュタインが前触れもなしにこの場を訪れ、ラニーの両親はうれしい驚きに包まれる。最初、世界的に有名な科学者が教室に入ってくると、スターの世界に憧れていて、びっくり仰天した、ラニーの教師ミス・フィッチは直ちに彼に気づく。「わー、アインシュタイン先生、お目にかかれて光栄です。私は四年生を教えているんです。」「そうですか、するとあなたがミス・フィッチですね」とアインシュタインは答える。彼女はアインシュタインが自分の名前を知っていることに興奮を覚える。彼はコートを脱がせてくれるように彼女に頼む。彼女が嬉しそうにそうすると、アインシュタインはラニーの両親を指して、「この人たちのコートも脱がせてあげて下さい。私たちはみんな一緒なんですから」という。もちろん、ラニーは最優秀の発表をする。典型的なテレビドラマの終わり方に違わず、万事めでたし、めでたしとなるのであるが、人種差別問題が力強く提起されている。

「あれは本当に、以前のこの地の学校の有様にそっくりです」と、プリンストンにおける自身の学校教育について語りながら、シャーリー・サッターフィールドはいう。ニュージャージー州議会は一九四七年に、公立学校における人種隔離は不法であるとする法案を通過させた。「プリンストンはニュージャージー州で一番最後に、教育上の人種差別を撤廃した町だったと思う。」こう述べるのは、その子供たちが一九四八年にこの地の公立学校に通い始めた物理学者フリーマン・ダイソンである。「学校再組織のためのプリンストン・プラン」が始まったのも一九四八年であった。プリンストン・プランはきわめて単純なものであった。白人専用だったナッソー・ストリート・スクールが幼稚園から五年次までのすべての児童を受け入れ、六年次から八年次までの児童はすべて、今やジョン・ウィザースプーン・ミドル・スクールと改名された、もとの黒人児童のためのウィザースプーン・スクールに通うことになった。一九三六年以来ウィザースプーン・スクールの校長であったハワード・B・ワックスウッドが、新しい中学校の校長を続けた。彼は一九六八年に退職するまで、人種差別を撤廃したプリンストンの学校における最初にして唯一の黒人校長であった。

黒人のプリンストン住民にとって、プリンストン・プランは予期しない結果をもたらした。黒人児童のためのウィザースプーン・スクールという注目すべき教育機関を消滅させたからである。アリス・サッターフィールドとアルバート・ハインズはウィザースプーン・スクールの卒業生であるし、ハインズ氏の母親も一八九四年度の卒業生なのである。「私たちは、スペリングと用語法に関しては、プリンストン・ハイスクールに通っていた白人の子供たちよりも進んでいたのです」とサッターフィールドはいう。「あの学校ではそれを徹底して教えました。一年次で覚えなければ、二年目にもまたやらされました。マナーを教えてくれましたし、愛することも教えられました。」アリス・サッターフィールドの母親アニー・ヴァン・ザントはウィザースプーン・スクールの教師をしていたが、その教え子の中にポール・ロブソンがいた。ハインズによれば、「学校の古い校舎はまだ残っているよ。今では個人病院になっているんだ。」

プリンストン・プランの結果として、ウィザースプーン街のアフリカ系アメリカ人社会にはこれ以外にも予期しない問題が生じてきた。その秋、黒人の両親たちは、彼らの子供たちがあっさり補習クラスに放り込まれ、職業訓練コースを受けるように指導されていることを知った。この措置によって侮辱され、憤慨した彼らは公立学校担当者に面会を求め、彼らの子供たちを平等に扱うように要求した。役人たちは建前上は彼らの要求を認めたが、これはプリンストンの公立学校制度に対するアフリカ系アメリカ人の長くて困難な闘いの始まりであった。「プリンストン・プランは地域社会の人種差別的な態度を変えるようなことはほとんど何もしなかった。大部分の黒人生徒は学校の中で相変わらず隔離された生活を強いられていた。彼らは教師から期待も掛けられなかったし、課外活動に参加するのも邪魔された。[5]」

シャーリー・サッターフィールドとヘンリー・パネルは、プリンストン・プランを体験した最初の黒人児童に属していた。彼らは共に三年生だったが、今なおいくつかの傷跡を抱えている。「学校を統合したときに、教育の水準を下げられてしまったんです」とパネルはいう。サッターフィールドは次のような思い出を語る。「三年生の時、私たちは何かのことで笑っていました。一人の子が『見てみて、シャーリーが赤くなっているよ』といいました。すると先生が『シャーリーが赤くなるわけないでしょ。黒人なんだから』といったのです。」

第5章　アインシュタインとロブソン（一）

もしアインシュタインのプリンストンへの移住が四半世紀ほど早かったとしたら、彼がウィザースプーン街を散歩するときに出会う若者の中にポール・ロブソンという名の背が高く、筋骨たくましく、頭の切れる十歳前後の少年がいたかも知れない。彼らが話しながら一緒に散歩する姿をつい想像してしまいがちである。数十年後に、アインシュタインが十一歳のハリー・モートン（第11章を参照）とよくそうしたように。アインシュタインは新しい友達の世界について知りたがったことであろうし、若きロブソンは、医者になるべくフィラデルフィアで勉学中の長兄ビルのことや、十五歳のときノースカロライナで逃亡奴隷となり、南北戦争のときには北軍の手伝いをし、その後、牧師になってプリンストンに移り、ウィザースプーン長老派教会で二十一年間働いた父親のことを自慢げに語ったことであろう。そして、責任ある地位にある白人たちが彼を追放したことをも[1]。

実際は、アインシュタインが一九三三年にプリンストンに到着するずっと以前に、ロブソンはこの地を去っていた。父親がA・M・E・ザイオン教会を創立し、指導することになった近くのサマヴィルに引っ越した若きロブソンは、サマヴィル・ハイスクールを卒業すると、ラトガーズ大学への奨学金を獲得した。この大学は当時は私立で、圧倒的に白人の多い大学であった。四年間にわたって全優の学生であったロブソンは、大学の討論チームや文学サークルのメンバーでもあったし、三年次と四年次と連続してファイベータカッパ（米国の大学で成績優秀な学部生から選出された会員からなる栄誉組織）に選ばれたわずか八人のラトガーズ大学生の一人でもあった。彼はまた、驚くべきことに十五種類のスポーツで、大学代表選手に選ばれた。けれども、彼に最も際だった成功が訪れたのはフットボールにおいてであって、最初のうちはチームメートから人種差別的な扱《しご》き*を浴びせられたにもかかわらず、「ラトガーズのロブソン」はアメリカンフットボールの伝説的な存在**になった。ラトガーズが、（一ダースほどの一流大学出身の全米代表選手を擁し）圧倒的な優勢が伝えられた海軍予備軍チームと対戦したゲームを報じる『ニューヨーク・トリビューン』紙の記事は、あたかもロブソンの後半生の寓話のように思われる。

* 「スクリメージを組んだ最初の日から、彼らは私にチームの中に溶け込ませないぞと躍起になった。一人の若者が私の顔面を強打して、私の鼻を打ち砕いた。その日以来ずっと、これは歌手としての私には辛いことだった。そして、私が仰向けにひっくり返ると、もう一人が私にひざ蹴りを加え、私にまたがってどしんと腰を落とした。彼は私の右肩を脱臼させようとした。」ロバート・ヴァン・ゲルダーによる記事「ロブソンの回想——『オセロ』のスターとのインタヴュー」『ニューヨーク・タイムズ』、一九四四年一月十六日。

** ロブソンは全米チームに選ばれたけれども、彼の名前は後になって、公式的な大学フットボールの記録から削除された。そこには長年の間、一九一八年度の全米チーム（一九一七年度の全国選抜チーム）の十人の名前しか掲載されていなかった。一九九五年までは、ロブソンは大学フットボールの殿堂入りも拒否されていた。ロブソンの名前は、ラトガーズ大学の最優秀運動選手六十五名を掲げる一九五四年のリストからも除かれていた。

昨日の午後、色あせたえんじ色のセーターに、モールスキンのズボン、栗色のソックスをつけ、背が高く、逆三角形の体つきをした黒人選手が風の鳴るフラットブッシュ競技場を縦横に駆けめぐった。さながら冷たい風の翼にまたがっているかのようだった。いかつく、寡黙で、牽引力のある男だ。全米に評判のコーネル出身のチャーリー・バレットであれ、ゲリアあるいはガードナーであれ、誰がラインを突破してトライしようとしても、この黒と赤の閃光に突き当たり、止められてしまうのだった。

この黒人はラトガーズ大学のポール・ロブソンで、牧師の息子である。年齢は十九歳、体重は二百ポンド……。威勢のいい、小さなラトガーズ・チームをひどく前評判の高かったニューポート海軍予備軍チームに十四対〇で勝利させたのは、それこそ戦場のオセロともいうべきロブソンであった。(2)

牧師になれという父親の意見には従わずに、ロブソンはコロンビア大学から法学士の学位を得た。学期の間にはプロのフットボールの試合に出て、学費の一部に充てたのだった。(彼はハーヴァード・ロー・スクールからも入学を許可されたのであるが、ハーレム・ルネサンス*が花開き始めていたハーレムに住みたかったので、コロンビアを選んだのである。)最初に勤務した法律事務所で人種差別に遭遇したこともあって、ロブソンはすぐさま、進路を変更することに決め、こうして世界的に有名な歌手にして俳優(そして、後には政治活動家)になる道に進んだ。一九三〇年代の中頃までに、彼は、ユージン・オニールの『皇帝ジョーンズ』やロンドンでのシェイクスピアの『オセロ』の舞台演技を含む合衆国やヨーロッパにおける公演に対して批評家たちから高い評価を獲得していた。

＊　一九一七年から一九三五年にわたる年代には、アフリカ系アメリカ人の詩人、劇作家、芸術家、作家たちの作品が一斉に開花するのが見られ、これはハーレム・ルネサンスという名で知られている。その当時、ハーレムは黒いアメリカの文化的首都であった。

世界を旅しながらロブソンがプリンストンに対して抱いた感慨は、多くの点で、若きアインシュタインが少年時代の祖国に向けた眼差しに似ていた。アインシュタインはドイツの軍国主義と反ユダヤ主義から逃れてきたのだったが、ロブソンも自分が後にしたプリンストンについて、「ジョージアの農園のような町」だとか「精神的にはディクシーに位置している(3)」と書いているからだ。

しかし、ロブソンにとっては二つのプリンストンが存在していた。彼が育ったウィザースプーン界隈のアフリカ系アメリカ人たちは「よく働く人々で、そのほとんどは世俗的な富に関しては貧しかったが――どれほど思いやりの心に富んでいたことか。」彼の言によると、彼らは「周りの白人たちよりもずっとはるかに共同体的な生活を」営んでいたし、自分はこのルーツを決して忘れないであろう。「私は［プリンストンの黒人］労働者たちに最も緊密に結びついていた。というのも、ベン叔父、ジョン叔父、従兄弟のキャラウェイやチャンス等々といった、私の父親の親類たちが大勢、この町にやってきて、金持ちの家庭の使用人、大学のコック、給仕、用務員、町の御者、近所の農園や煉瓦工場の労働者などの仕事にありついていたからだ(4)。」プリンストンのウィザースプーン教会の教会員の一人のいうところによると、ロブソンは、ラトガーズやコロンビアに行っていたときも、「よく戻ってきて、教会のコンサートでわれわれに歌を聴かせてくれたものだった(5)。」

してみると、一九三五年十月に、またもや成功裏に終ったヨーロッパ公演から戻ったばかりで、大いに宣伝され大受けする『皇帝ジョーンズ』の撮影のためにハリウッドに向かう途中、ニューヨーク、シカゴ、ミルウォーキー、ポートランド、シアトルの各地で演奏会を行なっていた、今や有名になったロブソンが、プリンストンに立ち寄る時間を見つける、というより工面して、マッカーター劇場で演奏会を開き黒人YMCAの役に立とうとしたのは、驚くべきことではない。ウィザースプーン街の小さな木造の建物にあるこのYMCAは、ロブソンが以前に住んでいた界隈の子供たちのために催される芸術、スポーツ、教育行事の資金を捻出しようと、始終、奔走していたのだった。

アインシュタインはプリンストンでロブソンと会う以前に、おそらくロブソンについて書かれたものを何か読んでいたはずである。二人の道が最初に交差したのは、一九三〇年のベルリンであった。この年、ロブソンはここで『皇帝ジョーンズ』の公演を二回行なっているからである。ドイツやヨーロッパ各国の街頭では武装ファシスト集団の行動はますます猖獗《しょうけつ》を極めていたけれども、ナチスはまだ政権の座についてはいなかった。ロブソンはその直前に、ヨーロッパ諸都市への公演旅行を成功裏に終えていたが、ある新聞記事によれば、「彼に対する嵐のような、未曾有の歓迎は、ファシズム反対の示威行動になった。」(6) ベルリンでドイツのメディアは、とりわけアインシュタインが定期的に読んでいた社会民主党の新聞は、『皇帝ジョーンズ』におけるロブソンに喝采した（もっともオニールの戯曲のほうはこき下ろしたのであるが）[7]。アインシュタインはこの公演を見ていなかったが、熱狂的な批評やロブソンの写真が彼の目につかなかったなどということはまず考えられない。アインシュタインが一九三〇年に『皇帝ジョーンズ』を見なかった最も明白な理由は、単に彼の英語理解力があまりよくなかったことである。十年後に彼はプリンストンでこれを見ることになる。この頃までに、彼の英語は上達していたであろうし、彼はロブソンと知り合うことにもなった。

アインシュタインとロブソンはベルリンで相互に対面していなかったにしても、彼らは二人とも「新しいドイツ」の顔に直面していた。アインシュタインはしばしばメディアにおける反ユダヤ的な攻撃や、悪罵する手紙、それに殺すぞという脅迫などに耐えなければならなかった。しかし、もっと恐ろしかったのは、一九三三年五月十日にベルリンのオペラハウス前のウンター・デン・リンデン広場で起きた光景であった。アインシュタインはもはやドイツに住んではいなかったが、この事件の生々しい話を聞くだけでも寒気を覚えるのであった。鉤十字を着用した五千人もの熱狂したナチスの青年たちが、「カール・マルクスを燃やせ！　フロイトを燃やせ！」と叫びながら、何千冊もの書籍を火の中に投げ込んだのである。彼らはまたトーマス・マン、エーリヒ・マリア・レマルク、アンドレ・ジッド、ヘレン・ケラー、アプトン・シンクレアたちの本のほか、ナチスに名指しされた「共産主義的文献」を焼却したが、その中にはアルバート・アインシュタインの相対性理論という「ユダヤ的理論」に関する書籍も含まれていた。約四千人ものベルリン市民の群衆が周囲に立って、見物し――そして喝采した。これは「西欧世界が中世後期このかた、眼にすることのなかった光景[8]」だと後年、ウィリアム・シャイラーは書いている。

ロブソンにとって、「新しいドイツ」が姿を現わしたのは、これより一年半後の一九三四年十二月二十一日、ベルリン中央駅のプラットフォームで、彼がソビエトの映画製作者セルゲイ・エイゼンシュテインの伝記作家マリー・シートンと一緒に、荷物の確認をしにいった妻エスランダの帰りを待っているときであった。ロブソンが映画製作を計画していたモスクワへ向かう途中だったこの三人は、乗り換えのためにベルリンに降り立ったのであった。ある中年のドイツ婦人は黒人の男と白人の女が一緒にいるのを見ると、しばらくこれを凝視した後、ナチスの制服を着た三人の男に自分の見たことを御注進に及んだ。彼らは振り向いて、ロブソンのほうを見た。「私は彼らの眼の中に憎悪を読みとることが出来た」と、何年も経ってから彼はドイツの新聞記者に語った。それは彼にリンチに集まる暴徒のことを思い起こさせた。そして彼は「やられたら、一人は道連れにしてやるんだぞ」と長兄リーヴにいわれていたことを思い出した。「私は一歩足を踏み出した。すると、彼らは私の眼の中に何かを読みとることが出来たようだった。」制服の男たちが立ち去って、エッシーが戻ってくると、三人の旅行者はモスクワ行きの列車に乗り込んだ。シートンが後に書いているところによると、「列車がベルリンを離れてからも長い間、ポールはコンパートメントの隅に身を丸めて座り、窓の外の闇を見つめていた。」(9)

この二人の最初の確実な対面は、一九三五年十月三十一日、プリンストンのマッカーター劇場におけるロブソンの演奏会の後にアインシュタインが楽屋を訪れたときであった。長年にわたるアインシュタインの秘書ヘレン・デュカスが『デイリー・プリンストニアン』紙を手に買い物から戻ってきて、アインシュタイン、エルザ、マーゴットたちに彼らがベルリンで見損なった演奏家に関するトップ記事を見せる様子が眼に見えるようである。彼がその晩にプリンストンで歌うことになっているというのだ。ハンサムな笑顔の写真を取り巻いている記事の見出しは

帰国した名バリトン兼俳優ロブソン、霊歌を歌う

となっていた。

居間に集まった家族に向かって、ヘレンがいくつかの単語をドイツ語に翻訳しながら、次のような記事を大声で読み上げる様子も想像できる。

バリトン、俳優、学者、スポーツ選手にして法律家であるプリンストンのロブソンが、今夜、生誕の地に戻ってきて、マッカーター劇場の舞台で八時十五分から霊歌を歌う予定である。今年、彼がニュージャージー州で歌うのは、この一回限りである。

演奏会の収益はウィザースプーンＹＭＣＡに寄付される。入場料は二ドル二〇セントから一ドル一〇セントである。……

ラトガーズ大学ではフットボール、野球、バスケットボール、陸上の選手に選ばれ、ファイベータカッパのメンバーになり、平均九十点の学業成績を収め、「アメリカンフットボールでは今まで

にない最強のデフェンシブ・エンド」、「非の打ち所のない大学生」という評判を取ったロブソンは、コロンビア大学では法律学を専攻して引き続き学業に励んだ。

……『皇帝ジョーンズ』の時代から今日に至るまで、ポール・ロブソンはわが国の大都市およびヨーロッパ各国の首都などの演奏会場に詰めかけた満員の聴衆を前にして演奏活動を行なってきた。……彼は、一九三〇年春、ロンドンで上演されたシェイクスピアの『オセロ』ではムーア人を演じて、センセーションを巻き起こし、英国やニューヨークの批評家の称賛の声が新聞紙上に溢れた。ロブソンは、四十九年前のアイラ・オールドリッジの時代このかた、この役を演じた最初の黒人であった。……

彼が「オールド・マン・リバー」、「ディープ・リバー」、「ウォーター・ボーイ」、「ワー・ユー・ゼア？」などの霊歌や黒人歌を歌うとき、われわれに感じられる最高の完成度に到達するのは、彼の偉大な声のリズム、高揚、情緒、単純さ、そしてその美しさにおいてである。

演奏会の後の楽屋で、五十六歳のまだ活気に溢れていたアインシュタインは、手を差し出してロブソンと握手した。アインシュタインよりも背が高く、肩幅も広く、十九歳若い、この世界的に有名な歌手は恐懼《きょうく》感激した。彼が深い、優しい声で「光栄です」と言い始めると、アインシュタインはそれを遮って「いや、光栄に思っているのは私のほうです」といった。後年になってロブソンからこの会見の模様を聞いた友人にして同僚のロイド・ブラウンによれば、彼の声にはまだ畏怖の念が残っていたという。二人は、その夜の演奏以外に、最近の世界情勢についてどちらもが感じていた懸念についても論じ合った。これに先立つ六週間の間に、ドイツではナチ政権がニュルンベルク法を発布して、ユダヤ人から市民権を取り上げ、ユダヤ人と非ユダヤ人との間の婚姻および性的関係を非合法化していたし、ムッソリーニの軍隊がエチオピアを侵略して、アフリカにイタリア・ファシズムを持ち込んでいた。短かった最初の会見で、アインシュタインとロブソンは自分たちが音楽に対する情熱だけではなく、ファシズムに対する憎悪をも共有していることを知った[10]。一年以内に、二人は共に、民主的に選出されたスペイン政府をフランシスコ・フランコのファシスト軍隊から防衛する国際的な活動に参加した。

『プリンストニアン』紙がロブソンの公演に先立って称賛的な記事を第一面に掲載したことは、一九三五年当時の彼の驚異的な人気を表していたが、この人気の理由は翌日の批評記事で一層明確になった。

ポール・ロブソン、豊かな声調と暖かな性格で聴衆を魅了

ポール・ロブソンがマッカーター劇場における昨夜の見事な演奏会で聴衆を魅了した以上の素晴らしさで、霊歌であるか世俗歌であるかを問わず黒人歌を歌うことは、ほかの誰にもまず不可能であろう。彼の声からは明らかに風邪の影響が聞き取れたけれども、そんなものは、彼の声調の深い豊かさや魅力的な彼の人格が聴衆を捉えるにつれて、たちまち忘れられてしまった。……

ロブソンの歌い方に特有のあの力強さはどこから来るかというと、歌の内容を実際に生き、歌の中に自分を投げ入れることが出来るという驚くべき彼の能力からである。最良の曲にあっては、彼が実際に歌になりきっているようにみえ、彼の全身が歌に反応し、彼は舞台を歩き回ったり、リズ

ムに合わせて足で床を打ったりし、もっとほかのやり方でも曲を表現する。しかし、彼は決して感傷的になることはなく、より深刻な曲に対しては真に偉大な解釈をもたらしている。彼が「ノーボディ・ノウズ・ザ・トラブル・アイブ・シーン」、「ゴー・ダウン、モウジズ」において、それからある程度まで「ウォーター・ボーイ」において聴衆をとりこにした魔力は、実に奥深いものであった。とりわけ最初に挙げた曲から筆者はきわめて感動的な印象を得た(11)。

もし『プリンストニアン』紙の批評家が公演後のアインシュタインとロブソンの会見を見ていたとしたなら、彼は自らの記事に脚注を付け加えていたかも知れない。しかし、物見高い野次馬たちを避けるために、すぐ人目につくこのプリンストンの住民は、おそらく、ほとんどほかの人がいなくなってから、楽屋に行ったのであろう。実際、アインシュタインがマッカーター劇場にやってくるときにはいつでも、彼が「ファンや報道関係者に煩わされる」ことのないように、劇場関係者は「十五分ほど早くこっそり彼を中に入れ、灯りを薄暗くしておく(12)」ようにとりはからうのであった。

アインシュタインとロブソンは、ロブソンがマッカーター劇場で『皇帝ジョーンズ』に出演していた一九四〇年八月十二日—十七日の週に二度目に会っており、それからもう一度、やはり同じ劇場で一九四二年八月に、ロブソンがユタ・ヘーゲン、ホセ・フェラーと共演して『オセロ』を上演したときにも会っている。[13]

プリンストンにとって、マッカーター劇場は、アメリカの人種差別的な態度の中に時たま現われる奇妙な矛盾の一例であった。これは、一九四六年に何百万人もの白人がジャッキー・ロビンソンの白人野球界入りを歓呼して迎える一方で[14]、その同じ年に何十人もの黒人アメリカ人がリンチされるのを拱手《きょうしゅ》傍観していたというパラドックスに似ていた。これはミシシッピの諸価値を模範にする町にある劇場であった。この町は二十世紀が半ばを過ぎるまで二十世紀にはいることなく、大学に支配されてきたのであるが、その政策決定者たちは白い手に古くさい優越神話を握りしめ、学校、商店、映画館における人種差別を一九四〇年代まで続けてきたのである。けれども、マッカーター劇場は私人の所有であったから、プリンストンの——町や大学の——偏見に縛られることがなかったので、財政的な成功が見込める出し物を追いかけて、ロブソンやマリアン・アンダーソンを招き、札止め、全員立ち見の——人種の入り交じった——聴衆を前に大喝采を博した演奏会を催すことが出来たのであった。[15]

アインシュタインが舞台裏を訪れたときには知るべくもないことであったが、ロブソンにとって、プリンストンで『オセロ』を演じることには、ブロードウェーの劇場から人種的な問題がありすぎるという理由で公演を断られていただけに、特別な皮肉が込められていた。英国のプロデューサー、マーガレット・ウェブスターの語るところによると、彼女が打診したニューヨークの劇場支配人たちはみんな、黒人男性が白人女性に言い寄る場面を含む作品に恐れをなしたという。「たいてい彼らはこの上演が惹き起こしかねないごたごたにただもう怯えていた。[16]」ウェブスターとロブソンがニューヨーク以外の劇場でこれを上演しようと決めたとき、引き受けてもいいといったのはわずか二つ、マサチューセッツ州ケンブリッジのブラットル劇場とマッカーター劇場だけであった。こういうわけで、ブロードウェーで演じることが出来なかったキスを演じることが出来たのは、ロブソンとその兄弟たちがハイスクールと大学への入学を拒まれたほかならぬその町、ロブソン牧師がその戦闘的態度ゆえに教会を取り上げられたまさにその町においてであった。ニューヨークの外での公演が熱狂的な論評を呼んでから一年後に、『オセロ』がニューヨークのシューベルト劇場で公開され、引き続き二百九十六回の上演を行なったが、これはブロードウェーにおけるシェイクスピア上演の最多記録であった。

ロブソンにしてみれば、その従兄弟、友人、その他の人々が当時もなおプリンストンの黒人街で直面していた人種差別の状況を考えれば、このアイロニーの味はほろ苦いものであったことだろう。「私みたいな一個人がなにがしかの成功を収めてみても、ほとんど何の意味もないんです」と、彼はウィスコンシン州から来た記者に語った。「少人数の黒人が金儲けをして、いい暮らしが出来るとしても、どんな利点があるのでしょうか。人を励ますことにはなるかも知れませんが、それ以上の深い意義はないのです。私がこんなふうに感じるのも、私には読み書きが出来ない従兄弟たちがいるからです。私は運がよかったのですが、彼らはそうではなかったのです。それだけの違いなんです。[17]」

そして矛盾であるにせよないにせよ、プリンストンは相も変わらずプリンストンであった。「大学構内のいくつかの家庭で働いていた」母親を持つある黒人男性が報告するところによると、『オセロ』が町にやってきたとき、この母親はパーティーなどで、「マッカーター劇場でポール・ロブソンが白人女性にキスした事実をめぐるかしましい議論……」を漏れ聞いた。「たかが劇中のことなのに、彼らはこれを受け入れることが出来ず、彼らの南部育ちや南部的態度をひけらかしたのです。[18]」

アリス・サッターフィールドとその娘のシャーリーにとっては、ポール・ロブソンはほとんど家族の一員のようであった。「私の祖父母ウェイマンとマルタ・ヴァン・ザンドはエッジヒル街に住んでいました」とアリスは語る。「祖父は自分の家を持っていました。母のアニーは教師でした。彼女は黒人児童のためのウィザースプーン・スクールで教えていましたが、その時の生徒の一人がポール・ロブソンだったのです。ポールのお父さんは二十一年もの間、私たちの教会の牧師でした。それは人種差別の激しい時代で、彼のお父さんはいつも黒人の権利のために闘っていました。」

シャーリーの思い出によると、ポール・ロブソンはプリンストンを離れてからも、

私の祖母のアニーに会いに戻ってきたものでした。彼はやってくると、私をひざの上に座らせ、話をしてくれました。私は彼の深い声を覚えています。彼はよく戻ってきて、マッカーター劇場で演奏会を開きました。彼は人々に愛される人でしたが、プリンストンが黒人蔑視《ジム・クロウ・イズム》をする町だったので、居づらくなったのだと思います。彼はこの界隈の人々を愛していて、どんな扱いを受けているかと尋ねたものでした。彼がこの町を去ったのは、ここで受けた仕打ちのためでしょう。

マッカーター劇場でロブソンが『オセロ』を演じたときのことを、シャーリーは回想する。

彼はあの轟き渡る声が素晴らしかった。ポールがプリンストンによく来るのは、親類たちがグリーン街に住んでいて、そこに顔出しして回るためだったのです。そんなとき彼はいつも歩きでした。彼は私の家にも立ち寄り、バーチ大通りのほうに下っていきました。子供のころから私たちは彼のことを聞かされていましたので、彼の後ろから街角まで駆けていきました。みんなが彼のことを聞かされていて、彼が何か偉い人だということを知っていました。そのため、彼が『オセロ』をやりに来たときには、見に行ってただもう興奮しました。

一九四二年八月中旬、ロブソンの『オセロ』公演の後、アインシュタインが舞台裏を訪れたとき、そこには再会の思いが漂っていたに違いない。ロブソンは、今や彼の「旧友」であると同時にプリンストンの楽屋を規則的に訪れてくれる偉大な教授の到来を予期していたであろうし、アインシュタインのほうも、彼の世界観のきわめて多くを共有している暖かく輝かしいスターとまたおしゃべりすることを待ち焦がれていただろうからである。おそらく再会したとき彼らは抱き合ったことであろう。しかしながら、彼らの再会には憂鬱な気分が伴っていた。それぞれの生涯において中心的な位置を占める反ファシズム闘争がスペインでフランコを阻止することに失敗していたし、いまや世界大戦が始まっていたからである。

アインシュタインとロブソンがヨーロッパで上げ潮にあるファシズムに憂慮を表明しあった一九三五

年十月の最初の舞台裏会談から一年もたたないうちに、フランシスコ・フランコの軍隊が、ヒトラーとムッソリーニから供給された飛行機や戦車を用いて、スペインの人民戦線政府を攻撃した。この政府には社会主義者や共産主義者も参加していた。これに続く三年の間、ロブソンとアインシュタイン双方にとってスペイン共和国を支援することが最も重要な大義になったが、これは中立を標榜するルーズヴェルト政権の外交政策と二人を対立させることになった。ワシントンの中立政策は武器や兵員をいずれの側に送ることも禁じたが、テキサコ社がドイツやイタリアに石油を売ることは許容するものであった。何百というスペインの町々に爆弾を投下する飛行機の燃料となる石油なのにである。

これらの空爆の一つが、新たな種類の戦争のシンボルになった。すなわち、何マイルもの上空にいる人間たちが、自分たちには見ることができない、そして見たくもない市民たちの上に死と恐怖を撒き散らす戦争である。

一九三七年四月二十六日は、バスク地方の小さな町ゲルニカでは市《いち》の日で、近郷から集まった一万を超える農民やその他の人々が中央広場やその周辺に詰めかけていた。午後の半ばにドイツの飛行機ハインケル五一の編隊が頭上に出現し、午後四時四十分にこの町を爆撃し始めた。爆撃は三時間にわたって続き、「赤ん坊を抱きかかえた女たちや、商品を守ろうとする出店者たち、それに隠れ場所を求めて畠の中を逃げ回る農民たちを虐殺した。爆撃が終ったとき、千六百人以上の人々が死んでいたほかに、八百人の負傷者が残された。」後になって、これはこの町の唯一の軍需工場を標的にした軍事行動だったとドイツは主張することになるが、「実際は、ゲルニカでまずまず破壊を免れたのは、軍需工場と橋だけにすぎなかった。[19]」

五十二カ国からの約三万五千の義勇兵がスペインにわたって、ファシストの攻撃に対する抵抗を支援した。国際義勇兵の中には、[*]アブラハム・リンカーン旅団の約二千八百名のアメリカ人も含まれていた。

＊ 約八十五名のアメリカ人女性が政府軍側の義勇軍に参加した。その経緯は、入賞したジュリア・ニューマンの記録映画『戦火の中に』（エグゼンプラリー・フィルム、二〇〇二年）に描かれている。

リンカーン旅団には国内各地からからあらゆる階層の人々が集まっており、その中には船員、学生、失業者、鉱夫、毛皮職人、木こり、教師、セールスマン、運動選手、舞踊家、芸術家も含まれていた。彼らは合衆国の歴史で初めての人種差別のない軍隊を組織し、これまた初めて黒人司令官の指揮下に入った……この司令官というのがシカゴ出身の退役軍人で当年三十三歳のオリヴァー・ローであった[20]。

中立政策を掲げて、ルーズヴェルト政権はスペインへの旅行を禁止していたが、リンカーン旅団員は何とかスペインに行き着くことが出来た。たいていはフランスのファシズム反対者に助けられて、徒歩でフランスからピレネー山脈を越えたのであった。リンカーン旅団は約七百五十人ほどの戦死者のほか、数百人の負傷者を出した。

二十世紀の紛争のうちで、スペイン市民戦争ほど右翼と左翼を鋭くまた公然と分極させたものはなかった。保守層は、第二次世界大戦後になってさえ、一貫してフランコを支持した。たとえば、一九四五年にミシシッピ州選出の下院議員ジョン・ランキンはアインシュタインが「スペインの自由のためのアメリカ委員会」を支持したのはけしからぬと非難した（「ランキン、アインシュタインを黙らせろとFBIに要求」という見出しを『デトロイト・ニューズ』紙は掲げた）。下院非米活動委員会（HUAC）は、第二次世界大戦の前、間、後を通じて、アインシュタインを「スペインの民主主義を擁護する北米委員会の支持者［にして、その］医薬局の後援者」であるとして非難してきた。HUACとフーヴァーはこの団体を「共産党傘下の大衆団体」(21)であるときめつけた。これ以外にも、長年にわたってフランコに喝采し、彼の反対者をアカ呼ばわりしてきた者たちの中には、ローマカトリック教会の役職者やアメリカ在郷軍人会も含まれていた。在郷軍人会は一九五一年度の勲功賞を大総統フランシスコ・フランコに授与したのであった。

義勇軍が自然発生的に組織されることは、仮にあるとしてもごく稀であって、スペインの場合にも、国際旅団が世界各地の共産党によって組織されたことは、秘密でも何でもなかった。(22)だが、攻囲されたスペイン共和国に対する支持は左翼を越えて大きく広がり、自由主義者、民主社会主義者、さらには反共主義者（英国においては、労働党党首でのちの首相クレメント・アトリーが反フランコ闘争を支持した。）を巻き込んで、政治組織とは無縁だった無数の庶民にまで及んだ。スペインにおける民主主義の擁護は、多数の言語で発せられる国際的なスローガンになり、書籍、詩、歌謡、さらにはハリウッド映画のテーマになった。広範囲の芸術家、科学者、(23)活動家がこの大義に参加したが、その中にはアインシュタインやロブソンはもちろんであるが、アーネスト・ヘミングウェイ、ラングストン・ヒューズ、ヘレン・ケラー、ジーン・ケリー、ジプシー・ローズ・リー、ドロシー・パーカー、A・フィリップ・ランドルフなどのアメリカ人も含まれていた。

多くのアフリカ系アメリカ人の知識人や芸術家がスペインの大義を自らの大義にした。『ピッツバーグ・クリエ』、『ボルチモア・アフロ-アメリカン』、『アトランタ・デイリー・ワールド』、『シカゴ・ディフェンダー』を含む黒人新聞はスペイン共和国に与することを明確にし、しばしば、リンカーン旅団に参加している黒人隊員に関する特集記事を掲載した。エチオピア援助協会（UAE）に属する何人かの黒人医療関係者は医療器具を提供したり、地域で募金活動を行なったりした。ハーレムの教会や職能団体は、スペイン共和国を支援する大衆集会の発起人になった。黒人の浮き彫り職人や医師たちは、スペインで使用するために万全の装備を調えた救急車を一台購入するに足る資金を集めた。キャブ・キャロウェイ、ファッツ・ワラー、カウント・バジー、W・C・ハンディー、ジミー・ランスフォード、ノーブル・シスル、ユービー・ブレイクを含む多数のハーレムの偉大な音楽家たちが、スペインの民主主義のためのハーレム音楽家委員会とスペイン児童ミルク基金主催の募金演奏会に参加した(24)。

ロブソンと妻のエスランダは、一九三八年一月の最後の週にスペインに赴いた。数カ月の間、ロブソンは、スペイン共和国への支援を結集し、資金を集めるために、（当時彼の家族が住んでいた）ロンドンで演奏会や大衆集会に出席して歌ったり、演説したりしていた。十二月にアルバート・ホールで開かれたある集会で、ロブソンは満員の聴衆にこう語っていた。「芸術家は立場を明確にしなければなりません。私たちは自由のために闘うのか、奴隷制のために闘うのか、選ばなくてはならないのです。私はもう選択しました。」アインシュタインがいったとしてもおかしくないことばで、ロブソンは科学者たちもまた選択しなければならないと述べた。「あらゆる芸術家、あらゆる科学者が自分の立場を決めなくてはならないのです……ある国々において行なわれている人類の最も偉大な文芸的遺産の破壊、人種的あるいは民族的優越性を説く誤った思想の流布によって、芸術家全体、科学者全体、作家全体が戦いを挑まれているのです。いたるところに戦線があるのです。[25]」一カ月後、彼とエッシーはバルセロナにいた。

ロブソンがスペインで最初にインタビューした相手はアフリカ系キューバ人の詩人ニコラス・ギリェンであったが、彼はロブソンに、どうしてこんな戦争に引き裂かれた国にやってくることにしたのかと尋ねた。ロブソンは答えた。「それは、芸術家として私がスペインにおける民主主義の大義を愛するからだけではなくて、私が黒人でもあるからです。私が、差別される被圧迫人種、ファシズムが世界で勝利すれば生きていかれなくなる人種に属しているからです。私の父は奴隷でした。でも、私は自分の子供たちが奴隷になって欲しくないのです。[26]」

一週間の間、ロブソン夫妻は共和制スペインの側にとどまっている地域を旅して回った。彼らはファシストの爆撃により破壊された住宅地、学校、病院を目撃した。ロブソンは反フランコ派のスペイン兵士や、世界各地からやってきた反ファシスト義勇兵たちとおしゃべりもした。そのなかには、合衆国からやってきた黒いリンカーン旅団の集団も含まれていた。

しかしながら、この週の文句なしに最大の出来事は、兵士を聴衆にしたロブソンの演奏会であった。彼は英語やスペイン語で、「ロス・クアトロス・ヘネラレス」（「反乱を起こした四人の将軍たち」）といった新しい、反フランコ歌謡も歌ったし、古くからの愛唱歌「オールド・マン・リバー」も自分が最近付け加えた新たな歌詞で歌った。「生きるのには飽いたが、死ぬのが怖くて」というもとの歌詞の代わりに、ロブソンは「私は死ぬまで戦い続けなければならぬ」と、洪水のような喝采に合わせて歌った。兵士たちに対するロブソンの影響の大きさについて、後年、英国の義勇兵が回顧しているところによると、最初のうち、たいていの兵士はロブソンが本当にスペインに来ているという噂を信じなかった。「あんな人に毎日毎日戦場を駆け回って、状況を視察させるなんてできっこないよ。」兵士たちが彼に会い、彼の歌を聴いたとき、「会場全体が明るくなった……ちょうど磁石に引きつけられるような感じだった……まるで誰かが手を伸ばしてひっつかみ、引きずり込んでいくようだった。」兵士たちは「生涯の友達[27]」と一緒にいるかのように感じた。

ロブソンはこのスペイン旅行を自分の生涯における「重大な転換点」と呼んだ。「私は人々の中にあるあれほどの勇気といまだ出会ったことがない」と、彼は後に新聞記者に語った。一方、一九三八年までに共和国の先行きは厳しいものになっており、ロブソンが切迫する敗北を感じなかったとしても、彼が見てきたことは元気を増すようなものではなかった。彼は、スペインを支援しようとしなかったといって合衆国、英国、フランスを非難した。彼はノートに「われわれがどこにおいても十分の働きをしていないのは確かだ。われわれの感じ方に深さがたりないのである。[28]」と記した。

アインシュタインは、一九三七年二月初めに、スペインに対するファシストの攻撃にアメリカが中立を表明していることに怒りをあらわにし、自分は「民主主義諸国がスペインの正統政府の支援を怠っていることを恥ずかしく」思うと述べた。『ニューヨーク・タイムズ』の記事によると、アインシュタインは、「身許が明かされていないスペインのある有名な人物」に宛てたメッセージの中で、「私が……はっきり申し上げたいのは、貴国のこの大変な危機に際して私が政府軍とその英雄的な闘いに心の底から連帯しているということです」と語っている。おそらく合衆国政府の政策を批判しているからであろうが、これはフーヴァーのＦＢＩが、この科学者の「破壊活動的」性格の証拠として、アインシュタインに関する書類の中でも好んで何回も言及する発言であった[29]。

二カ月後、アインシュタインはニューヨークの大衆集会に、健康状態が不良のため出席できないと断りをいって、メッセージを寄せた（この集会では作家のトーマス・マンも演説をした）。

私はスペインにおいて自由を守るために力強く行動することが、すべての真の民主主義者の避けられない義務だと考えます。そのような義務は、たとえスペイン政府とスペイン人民がその勇気と英雄的資質をあれほど見事に証し立てていなかったとしても、存在するでありましょう。スペインにおける政治的自由の喪失は、人権の生地であるフランスの政治的自由を重大な危険にさらすことでしょう。あなたがたが世論を喚起することに成功されるように祈ります[30]。

アインシュタインはまた、フランコに反対して戦ったカナダ人たちをも支援して、マッケンジー－パピノー大隊救援基金友の会の発起人にもなった。この団体の目的はスペインで負傷したカナダ人を援助するものであった。

ファシストの政権掌握を阻止する土壇場の努力として、アインシュタインと一群のプリンストン大学教授は、一九三八年春に、スペイン共和国政府に武器を送ることを禁じる合衆国の決定を取り消すようにルーズヴェルトに訴えたが、無駄であった。一九三九年三月、マドリードはファシストの手に落ちた。

二十年ほど後に、スペインの偉大なチェロ奏者パブロ・カザルスは、「私の祖国が犠牲になった不正に抗議してくれたことで」アインシュタインには「いつまでも感謝している」と語った。アインシュタインの死後、カザルスは彼への賛辞として、アインシュタインは「かくも多くの文明的諸価値が揺らいでいるように見える時代にあって、人間の良心の柱石」であったと記した。(31)

第6章 「名誉の壁」

アインシュタインとロブソンが『オセロ』の公演後に会った一九四二年八月までに生じたさまざまな出来事は、スペインがもっと大きな戦争への序幕になるだろうという予言を実現するものであった。その晩の彼らの会話はシェイクスピアをめぐるものであったろうけれども、彼らが戦争のニュースについてかなりの時間を割いて話し合わなかったはずがない。前途は暗澹としていた。スペインの共和制が崩壊すれば、「フランスにおける政治的自由が重大な脅威にさらされるだろう」というアインシュタインの五年前の警告が、単に始まりにすぎないことが明らかになった。ナチスはパリのみならずヨーロッパの大部分を手中に収め、ドイツ国防軍の電撃作戦はソ連を席巻していて、これを押しとどめる術がないように見えた。最近の報道は、ロシアの産業都市スターリングラードできわめて重要な戦闘が始まったことを伝えていたが、ナチスは数週間以内の勝利を予想していた。アインシュタインとロブソンが共に感じていたのは、ヒトラーの戦争機械を停止させるためにはロシア人たちの前線での抵抗を支援し、合衆国とソ連との同盟を強化しなければならないということであった。アインシュタインにとって、この同盟は恒久平和への唯一の方向である世界政府への第一歩でもあった。ロシアを訪問したことがあったロブソンにとって、ソビエト社会とその社会主義計画経済は、人種差別とは無縁で、未来を代表しているように見えた。両人にとって、戦争遂行を支持することが主要な政治目標になっていたのである(1)。後にスタッズ・ターケルが「よい戦争」と呼ぶことになったこの戦争は、大多数のアメリカ人が政府の背後に結集する最後の機会——たぶん唯一の機会——であった。反ナチスの米ソ同盟がいかに大衆の支持を集めていたかを感じ取るためには、ロブソンが、マッカーター劇場でアインシュタインと会う数週間前に、ニューヨークのマディソン・スクエア・ガーデンで開かれた大衆集会に参加して、米国がロシア人たちに戦時救援物資を送らなければならないと呼びかけていたことを考えて頂きたい。この集会における他の発言者の中には、ニューヨーク市長フィオレロ・ラ・グアルディア、米国労働総同盟会長ウィリアム・グリーン、アインシュタインの友人のユダヤ教指導者スティーヴン・ワイズ、オペラ歌手ジャン・パース、ピアニストのアルトゥール・ルビンシュタイン、最高裁判事スタンリー・リードが含まれていた(2)。

だが、J・エドガー・フーヴァーなどの極右の人々は、よい印象を持たなかった。アインシュタインとロブソンは、一九四二年の『オセロ』公演後に会見するずっと以前に、おそらく彼らは知らなかったであろうが、もう一つの名誉を共有していた。つまり、フーヴァーとFBIの標的になっていたのであった。戦争が始まってワシントンとモスクワは枢軸(ファシスト)諸国に対抗する同盟国になっていたが、フーヴァーと下院の非米活動委員会に集まるその取り巻きたちは、どう見ても、ナチスと同じくらいロシア人たちを叩くことに熱心なようであった。一九四一年十二月の真珠湾攻撃が起きる前に参戦することに反対していた孤立主義者の多くは今なお、米国が間違った同盟国、つまりソ連と手を組んで間違った戦争を戦っていると感じていた*。

＊　米国共産党は、ナチス・ドイツが一九四一年六月二十二日にソ連に侵攻するまでは、米国の参戦に反対し、孤立主義者たちと暗々裏の同盟を結んでいた。ナチスの侵攻が始まると、同党は方向転換を行なって、「反ファシズム戦争に勝利する」ために党およびすべての党員のエネルギーを投入した。

戦前には、フーヴァーはヒトラーの警察官僚との間に多くの友好的なつながりを維持していた。中でも、彼はヒトラーのゲシュタポ長官ハインリヒ・ヒムラーに、一九三七年のモントリオールにおける世界警察会議に出席するようにという個人的な招待状を発送していた。その翌年には、彼はヒムラーの上級補佐官の一人の米国訪問を歓迎していたし、われわれが現在知るところでは、戦後になって旧ナチス分子を赤狩りに奔走するＦＢＩ機構に迎え入れてもいたのである。真珠湾攻撃が起きるまでは、選挙運動中にドイツ政府から秘密の資金援助を受け、米国を反ファシスト戦争に加わらせないよう努力した議会の孤立主義者たちとも、ＦＢＩ長官は秘かに会ったりもしていた。[3]だが、国中の広告塔やポスターが「全力で戦争遂行を」と呼びかけ、袖をまくり上げて決意を表したアメリカ市民が輸血に応じたり、軍隊に加わったり、病院や防衛施設で働いたりする姿を描き出していた一九四一年から一九四五年にかけては、フーヴァーは自分の政策に関してずっと慎重になった。舞台裏で、ＦＢＩと非米活動委員会は目立たないようにミニの魔女狩りを続けていた。彼らが調査し、スパイ活動をし、聴聞会を開催した相手は、米国に共産主義の影響をばらまいていると考えられた人々や団体であるが、とりわけ、左翼的な組合活動家、教師、作家たちであった。[4]

ＦＢＩ長官としての彼の四十六年間の在任期間を通じて、しばしばフーヴァーは全能であったといわれたものである。しかしながら、彼の全権力をもってしても、彼がその政策を実行できたのは、上層部からの暗黙の、あるいは往々にして露わな承認があったからこそなのである。ある重要なフーヴァーの伝記作家が指摘しているように、フーヴァーの権威は「このＦＢＩ長官の異常なまでの反共主義を共有しつつも、自分たちの共犯性や法に対する無関心を隠蔽しようとした強力な国家指導者たち[5]」に依存していた。

アインシュタインとロブソンがマッカーター劇場で会ったときには、ＦＢＩの盗聴者が舞台裏に潜んでいた形跡はないが、フーヴァーとその組織、そして非米活動委員会はすでに両人を標的にしていたのであった。* ＦＢＩはすでにロブソンの電話の傍受や手紙の開封を始めていたし、同様にアインシュタインの盗聴が始められるのもこれから数年以内のことなのである。だが、フーヴァーのアインシュタインに対する攻撃は、電話の傍受や手紙の開封だけにとどまらなかった。一九四〇年に、ＦＢＩは、以後半世紀近くも秘密に包まれた活動の中で、米国陸軍に一連の反アインシュタイン覚え書き（「彼のような履歴を持つ人間が……忠実な米国市民になり……得るとは考えにくい」）を提供し、その結果、陸軍情報部は――大部分はこれらの覚え書きに基づいて――アインシュタインに機密資料への接近を許可することを拒み、こうして原子爆弾を製造したマンハッタン計画にかかわる仕事から彼を排除することになった。[6]

＊　一九四一年に非米活動委員会の調査主任Ｊ・Ｂ・マシューズは、ロブソンが「共産主義のほうを選んだ」といって攻撃した。七年後に、マシューズはワシントン州調査委員会における「専門の立場からの証言者」として、アインシュ

タインが原子力の秘密をロシア人に漏らすかも知れないと申し立てた。一九五二年には、この同じマシューズが、当時は反共的であったNAACP（全国黒人向上協会）の「好ましからざる友好団体」リストを作成し、「公民権運動への共産主義者の侵入」についてアーカンソー、ミシシッピ、フロリダ各州の調査委員会で証言して、シュレッカーがいうところの「人種問題に関する巡回興行のおきまりの登場人物」になった。ダバーマン『ポール・ロブソン』二三九ページ、『FBIのアインシュタイン・ファイル』第五節八八五—八九〇ページ、および第八節一五—一六ページ、シュレッカー『こんなに多くの犯罪』三九三ページを参照。

戦時中の米国がソ連とナチス反対の同盟関係にあったにもかかわらず、フーヴァーの捜査官たちは、彼らが赤あるいはピンクだと考える人物たちの広汎なリストを準備していた。一九四三年秋、『オセロ』がブロードウェーでとうとう開演したころ、FBI長官はロブソンの名前を「デット－コム」名簿に登録した。これは、ソ連との戦争が始まった暁に強制収容所に収容すべき人物を記載した名簿であった(7)。皮肉なことに、戦争が続く間、アインシュタインとロブソンは、フーヴァーが両人をますます長大化する彼の敵の名簿に加えていたというのに、彼らの生涯のいかなる時にも増してワシントンの政策を精力的に支持していたのだった。

一九三九年に、ヒトラーのオーストリア併合とチェコスロヴァキア占領のあと、ナチスの世界制覇の野望が現実化しようとしてくると、アインシュタインはルーズヴェルトとの以前の不和を忘れることにした。家には火がついており、町で消防自動車を持っているのは米国大統領だけのように見えたからである。一九三九年七月十五日、アインシュタインが休暇を過ごしていたロングアイランドのペコニックに、レオ・シラードとその同僚のハンガリー系ユダヤ人の亡命物理学者ユージン・ウィグナーがニューヨーク市から車でやってきて、ナチスが原子爆弾を作るかも知れないと彼に知らせた。取るべき方策について相談した後、アインシュタインはルーズヴェルトに宛てて、今では有名になった手紙（実際にはアインシュタインとシラードが一緒に書いたのであるが、アインシュタインだけがこれに署名することにしたのであった。）を送ることに同意した。それは大統領に米国の原子爆弾計画を準備するよう強く勧めるものであった。

この八カ月前にヒトラーの親衛隊は、ドイツに残っていたユダヤ人に対して容赦のないポグロムを開始していた。彼らを襲撃し、レイプし、殺した――一晩で百人近くが殺害された――ほか、強制収容所に送り込むために約三万人を逮捕した。ナチスが非常に多くのユダヤ人所有の店舗や礼拝堂を破壊したため、通りはガラスの破片で覆われてしまった。ある新聞記事は、このクリスタルナハト（「割れガラスの夜」）を報じて、「三十年戦争このかたドイツでは類例のない破壊と略奪と放火のうねり……。警察はただ交通整理と、「ユダヤ人を保護するために」と称して、彼らの無差別逮捕を行なうだけであった」[8]と書いた。

原子爆弾を製造するということは、アインシュタインの気に入る計画ではなかったが、彼は、もしヒトラーが先に原子爆弾を手に入れたならば、世界を人質に取るだろうというシラードの議論に同意した。シラードが後に書いているところによると、アインシュタインは「敏速に事態の重大性を把握し、自ら進んで警鐘を鳴らす責任を引き受けようとした[9]。」

「親愛なる教授」と大統領はアインシュタインに返事を書いた。「私は貴下の最近の手紙に対し感謝申し上げます。……私はデータの重要性に鑑み、規格標準局長官および陸海軍から選ばれた代表者からなる会議を招集して、ウラニウム元素に関する貴下の提案の可能性を徹底的に調査させることにしました。[10]」政府の行なう大規模な計画は、いつだってそんなに簡単に行くものではなくて、マンハッタン計画が実際に動き出すまでにはあと二年ほどかかる。だが、アインシュタインはルーズヴェルトを支援する決心を固めていた。米国が、原子爆弾でヒトラーを出し抜くことが出来る技術を備えた唯一の国であるように思えたからである。

アインシュタインは一九四〇年十月一日に正式に米国人になった。彼は義理の娘マーゴット、それに秘書のヘレン・デュカスと共に、トレントンの連邦裁判所で市民としての宣誓を行なった。三人が宣誓のために手を挙げたとき、ある抜け目のないAPのカメラマンが、法廷内では撮影を禁止されていたにもかかわらず、カメラを構えた。世界中の新聞がこの写真を掲載したが、米国政府にとっては、何千語の広報にも優る価値のある出来事であった。

市民権を獲得する前触れとして、アインシュタインはこの新しい祖国にこれ以上に「好感をあたえる報道材料」を提供していた。米国移民帰化局をスポンサーとし、NBC系列で放送される「私は米国市民」というラジオ・インタビュー番組で、この米国市民になろうとしていた男は次のように語った。「米国では、個人およびその創造力を発展させることが可能であり、私にとっては、そのことが人生における最高の価値なのです。」そして十年後のマッカーシー時代にはおそらく疑わしく思ったであろうようないい方で、アインシュタインは付け加えていった。「ある国々では、人々は政治的権利もなければ、自由な知的発展の機会も奪われています。しかし、多くの米国市民はそのような状況を許容してはならないと考えておられることでしょう。」これは合衆国に対する彼の今までのところ最も熱烈な賛辞であった。

だが、この最も熱烈な時期にあってすら、米国政府の政策に対するアインシュタインの支持は、無条件的なものではなかった。彼は、米国市民になる直前の一九四〇年のラジオ・インタビューを次のように締めくくっていたのである。「とりわけ重要なことは……これらの自由を維持し、守るように努めることであります。[11]」これは、彼がこれからの十五年間によく用いることになる修辞的な論法であった。つまり、言論思想の自由、機会均等、法の前での平等など、米国で尊重されている諸観念を称賛する一方で、これらの原理が危機に瀕している、あるいは少なくとも厳重な監視を必要としていると警告するものであった。

米国市民になった直後、ニューヨークの万国博覧会におけるあまり知られていない講演でも、アインシュタインは人種問題に関して同じような論じ方をした。

五十八カ国、合衆国の三十三州、千三百の私企業が出展してニューヨーク市のフラッシングメドウ(以前にシア・スタジアムがあったところ)で一九三九年春に開催された万国博覧会のテーマは、「明日の世界」であった。一日に二千八百人もの人がゼネラル・モーターズの「フュチュラマ」という展示会場を訪れて、「一九六〇年の生活」の予想を味わわせてもらっていた。そこではテクノロジーがきわめて効率的になるので、誰でも二カ月の休暇を取り、折りたたみ式の住宅に住み、「液体空気」とかなんとかいう清潔な燃料で走る（ゼネラル・モーターズの）車を運転するというものであった。出口では、みんなにゼネラル・モーターズの小さなバッチが配られたが、そこには「私は未来を見た」と書いてあった。現実からかけ離れた逃避のように見えたかも知れないが、おそらくはそれが何十万という不況に喘ぐ来場者たちの人気をあんなに集めた理由であったのだろう。

だが、逃避にさえも限界があった。九月の第一週に会場を訪れたある来場者は、テレビジョン受像器や電気洗濯機に電気乾燥機、それから自分用の氷を製造する冷蔵庫を見たことを思い出す。「しかも、冷蔵庫の中には灯りまで点いていたのよ。」だがそのあと、彼女がポーランド館に入っていくと、突然、すべての照明が消えてしまった。最初、彼女は電気の故障だろうと思った。「すると、ドイツがポーランドに侵攻したというニュースが拡声器から聞こえてきたの。すぐポーランド館は閉鎖になったわ。戦争が始まったのよ。(12)」

博覧会の二年目に、アメリカン・コモン（合衆国の展示区域）の一部として新たな展示が開設された。この「名誉の壁」は、奇妙なことに、技術的な仕掛けや電気を使った超現代的な驚異などとは無縁であった。それは単に二十一枚のパネルからなっているだけで、そこには六百人以上の「移民、黒人、アメリカン・インディアン」の名前が行政、音楽、芸術、科学といった専門分野に分類されて記されていたが、これはさまざまな職能団体の選抜委員会に提出された六千人以上の名前から選ばれたものであった。

音楽部門にはポール・ロブソンが入っており、科学部門にはアルバート・アインシュタインが含まれていた。パネルの上部には大きく、大文字で次のような説明が書かれていた。「ここに記されているのは、外国生まれ、アメリカン・インディアン、*黒人の米国市民にして、平和と自由を熱愛するわれわれの、生き生きとつねに成長しつつある民主主義のために顕著な貢献を行なった人々の名前である。(13)」

＊ アメリカン・インディアンを含んでいる証拠として喧伝されたものだが、六百人の中に含まれている土着のアメリカ人はわずか四名だけである。これに比べてドイツ出身者は七十九名、英国出身者は七十四名、「黒人」とされているのが四十二名、中国出身者は一名であった。

この展示は、博覧会のほかの部分と際だった対照をなすように企画されており、米国の底力の源が単にその技術力のみならず、その人種のるつぼ的な伝統にあることを強調するものであった。当時人気の高かった「アメリカ人のためのバラード」*の歌詞にあるように、この国は「それを作った人々……労働する草の根の人々、その他大勢の人々と同じように強い」というわけであった。大統領夫人エリノア・ルーズヴェルト、ニューヨーク州知事ハーバート・レーマン、市長フィオレロ・ラ・グアルディアらがアメリカン・コモンの名誉委員会委員を務めており、移民を引きつける磁石としてアメリカの多様性を宣伝する必要——その政治的価値——をみなが十分承知していたはずである。してみると、この新たな展示の開会スピーチを行なうのに、米国で最も著名な移民以上に適した人物がいたであろうか。

＊ ポール・ロブソンは「アメリカ人のためのバラード」（作詞はアール・ロビンソンとジョン・ラトゥシュ）を一九三

九年十一月にCBSラジオで歌い、翌年にも国中で聴衆を溢れさせ（シカゴでは十万人以上が集まり、ハリウッド・ボウルでは史上最多の入場者を見た）一大センセーションを巻き起こした。アメリカの多人種的、多民族的な背景と平等の必要を強調する（「白い肌の人間は、黒い兄弟が奴隷状態にある限り、自由でいることは出来ない」）その歌詞はまた、この国の力強さをも讃えており（「わが国は強く、若いし、その最大の賛歌はまだ歌われてはいない」）、一九四〇年の共和党全国大会で歌われるに値するほど（もっともロブソンの意見は違っていたが）愛国的だと考えられていた。アーメントラウトとスタッキー『ポール・ロブソンの生きている遺産』を参照。

けれども、アインシュタインの演説は愛国的なシナリオにはまりこむものではなかった。「名誉の壁」の背後にある「素晴らしい高邁な着想」に賛意を表しつつも、彼は米国が「黒人たちの肩に背負わせている一切の苦難や不都合を取り除く重い責務を今なお持っている」と指摘した。このスピーチの全文が今までに公表されたことがなかった理由は、おそらく、そこにあるのであろう。（スピーチ全文については、第II部の資料Bを参照。）

万国博覧会に傑出した移民や黒人のために「名誉の壁」を建設することは、素晴らしい高邁な着想であり、また最良の意味において誇らしい考えであります。

この企画が表しているのはこういうことです。これらの人々もわれわれの仲間であり、われわれは……この国の継子と見なされがちなこれらの人々に……この社会が負っている恩義を認めるのにやぶさかでなく、感謝するものであると、いっているのです。……そこで、この機会に私に何か話すことがあるとしますと、それはもうこういう継子のためにする発言以外にはあり得ません。……

黒人に関して申しますと、この国は、それが黒人の肩に担わせたあらゆる種類の苦痛と不利益、黒人に対して同胞市民が今までにやってきた、そしてある程度まで現在もやっているすべての行為について、これから支払っていかねばならない大きな債務を抱えています。米国が今までに世界に発信してきた芸術の領域で、われわれは黒人とその歌と合唱団から最も素晴らしい寄与を受け取っているのです。そして、われわれがこの偉大な贈り物を負っているのは、この「名誉の壁」のその名が刻まれた人々に対してではなくて、野の百合のように名も知られず花咲いている民衆の子供たちに対してであります。

ある意味では移民についても事情は同じなのです。彼らも彼らなりのやり方で社会の繁栄に貢献しましたが、彼らの一人一人の努力や苦難は人に知られることはなかったのです。

移民一般についていいたいことがもう一つあります。致命的な誤解が……存在しているのです。移民を制限しても失業が減少することはないのです。と申しますのも、失業の原因は労働能力のある者の間での仕事の分配がうまくいっていないことにあるからです。移民は労働の需要を増加させもすれば、消費も増大させるのです。……

「名誉の壁」は高邁な理想から生まれました。その目的は公正で寛大な思想や感情を助長することにあります。この目標の実現を祈ります。(14)

無条件的にではなかったものの、アインシュタインはルーズヴェルトを引き続き支持し、一九四〇年に彼が再選されたときには祝辞を送った。だが、少なくとも個人的には、米国をもっと迅速に反ナチス闘争に参加させる意欲に欠けるといって、こき下ろしていた。一九四〇年夏、ドイツの飛行機がロンドンを爆撃していた時期に、アインシュタインはルーズヴェルトの優柔不断は破滅をもたらすと述べている。[15] しかし、真珠湾攻撃の後になると、アインシュタインは米国の参戦に歓呼の声をあげ、この戦争は「奴隷と圧政の原理を堅持する人々と自決権を信じる人々の間の戦いである」と述べた。ドイツ国民に放送されるはずの電話による談話の中で、彼は「米国民であることをとりわけ幸運である」と感じており、「今日、米国はすべての名誉ある人々の希望である」[16]と語った。J・エドガー・フーヴァーはこういう発言をアインシュタインのFBIファイルには記録しなかった。

ロブソンもまた、一九四一年六月にナチスがソ連に侵攻した後には、ルーズヴェルトの支援者になった。それまでのロブソンは、一九三九年のナチス－ソ連の「不可侵」条約のせいで傍観的な立場を取り、親モスクワ的な非介入路線にしたがっていた。ヒトラーの軍隊が条約を破ってソ連領内に侵入するやいなや、ソ連は路線を転換したが、ロブソンも含めた世界中の何百万というソ連支援者たちも同様だった。一九四二年にロブソンは米国の戦争遂行を自分の生涯にわたる人種平等のための戦いに結びつけた。「ヒトラーが勝利すれば、わが国民に起こりうる最悪の事態になることであろう。それが意味するのは、いつ終るとも知れぬ長きにわたってわれわれが奴隷の身分に陥れられるということである。それゆえ、黒人の救済はファシズムを転覆することのうちにある。[17]」

一九四二年八月十六日の朝、『オセロ』に出演するためにプリンストンに到着したロブソンは『プリンストニアン』紙に、米国における人種事情は「改善した」と語り、「もし政府が……黒人の希望に応じて黒人に戦争遂行に参加するのを許すとしても、何ら問題はないと私は思う」と付け加えた。ロブソンの予想の中の「もし」ということばが、キーワードであることがやがて明らかになった。百万以上の米国黒人が最終的に第二次世界大戦に従軍したのであるが、その大部分は「予備」軍に割り当てられたからである。戦闘に参加したのはわずか五パーセントだけであって、それも大抵の場合は白人士官が指揮を執る黒人部隊に所属させられていた。(18) これは平等を目指す全面的な取り組みといえるものではなかったし、来るべき闘争の明確な前兆であった。

第7章　銃後

アインシュタインは陸軍から（フーヴァーのメモを根拠にして）マンハッタン計画に従事することを阻まれ、機密書類の閲覧許可も拒否されていたので、プリンストンにとどまり、ペンを主要な武器として戦争に協力するほかなかった。自分が原子爆弾計画から排除されていたことを彼が知っていたというはっきりした証拠はないが、たぶん知っていたはずである。(1)

アインシュタインは一九四二年にロブソンを舞台裏に訪問してから、戦争が終るまでは彼と会うことはなかった。その間、二人は共に米ソ友好協会のような、戦争に関係のあるいくつかの団体を支援していた。(2)スターリングラードでソ連が決定的な勝利を収めた後、アインシュタインはこの協会のために募金を呼びかける手紙を書いたし、この団体が催したいくつかの大衆集会にも挨拶を送ったが、そういう集会にはロブソンも講演者としてしばしば姿を見せていた。先に述べたロシア戦争救援集会の場合と同じように、この協会は多くの著名な――そして政治的には穏健な――支持者たちを結集していた。戦争終了の数カ月後、マディソン・スクェア・ガーデンで開かれたある支援集会には何千人もの人々が集まったが、その中にはフーヴァーの手下が少なくとも一人はいて、次のように報告している。「挨拶のことばを送ったのは……トルーマン大統領、キング提督、アイゼンハウアー将軍*、陸軍長官パターソン、エリノア・ルーズヴェルト、**アルバート・アインシュタイン**教授など。[3]」（アインシュタインのＦＢＩファイルでは、彼の名前は必ず大文字で書かれている。）

＊　アイゼンハウアー将軍（そして後の大統領）は一九四五年に下院の委員会で次のように述べた。「ロシアの政策を非常に強く支配しているのは、米国との友好への願望である。」（ダバーマン『ポール・ロブソン』二五三ページ）

アインシュタインは求められたら原子爆弾計画に参加したであろうか。少なくともいくつかの兆候は、答えがイエスであったろうことを示唆する。戦時中に一年以上の間、アインシュタインは高性能爆薬に関する問題で米国海軍の顧問を務めていた。陸軍が機密事項への接近をアインシュタインに認めなかったのに、海軍は許可していたのである。また一九四三年には戦時公債用の募金運動に応えて、彼は一九〇五年の特殊相対性理論の論文を手書きした写しをオークションに出品した。[4]

戦時中にプリンストンにとどまるということはまた、アインシュタインが町歩きの習慣を以前同様に続けることが出来るということでもあった。その中には、ウィザースプーン街を歩いて、パーネル夫人などの家に立ち寄り、ポーチに座っておしゃべりをすることも含まれていた。おしゃべりの内容は、天候、戦争、ロブソンの『オセロ』公演のほか、不可避的に「銃後」の出来事に及んだが、その銃後では国中のいろいろな都市で全く別種類の戦争がくすぶっていた。

一九四二年の春、三十五歳のアフリカ系アメリカ人の兵器工場労働者ウォルター・ジャクソンは妻と五人の子供を連れて、デトロイトに国が新しく建てたソウジャナー・トルース団地に引っ越してきた。「僕はここに来て、酷い目にあった」と彼は語った。「僕は間一髪のところで死ぬところだった。ここで死んでもおかしくなかったんだ。」背は低いががっちりしていて、体重は一三〇ポンドあり、以前に全米自動車労働組合（UAW）－産業別組合会議（CIO）の職場委員を務めていたジャクソンは、一九三七年には自動車工場の戦闘的な座り込みストライキに参加したこともあった。ソウジャナー・トルース団地はデトロイトにおける深刻な住宅不足を緩和するために建設されたものであった。デトロイトには、南部から何万人もの白人や黒人の労働者が二十四時間体制で戦車や飛行機を生産するために移住してきていたのであった。黒人用の新しい住宅地としては、最初、黒人居住地の近くが予定されていたが、連邦政府は方針を転換し、白人労働者居住地区の真ん中にこれを建設した。人種の区別をしない住宅建設は連邦公共住宅局当局の認めるところではなかった。

一九四二年二月二十七日に、近くの野原で十字架を燃やしながら、百五十人の怒った白人が黒人の入居を阻止するために団地にピケットを張った。翌日の早朝までにその数は千二百人に増加したが、その多くは武器を手にしていた。家賃を支払い、賃貸契約書に署名した最初の黒人入居者が午前九時に到着したが、騒ぎを恐れて現地を退去した。騒ぎが始まるのに長くはかからなかった。二人の黒人が車でピケット・ラインを突破しようとしたとき、小競り合いが始まった。白人集団と黒人集団の衝突は午後まで続き、十六人の騎馬警官が騒ぎを収めようとした。催涙ガスや散弾銃の銃弾が空中を飛び交った。当局は引っ越しの無期限延期を発表した。四月末になっても反対運動が続いていたが、黒人家族はとうとう団地に入居した。ウォルター・ジャクソンとその家族は最初の入居者であった。デトロイト市長エドワード・ジェフリーズは引っ越し期間中の平和を維持するように警官と州兵に命じた。中には乳母車を押す者もいたが、多数の白人女性が米国国旗を振って、団地の北側のコンリー街沿いにしばらく行進した。以後数週間にわたって、クー・クラックス・クランが何回も十字架を燃やしたが、全米自動車労組の組合員が黒人および白人労働者の入り混じった集団を防衛隊に組織したり、ピケットを張ったりして、アフリカ系アメリカ人入居者を支援した。「先頭に立って活動した主力は、フォードのリヴァー・ルージュ全米自動車労組六〇〇支部に属する左翼のアフリカ系アメリカ人労働者たちであった(5)。」ソウジャナー・トルース団地での最初の対決は負傷者なしに終ったが、これはこれから来たるべき事態に対する警鐘であった。『デトロイト・ニューズ』紙は次のような記事を掲載していた。

一九四三年六月初旬、爆撃機と哨戒魚雷艇のエンジンを生産していたパッカードのある工場で二万五千人の白人労働者が、三人の黒人の昇進に抗議してストライキに入った。一握りの扇動者たちがこの昇進に対する憎しみをかき立てた。ストライキの間に、工場の外部からは「組み立てラインで黒んぼと並んで働くくらいなら、ヒトラーやヒロヒトに勝ってもらいたいものだ」と叫ぶ声が聞こえたと伝えられている。……工場の中ではクー・クラックス・クランや泣く子も黙るブラック・リージョン（一九三〇―四〇年代に米国中西部で主に活動した、クー・クラックス・クランの下部組織）が大手を振って歩いている(6)。

パッカードのストライキがようやく終ったのは、連邦政府が戦争政策妨害の廉でストライキ参加者に発砲すると脅しをかけたあとであった。しかし、八月初めベル・アイル遊園地で小競り合いが始まり、やがて全面的な暴動に発展した。近くの陸軍基地の兵隊が白人暴徒に加勢したので、ルーズヴェルト大統領は乱闘を止めさせるために連邦軍を投入したが、それも三十五人の黒人と九人の白人が殺され、

（ほとんど黒人ばかりの）千八百人が警察に逮捕された後のことだった。

百三十七人の「著名な米国人」と一緒に、「わが国のほかの土地でデトロイトの恐怖が再発することのないように、あらゆる賢明な行動をとるように」ルーズヴェルト大統領に促す声明に参加することを求められたとき、アインシュタインは即座に同意した。この声明は抗議というよりは請願であった。全国黒人向上協会や他の人々は、警察が白人の残虐行為には目をつぶって黒人に的を絞ったと主張し、デトロイト当局の暴動の処理方法を非難した。逮捕者の八十五パーセントが黒人であり、暴動中に警察により殺された十七人全員が黒人であったからである。[7] これに引き替え、アインシュタインが署名した、ルーズヴェルトに「デトロイトの恐怖の再発」を防ぐように促す声明は、これ以上に穏やかなものはあり得ないようなものであった。にもかかわらず、これがJ・エドガー・フーヴァーの忠誠監視者たちの注意を惹きつけた。下院非米活動委員会はその独特な分析能力を誇示して、デトロイト暴動は「共産主義者の扇動」によるものであるといち早く結論した。連邦捜査局はデトロイトにおけるクー・クラックス・クランやブラック・リージョンの活動を全然調査しようとしなかったし、一九四三年のデトロイト暴動に発展した最初の暴力行為を煽り立てたのがこの二つの人種主義的集団であるという広く流布していた世評を検討してみようともしなかった。だが、フーヴァーの手先たちは、アインシュタインが署名したルーズヴェルトへの訴えを、「不名誉な情報」としてこの科学者に関する一件書類の中にちゃんと記載していたのである。[8]

アインシュタインにとって、デトロイト暴動に関する声明に署名することは、自分の有名な名前を人種問題に関して——公然と——使用しようという決意のきっかけになった。その後の彼の声明は、これほど温和ではないものになっていくであろう。

アインシュタインと同様に、ロブソンは戦時中に二方面で政治活動をしていた。海外におけるファシズムとの戦いを支援することに重点を置いてはいたものの、彼は国内の人種差別に対しても引き続き反対の声をあげていた。これはあまりよく知られていない行動であるが、ロブソンは八人の黒人新聞編集者のグループと同道して、一九四三年のメジャー・リーグ球団オーナー年次会議に出席し、野球コミッショナーのキーンソー・マウンテン・ランディスに会い、野球界における人種差別の撤廃を要望した。ロブソンの二十分間にわたる話が終ると、オーナーたちは拍手した。——けれども何もしてはくれなかった。これはジャッキー・ロビンソンがブルックリン・ドジャースと契約を結ぶ三年前のことであった。

一九四二年のある夕方、アインシュタインはウィザースプーン地区を歩いていたが、今回は病院へ行くためではなくて、ウィザースプーン・スクールで開催されるプリンストンのNAACPの集会に参加するためであった。学校の講堂は人で一杯であった。NAACP事務局長のウォルター・ホワイトがニューヨークからやってきていたし、壁には会員に「戦時公債を買おう」と呼びかけるポスターが貼られていた。アインシュタインはこの組織の会員になっただけではなくて、後にＮＡＡＣＰの新たな法的防衛基金の発起人にも加わった。彼はまた、サム・バッカノンのニュージャージー州からの送還を阻止する運動をも公然と支援した。サムはたばこ一箱を盗んだ廉で、十八年の間、ジョージアの刑務所で他の囚人と一つ鎖でつながれていた後、そこから脱走したのであった。その後、この抗議運動が功を奏して、バッカノンの送還は阻止された。

ファニー・フロイドはプリンストンのＮＡＡＣＰの周辺で成長した。「私の両親、特に父が活動家だったので、私は沢山の集会に出席しました。プリンストンのＮＡＡＣＰの組織は非常に強力で、全国組織の指導者たちもよくやってきたものでした。」だが、特に印象に残った集会が一つあった。他のアフリカ系アメリカ人のプリンストン住民との円卓会議の模様を彼女は思い起こした。

そう、アインシュタインが出席したあの会合は――一九四二年頃だと思うけど――ウィザースプーン・スクールで開かれたわ。戦時公債のための集会だったと思う。つまり、第二次世界大戦を支援する債券を買うためのお金集めよ。私は十代だったけれど、誰でもアインシュタインを知っていたわ。私たちはみんな彼がナッソー街からウィザースプーン街へと歩いていくのを町で見かけていたから。

この集会で私が実際にアインシュタインと話をしたわけではないの。大きな集会だったんです。NAACPの全国事務局長ウォルター・ホワイトも出席していたと思うわ。誰かがリムジンでやってきたのを覚えているから（でも、リムジンに乗ってきたのは［下院議員の］アダム・クレイトン・パウエルだったかも知れない）。とにかく、アインシュタインの周りには沢山の人がいたの。で、高校生という私の年頃を考えると、私はたぶん後ろのほうにいたのね。

十代の女の子がNAACPの集会に出席するなんて、異常なことではなかったのだろうか。「NAACPやそのほかの沢山の集会に参加することを異常だとは思わなかったわ。――この地域でクー・クラックス・クランがまだ活動していたのが大昔のことではないのを思い出してください。――彼らはそのちょっと前にもハイツタウンで十字架を燃やしたんです。」

論議は最近の人種主義にも及んだ。「彼らは一九八〇年代にもプリンストンで十字架を燃やしたんだ」とヘンリー・パネルは語る。*

＊ 一九七一年にクー・クラックス・クランは、会員募集運動の一環として、ルート二〇六とプリンストン・パイクの交差点で縦七フィート、横四フィートの十字架を燃やした。カスリン・ワッターソン『私は人々が歌うのを聴く』（近刊予定）を参照せよ。これはプリンストンのアフリカ系アメリカ人社会に関する口承の歴史である。

「そして彼らは今でも事あれかしと待ちかまえている」とペニー・エドワーズ＝カーターは付け加える。

「今日でさえ」とシャーリー・サッターフィールドはいう。「この街にはあの主人・奴隷コンプレックスがあるのよ。まだあるのだけれど、以前より巧妙になっているの。──私たちが育ち盛りだったころほど人目にはつかないけれど、ここにはまだ人種差別の雰囲気が残っているの。そういう感じを与える地域があるわ──成金連中など。」

ペニー・エドワーズ＝カーターも頷いていう。「僕が町を歩いていると、女の人たちがハンドバッグを反対側の肩に掛け替えるんだ。そこで、僕は最近、何人の人間の頭を殴りつけたんだろうと考え込んでしまうのだ。僕が思うに、人々が見るのは黒い顔だけで、その人間ではないんだ──僕たちは目に見えない人間なんだ。それに、メディアがそう書き立てる。大勢の黒人とまともにつきあわない白人たちは僕らのことを犯罪集団だと考えているんだと思うよ。」

フーヴァーのＦＢＩは、アインシュタインのＮＡＡＣＰに対する支援やサム・バッカノンの擁護を「アインシュタイン・ファイルの中で」、とくに「不名誉な情報」として記録していた。[9]「不名誉な」というのは、ＦＢＩ長官がたまたま思いついたような用語ではなかった。もしある報告が「不名誉なもの」であると思われなければ、フーヴァーが関心を示すことはなかった。興味深いことに、アインシュタイン・ファイルに付したＦＢＩのある内部メモには手書きで、「配布不要。この報告には適切な不名誉情報が含まれていないため[10]」という注釈が記されているのである。

アインシュタインのNAACPプリンストン支部での活動やデトロイト事件に関するかれの温和な声明を「不名誉」呼ばわりしようというフーヴァーの決定の動機を、人種主義以外に想定するのは難しい。一九七二年に死去してから、フーヴァーの公的な地位は急降下した。少なくとも、その理由の一部は、彼がマーティン・ルーサー・キング・ジュニアを陥れるために「汚い手口」を使ったことが暴露されたためである。だが、FBI長官の――そしてFBIの――人種主義は、キングが舞台に登場するずっと以前に始まっていた。フーヴァーが生れ育った地域は、米国の中でも人種差別が非常に激しい南部都市の一つ、ワシントンDCにあったが、ここで白人だけの世界の白人だけの教会に通い、白人だけの学校に通って、読み書き算数を習うように人種主義を身につけたのであった。フーヴァーが一九一九年に開始した司法省の初期の治安ファイルの一つは、「ニグロの活動」と題されていた。そこでは、アフリカ帰還運動の提唱者マーカス・ガーヴェイが「悪名高いニグロ〔原文のまま〕の扇動家」であると罵倒され、ガーヴェイの新聞『ニグロ・ワールド』は「ソビエト・ロシアの支配……を支持し、「公然とボルシェヴィズムを唱道」していると非難されていた。この同じファイルは、A・フィリップ・ランドルフの『メッセンジャー』紙やW・E・B・デュ・ボイス編集の『クライシス』誌などを含む他の黒人経営新聞を攻撃していた。「これらの出版物の編集者たちをどうにかしなければならない。連中は疑いもなく、この国のニグロ〔原文のまま〕分子を暴動や、あらゆる種類の蛮行へとけしかけているからである。」(11) クー・クラックス・クランに関するフーヴァーのファイルが存在したという証拠はない。当時、この団体のリンチや十字架焼却が猖獗を極めていたというのにである。*

＊御用評論家の中には、フーヴァーのことを機会均等的な人種主義者と呼ぶものがいるかも知れない。たいていの人種主義と同様に、フーヴァーの人種主義は一つの標的集団に限定されるものではなかった。彼の反ユダヤ主義は広範に報道されてきた（ジェローム『アインシュタイン・ファイル』四四ページ）。それに、最近の伝記『人形使い』においてリチャード・ハックが指摘するところによれば、ＦＢＩ長官は「英国人やフランス人を軽蔑していたし、スカンディナヴィアの人々に対してはあからさまに敵対的であった。彼らは傲慢でもったいぶっているというのである」（二一三ページ）。彼の反ヒスパニックな偏屈さの一端が表に出たのは、一九五〇年にプエルトリコ民族主義者たちによるトルーマン大統領暗殺未遂事件のあとに、「冗談めかして」こういったときだった。「大統領がプエルトリコ人やメキシコ人に撃たれるなどと心配する必要はない。奴さんたちは真っ直ぐには撃てないんだから。だが、奴らがナイフを手にして追いかけてきたら、用心することだ。」『ワシントン・ポスト』一九七二年五月五日付の死亡記事を参照。

政治的には中道で、フーヴァーの伝記を書いたリチャード・ギッド・パワーズによれば、このＦＢＩ長官は「出来る場合にはいつでも、公民権問題がかかわる事件を避けて通ろうとした。五〇年代までに、これはＦＢＩの既定の方針になっていた。……フーヴァーはワシントンに生まれたことに影響されて、本能的にこの国の人種的エリートと自分を同一視していた。」一九六三年にバーミングハムのある教会がテロリストに爆破されて四人のアフリカ系アメリカ人少女が死亡したとき、「ロバート・チャムブリスとその仲間のクー・クラックス・クラン団員に対する十分な嫌疑があったにもかかわらず、フーヴァーはＦＢＩがこの爆弾事件を捜査することを抑えてしまった。」(12)

ＦＢＩの内部には、何十年にもわたってアフリカ系アメリカ人職員は数えるほどしかおらず、フーヴァーの運転手で、「スペシャル・エイジェント」のジェイムズ・クローフォード、（フーヴァーが休暇を取った）ラ・ホイアとマイアミにいた他の二人の運転手、伝令のワージントン・スミス、それにフーヴァーの執務室でコートの着脱を助けたサム・ノワゼットくらいであった。第二次世界大戦が始まると、フーヴァーは彼ら全部にＦＢＩ捜査官の資格を与え、徴兵に取られることがないようにした。[13]

「よい戦争」は一九四五年八月六日と九日に、ヒロシマとナガサキへの二個の米国製原子爆弾の投下――そして約二十万人の日本人民間人の死――とともに終った。米国が反ファシズム戦争の間は団結していたとしても、戦争を終結させた原子爆弾はこの団結を爆破した。宗教団体からのものが多かったが、ますます多くの批判者たちが「非戦闘員の無差別殺戮」は「身の毛もよだつ」とか「道徳的に弁明の余地がない」といって、攻撃した。これ以外にも、原爆計画に従事した科学者たちもふくめて、米国が世界で唯一の核保有国としてどのように振る舞うのか懸念する人々もいた。マンハッタン計画に従事したこういう科学者たちの一群は、原子科学者緊急委員会を結成して、委員長にアインシュタイン（彼はマンハッタン計画からは排除されていたのだったが）を仰いだ。世論調査が示したところによると、大部分の米国人が原爆投下を支持してはいたものの、新たな戦争の危険を減少させたと感じた者は四十七パーセントにすぎなかったし、原爆がやがて米国に投下されるという「現実的な危険」があると感じている者が三分の二近くもいた。ＣＢＳラジオでエドワード・Ｒ・マローは、国民の間に未曾有の「不安感と恐怖感……生存が保証されていない感じ」[14]があると伝えた。原爆投下の一年後、ジョン・ハーシーの『ヒロシマ』はたちまち一夜のうちにベストセラーになった。「町中を歩いている者は少数で、大多数の者は道端に座るか横になっていて、嘔吐し、死ぬのを待ち、死んでいった。……［爆弾は］爆心から半マイル以内にいた人々の九十五パーセントと、それより外にいた何千もの人々を殺した。」

何十万人という非白人民間人に対する原爆投下は、米国の新聞雑誌に溢れた反日的な漫画や論説、そして政治家たちの人種的偏見丸出しの発言*と相まって、この国を長らく分断してきた人種的な断層線を緊張させた。白人の新聞雑誌の九十八パーセントが日本に対する核攻撃を支持したのに対し、黒人の新聞雑誌では見解がもっと分かれており、戦争終了後、数カ月もたたないうちに、ますます批判的になった[15]。九月中旬までに『シカゴ・ディフェンダー』誌は詩人のラングストン・ヒューズ、学者のW・E・B・デュ・ボイス、それにNAACP事務局長ウォルター・ホワイトなどの論文を掲載したが、いずれも米国の作戦行動よりは日本の犠牲者の立場に立つものであった。ヒロシマへの原爆投下が提起したのは「誰が野蛮人で、誰が文明人であるのか」という問題であると、NAACPの『クライシス』誌の一論説は述べている。『ワシントン・アフロ-アメリカン』誌は、「オークリッジ［のマンハッタン計画研究センター］で働いていた七千人の黒人労働者が貧弱な住宅に隔離されて住まわされ、つまらない仕事だけをあてがわれ、［白人労働者とは異なり］子供たちのための学校も用意してもらえなかった」ことに注目し、米国が「結局のところは白人種に属する」ドイツ人を目こぼしして、「この最も破壊的な兵器を太平洋の憎々しい黄色人種用に取り分けておいたのだ」と主張した。ヒロシマは、「たぶん連合国がやっているのは、要するに人種戦争にすぎないという感情を方々で蘇らせた[16]」というのが、この論説の結論であった。

＊ 原爆投下を命令した二週間後、ハリー・S・トルーマン大統領は批判者に応えてこう宣言した。「野獣を相手にしているときには、相手を野獣扱いしなければならない。」『ニューヨーク・タイムズ』一九四五年八月十日号、第六面を参照。

一九四五年末までには、太平洋でこのいわゆる「人種戦争」が終ったとしても、国内ではそうではないということが明らかになった。

第8章　公民権問題の活動家

アインシュタインが今日のわれわれのいい方でいう公民権問題の活動家になり、ふたたびポール・ロブソンと腕を組むことになるのは一九四六年のことであった。百万人を超えるアフリカ系アメリカ人兵士が、反ファシズム戦争から帰国しつつあった――永久に帰ってこない者もあったけれども――。黒人徴集兵《ジーアイ》の多くは「二重の勝利」というスローガンを採用していた。それは海外におけるナチズムに対する勝利と国内における人種主義に対する勝利を意味するものであった。「われわれの多くは、戦争の結果、黒人の二流市民状態や黒人に対する差別が完全に終るという幻想を抱いた」と、後になってある黒人徴集兵は書き、次のように説明している。

私は一万から一万二千の他の黒人と一緒に、第九十二師団に属していた。ヨーロッパでは第九十二師団の兵員は英雄だと見なされていた。われわれはルッカやピサを含むイタリアの町々を沢山解放したが、イタリアの人々はこういう褐色の兵士が町に入ってくるのを見ると、勝利した英雄としてわれわれに歓呼の声をあげた。だからわれわれは合衆国に戻ってきたとき、然るべき貢献をした者として遇されることを期待していた。黒人が差別されるところに戻って来たくはなかった。第九十二師団に在籍した兵士のほとんどが南部出身だったから、そのために生命の危険を冒した国に帰ってきて、相変わらずバスの後部に行かねばならないとか、映画館では階下の席には座れないとか、所有者の許可証なしには農園を離れられないとかいうのは皮肉な話だった。[1]

だが、ベルリンでのアーリア的優秀人種の敗北も、ミシシッピ、アラバマ、ジョージアなどのアーリア的優秀人種主義者に対しては、そのテロリズムを強化させる以外には何の影響も及ぼさないように見えた。ミシシッピの上院議員セオドア・ビルボはクー・クラックス・クランの公然たる会員であったが、「あらゆる手段を利用して」黒人の投票を阻止せよと白人たちに呼びかけた。[2] ファシズムに対する勝利の後の最初の一年間に、ほとんどは南部諸州においてであったとはいえ、それ以外にもあった反黒人暴力のうねりは、五十六人のアフリカ系アメリカ人を殺害した。その中には正真正銘のリンチもあったし、警察に射撃された非武装犠牲者も含まれていたが、その際、もっともしばしば標的になったのは帰還兵であった。[3]

アインシュタインの一九四六年の公民権問題活動は、雑誌『ペイジェント』に「黒人問題」と題された論文を寄稿することから始まった。これはおそらく、米国の人種主義に対する彼の最も雄弁な挑戦であった（全文については、第II部資料Cを参照）。「本気で、警告の念をこめて」書くといって、アインシュタインは言い放つ。

米国人の社会的なものの見方には薄暗い点……がある。平等と人間の尊厳に関する彼らの感覚は、主として白い肌の人間だけに限られている。白人の間にあってさえ、偏見が存在しており、ユダヤ人である私はそれを明確に意識している。だが、こういう偏見は、「白人」が有色の肌を持つ同胞市民、とくに黒人に対して取る態度に比べれば、大して重要ではない。私が米国人であると感じれば感じるほど、それだけ一層この状況は私を悲しませる。私もその共犯ではないかという感じを免れることが出来るとすれば、率直に発言することによってでしかない。

多くの誠実な人々が私にこう答えてくれるであろう。「黒人に対してわれわれが取る態度は、この国でわれわれが黒人と近接して生きてくる際に生じた不幸な体験の結果なのだ。彼らは、知能、責任感、信頼性の点でわれわれと対等の者ではないのだ。」

このような考え方をする人は誰であれ重大な思い違いをしていると、私は確信するものである。あなたがたの祖先がこういう黒人たちを彼らの故郷から力ずくで引きずってきたのである。そして白人が富と安楽な生活を追求するなかで、黒人たちは容赦なく押さえつけられ、搾取され、奴隷の身分に貶められてきたのだからである。黒人に対する現代の偏見は、この尊敬に値しない条件を維持しようとする欲望の結果である。……

物事を正直に考え抜こうと努める人々は誰でもやがて、黒人に対する伝統的な偏見がいかに恥ずべきことであり、危険なことでもあるかを理解するであろうと、私は信じる。

末尾で、アインシュタインは大半が白人である『ペイジェント』誌の読者に公民権闘争に参加するように呼びかけた。

この根深い悪がたちどころに除去できるような方策があるとは、私は考えていない。だが、この目的が達成される日まで、正義を求める善意の人間にとって、自分がこの大義のために自分の最善のエネルギーを投入したと自認できることに優る満足は存在しない。

二月には、テネシー州コロンビアで何人かの黒人帰還兵が彼らの地域（「ミンク・スライド」）を襲ってきた白人のリンチ団に銃弾を発砲し、二名の（武装した）白人を負傷させた。武装したアフリカ系アメリカ人が白人に向かって発砲したと聞くや、テネシー州知事は直ちに五千人の州警察官を投入した。彼らはこの地区をロープで遮断し、軽機関銃を発射して、この正方形状の地域にあるほとんどすべての黒人経営商店を破壊してしまった。警察官たちは百名以上の黒人を逮捕した。その後、警察は留置場に拘留されていたうちの二人に発砲して殺してしまった。これは、テネシー州当局者にいわせれば「自然発生的な暴動」の間の出来事であった。ほかに二十五人が「殺人未遂」[4]の廉で起訴された。

『ニューヨーク・タイムズ』でこの事件に関する記事を読んでいたアインシュタインが、「テネシー州警察による銃撃はナチスと変わらずと、NAACP、トルーマンに告発」という見出しや、二十五人の主任弁護人であったサーグッド・マーシャルという名の若きNAACPの弁護士の次のような声明を見逃したはずはない。それは「テネシー州コロンビアの黒人居住区を封鎖し、手当たり次第無差別に発砲した州警察官の行動は……わが国の最近のいかなる警察活動よりもドイツの突撃隊に近かった」[5]というものであった。同じ月に、民主党のある指導的幹部は、「クー・クラックス・クランの復活が」インディアナ、イリノイ、オハイオ州に広がっており、「連中はドイツ出身の人種主義的集団の不満に乗じようとしている」[6]と警鐘を鳴らした。

ナチズムに関してぬぐいがたい記憶を持つアインシュタインが、こうした反響を見過ごしたはずはなかった。サーグッド・マーシャルの「突撃隊」声明のしばらく後、アインシュタインは、エリノア・ルーズヴェルトが率いる「テネシー州コロンビアにおける正義のための全国委員会」に公然と加入した。[7]数週間後、ペンシルヴァニア州のリンカーン大学を訪れて、名誉学位を受け取り、学生たちに講演をした。

晩年の二十年間に、アインシュタインは大学ではほとんど全く講演をしなかった。健康がだんだん衰えて、旅行が困難になったからであるが、主な理由は、学位授与の華々しい儀式が「仰々しい」[8]と感じられたからであった。アインシュタインが、名誉ある学位を出すアイビー・リーグの大学ではなくて、*伝統的な黒人の大学を訪れることによって、大学には行かないという彼の慣例を破ったことに特別の意義を見る人もいるかも知れない。（一八五四年に設立されたリンカーン大学は「アフリカ系の男子青年に芸術と科学の高等教育を提供する、世界広しといえども唯一の教育機関」であった。[9]）だが、アインシュタインにとって、プリンストンからリンカーンへの六十マイルの旅は、気軽な選択の問題ではなかった。自分の訪問は「意義のある大義のため」であると、彼は集まった学生や教職員たちに語った。「人種の分離［人種差別］は黒人の病ではなくて、白人の病なのであります」と彼は明言し、「私はそのことでおとなしくしているつもりはありません」[10]と付け加えた。

＊　一九三六年に、アインシュタインはハーヴァード大学創立三百周年記念式典に出席することを拒否した。その理由はドイツの大学が参加するからというものであった。

病だって？　今日、アインシュタインのことばの選び方を理解するためには、南北戦争から八十年経った米国に広範に広がっていた人種差別病とでもいうべき特殊な症状を調べてみなければならない。既に見たように、黒人兵たちは戦闘に参加することを許されたときですら、白人士官の指揮下に黒人だけの部隊を編成して戦ったのであった。誠実な信者にとって、愛国心にもまして、まず考えなければならないのはいつだって人種差別であった。一九四五年に、ロバート・バードという名の——あとで上院議員になる——二十八歳のウェストヴァージニア州の弁護士は、「黒人と肩を並べて」戦うなんて真っ平ごめんだと、ミシシッピ州の上院議員ビルボに手紙を書いた。「われわれの愛するこの国が、荒野の最悪の種への先祖返りである雑種人種の手で堕落させられるのを見るくらいなら、私は千回も死んだほうがましですし、星条旗が永遠に泥の中で踏みにじられるのを見る方がいいと思います。」（その後、バードの人種観は大きく変化することになった。）[11]

一九四六年五月には米国の大部分で人種隔離が常態であった。住宅や学校からバスや海浜にわたる公共および民間施設における人種隔離や不平等は、南部諸州はいうまでもないが、既に見たようにニュージャージー州プリンストンも含めて、この国の他の多くの地域でも見られた。教科書の中には、あるいは記録映画の中にさえ、南部のバス停留所や列車の駅における人種隔離された（そして全く不平等な）待合室、さらには「黒人用」、「白人用」と書かれた別々の水飲み器までも示しているものがあった。だが、病の根はもっと深いところにあった。

生命を救済するべく提供される血液でさえも（そもそも黒人が献血を許された場合の話だが）、人種別の血液バンクに預託され、「白人」および「黒人」というラベルを貼った保存容器に別々に保存された。世界大戦のさなかの一九四二年に、米国赤十字社がワシントンで会合を開き、人種間で血液には全く差がないのに、「大部分の白人は、黒人の血が自分の血管に注入されることに反対した」と結論した。ある作家が書いていることであるが、「戦場で大きく開いた傷口から出血していて、今にも意識不明になりそうな白人兵士のうちで、『間違った色』の血漿を入れてくれるなと医者の手を制止するような者が一体、何人いるであろうか」と尋ねた者はどうも一人もいなかったようであった。血液を人種的に分離して扱うというやり方は、一九六〇年代半ばにいたるまでこの国のいくつかの地域で続けられた[12]。

一九四六年にアインシュタインの講演を聴いていたリンカーン大学の学生は、もちろん、こうした事情をほとんど弁えていた。「五月三日金曜日に、非常に質素な感じの人がリンカーン大学にやってきた」と、数日後、一人の学生が学内新聞『ザ・リンカーニアン』に書いた。

やせ衰えた顔と質素な姿態は彼を聖書の人物のように見せた。ホレイス・マン・ボンド学長が学位を授与する間……アインシュタインはいぶかしげな表情を浮かべて、静かに立っていた。そのあと、長髪で奥目のこの男はマイクロフォンに向かって、人類が罹っている病について話をした。彼は生地ドイツの強い抑揚のある話し方で、自分は黙っているわけにはいかないのだと語った。彼が話を終えたとき、会場は静寂に包まれた。それから彼はリンカーン大学の学生たちに相対性理論の講義を行なった。

その晩に、アルバート・アインシュタインはプリンストンへ帰っていった。[13]

帰途につく前、アインシュタインはローレンス・フォスター教授の家でその家族と夕食を共にした。フォスターの娘イヴォンヌは回想する。「アインシュタインは大変恥ずかしがり屋で内気な人だと、あらかじめ大学の関係者から知らされていましたが、実際、彼は静かな人で、食事中にはほとんど口を利きませんでした。けれども、[私の弟]ラリーのペンシルヴァニア・ドイツ語のアクセントを面白がり、会話の間、笑いを抑えきれないようでした。」彼女が付け加えていうことには、「私たちが名誉に思ったのは」、学位授与の式典の間「アインシュタインがフィリップ・ミラー教授の式服を身につけ、父の角帽を被っていたことでした。」

「私の息子がアインシュタイン博士を見る機会に恵まれたと知って、私は大変幸せでした」と、ある学生の母親が、この訪問後しばらくして、リンカーン大学学長ボンドに語った。ボンドはアインシュタインへの手紙の中で、この母親のことばを取り次ぎ、「私たちはみんなこのしがない母親と同じくらい感謝しています」[14]と彼自身の謝辞を付け加えた。

アインシュタインがリンカーン大学を選んだことおよびその講演の内容は、もっと広範な聴衆にメッセージを送りたいという意向をはっきり示しているように見えた。だが当時のメディアは——今日のメディアにしても同じことだが——ニュースを選択するのに別の基準に従っていた。公共の場におけるアインシュタインの発言やインタビューは主な新聞によって大々的に報じられた[15]——彼が記者に向かって舌を出したのさえ一面を飾った——のに、メディアの主流は、世界一有名な科学者がこの国の最古の黒人大学で行なった講演を、どうでもいい出来事扱いをした。アインシュタインの講演をまともに報じたのは、黒人新聞だけであった。『フィラデルフィア・トリビューン』紙と『ボルティモア・アフロ－アフリカン』紙は第一面に自社記者が書いた記事と併せて、リンカーン大学学長ホレイス・マン・ボンドから名誉学位を受けるアインシュタインの写真と学生に相対性理論の講義をする写真を掲載した。第一面の半分にわたる『トリビューン』の見出しには、

歴史的な大学式典で学位を受けるアインシュタイン

とあった。この出来事を報道した黒人新聞はほかにも、『ニューヨーク・エイジ』、『ニューヨーク・アムステルダム・ニューズ』（「人種問題は『白人』の病だと、アインシュタインは語る」）、『ピッツバーグ・クリエ』などがあった[16]。いずれも写真も掲げていた。

リンカーン大学におけるアインシュタインの講演の原稿または写し、あるいはメモでさえ今までに見つけたものは誰もいないし、山のようにある彼の伝記や著作集にも引用されたことはない。以下に掲げるのは、『ボルティモア・アフロ－アメリカン』紙一九四六年五月十一日号の記事に頼って、アインシュタインの十分間の講演を要約したものである。J・W・ウッズによるこの記事にはペンシルヴァニア、リンカーン大学と発信地が記してある。

戦争を防止する唯一の可能性は、戦争の可能性を防止することです。国際平和を達成するためには、各個人が全力を尽くして米国に圧力をかけ、世界政府の樹立に主導的な役割を演じさせなければなりません、

国際連合は戦争を防止する力は持っていませんが、次の戦争を回避するよう努力することは出来ます。国連が有効性を発揮できるのは、各人がそれぞれの私的状況の中でちゃんと義務を果たすときだけです。もし彼が［それを果たさない］ならば、将来の戦争において私たちの子供たちが死ぬことの責任を取らねばなりません。

この大学への私の訪問は立派な大義のためであります。米国では黒人が白人から分離されています。この分離［隔離］は黒人の病ではありません。これは白人の病なのです。私はこのことに関して黙っていようとは思いません。

今日の人類の状況は、鋭利なナイフを手に持ってそれをおもちゃにしている子供の様子に似ています。原子爆弾に対する効果的な防御は存在しないのです。……原子爆弾は一都市を破壊できるだけではなくて、その都市がのっていた地球そのものまで破壊できるのです。

一九四六年五月四日の『ニューヨーク・タイムズ』は、この講演について第七面に全体がわずか一文からなる次のような小記事を掲げただけだった。「アインシュタイン博士は、黒人には「偉大な未来」があると信じると語り、学生たちに「末永く一生懸命に、ねばり強く」勉強に励むようにと呼びかけた。」この文章が同じ講演から取られていると仮定して（黒人新聞の記事のうちで、この文章あるいはこれ

に類似したことを引用したり、それに言及しているものは一つもないのだが）、『タイムズ』が報道するために選び出した内容と黒人新聞が報道した内容とを比較対照してみると興味深い。

アインシュタインの人種平等の主張は、論文や講演に限られるものではなかった。この年の夏の終わりに、ポール・ロブソンはリンチ終結アメリカ十字軍（ACEL）という新しい団体の議長を自分と一緒にやってくれないかと、アインシュタインに頼んだ。この団体は、九月二十三日――奴隷解放宣言の記念日――にワシントンで抗議集会を開くことを計画していたのだった。その目的は、連邦議会に反リンチ法の通過を要求しようということであったようだ。アインシュタインは承諾した。

アインシュタインがこの夏のリンチのうねりについて読んではいなかったとしても――リンチ事件が主要なメディアで報道されることはごく稀であったから――、彼がウィザースプーン界隈をしょっちゅう散歩した折りにパネル夫人たちとの会話で、これを耳にしなかったはずはない。この界隈では、全国のアフリカ系アメリカ人居住区と同様に、罰せられることのない新たなリンチのニュースが、たいていは黒人新聞だけに掲載されて、ほぼ毎週のように伝えられるのであった。[17] こうした事情が激変したのは、七月二十七日だった。何百万人ものアメリカ人は『ニューヨーク・タイムズ』が第一面でジョージア州モンローにおける陰惨なリンチ事件を報じるのを読んで、衝撃を受けた。

ジョージアの暴徒二十人が二人の黒人と妻を虐殺、被害者の一人は帰還兵

この出来事の衝撃を感じるためには、少なくともこの事件についていくらか読んでみなくてはならない。

ジョージア州モンロー、七月二十六日発——昨夜、二人の若い黒人（そのうちの一人は戦争から戻ったばかりの元兵士）と彼らの妻が、仮面を着けない二十人の白人の一団によって遮断された道路の近くに並ばされ、銃弾で撃ち殺された。……

この多重リンチの身の毛もよだつ詳細を、今日、語ってくれた、裕福な農民ロイ・ハリソン氏は、黒人たちを［働かせるために］自分の農園に連れて行く途中、暴徒たちに［車を止められて］銃を突きつけられた。……

最初、男の黒人だけが車から引っ張り出され、脇道に連れて行かれた。女性たちは車内に残されていた。すると、暴徒の一人が、自分の正体が女性の一人にばれてしまったといった。

「この忌々しい女どもも引っ張り出せ」と、暴徒の指揮者が叫んだ。そこで、数人の男たちが……泣き叫ぶ女性たちを車から引きずり出した。

『タイムズ』がさらに伝えているところによると、被害者たちは少なくとも六十回も銃撃されており、無数の弾丸痕のために、死体が誰であるのか「ほとんど識別できない」ほどであった。

二日後、『タイムズ』に次のような記事が出た。

ジョージア州モンロー、七月二十八日発――当地で木曜日に白人暴徒に殺害された四人の黒人のうち二人の近親者たちは、今日、葬儀に出席出来なかったが、友人たちは、「恐ろしすぎて」出席できなかったのだろうと語った。

何カ月にもわたって報道もされず罰せられもしなかったこと――アメリカにおけるリンチ事件――が突然、国際問題になった。そして、これに対する一般の関心に助けられて、ACELのワシントン集会の計画に拍車がかかった。九月二十三日には、リンチに反対する約三千人の人々が抗議集会に集まった。アインシュタインは健康不良のため出席しなかったが、ハリー・トルーマン大統領宛の手紙をロブソンに託した。

私は、すべての国民に暴力行為が加えられないように保障することを圧倒的多数のアメリカ国民が要求していると確信して、この代表団の目的を心の底から支持するものであります。このような保護を確保することは、私たちの世代に課せられたきわめて緊急な課題の一つであります。(全文については、第Ⅱ部の資料Eを参照)

抗議集会の後、ロブソンに率いられた多人種のACEL代表団はホワイトハウスでトルーマンに面会したが、大統領は、全国的な反リンチ法を制定するには時期が「適切ではない」と語った。[18]この後に続いたやりとりを伝える、ある報道によれば、ロブソンはトルーマンに「[黒人]帰還兵たちは……海外でそのために戦ってきた正義を国内で打ち立てたいと決意しているのです……彼らが落ち着けないままに放置しておくと、緊急事態が発生するかも知れません」[19]と告げた。

FBIのアインシュタイン・ファイルは、『ペイジェント』誌に掲載された彼の論文やリンカーン大学における彼の講演については、ほとんど何も記録していない。(実をいえば、このファイルは、アインシュタインが書いたり語ったりしたことはほとんど何も記録しておらず、もっぱら彼の組織的なつながりを報告しているのである。)だが、リンチ終結アメリカ十字軍が問題になると、フーヴァーの情報屋たちは忙しくなった。アインシュタイン・ファイルには、ACELに関して十二ページを超える「項目」(第II部を参照)があって、その中には、「この『十字軍』は、人種的な扇動を浸透させようとする共産主義者の新たな企てであるというあらゆる特徴を備えている」[20]というものも含まれていた。この国の連邦法執行機関の長官J・エドガー・フーヴァーはリンチ事件に関しては全く何もしなかった――長年にわたってクー・クラックス・クランを黙認してきたのとちょうど同じように。保守的な雑誌『ライフ』は後年になってから、「KKKが殺人、リンチ、襲撃に関与していたにもかかわらず、これがFBIの監視下に置かれたのはやっと一九六四年になってからのことである」[21]と書いた。

フーヴァーが一九四六年にリンチに関して何もしなかったというのは、ひょっとすると完全には正確ではないのかも知れない。九月十七日に次のように主張するメモを司法長官に送っていたからである。「連邦法が犯されているという何らかの状況がない限り、かつその時以前に、[司法]省や[連邦捜査」局が群衆暴力事件に関与するのは誤りであります。[22]」

「十字軍」は、当時のアメリカで――そして世界で――最も高名だった二人の人物*の公的な努力や、他の白人および黒人の有力な市民の支持にもかかわらず、リンチを終結させることも、反リンチ法を制定させることも出来なかった。[23] だが、彼らの抗議は論議を一層広範な大衆の間に広げることになった。のちに一九六〇年代公民権運動における民衆の抗議の巨大なうねりに膨れあがる流れに、また一つさざ波が立ったわけである。アインシュタインとロブソンにとって、ACELは彼らが協力した最初の反人種主義組織であった。彼らの協力はこれにとどまらないであろう。

＊　一九四七年のギャロップの世論調査によれば、ロブソンはアメリカの「人気者」の一人であって、上位十人にせまる四十八人の中に入っていた（雑誌『ルック』一九四七年六月二十四日号）。デイヴィッド・レヴェリング・ルイス（『W・E・B・デュ・ボイス』五一五ページ）にいわせると、ロブソンは「アメリカで最も有名な黒人であり、人種や信条にかかわりなく非常によく知られている一人であるから、ウズベキスタンかインドの僻村に舞い降りたとしても誰だか分かってしまうことであろう。」

人種差別に対するアインシュタインの最も鋭い攻撃は、九月に全国都市同盟の会議によせた挨拶の中で発せられた。[24]（全文については、第II部、資料Fを参照）「わが国の社会が罹っている最悪の病気は……黒人に対する振る舞いであります」と彼は断言し、人種差別は「合衆国建国の父たちの『すべての人間は平等に創られている』という原則を侮蔑」するものだと付け加えた。

まともな人間がこのような偏見にこんなに頑固にしがみつくなどということは、全く信じがたいことでありまして、間違いがないのは、将来、学校で歴史の時間に、こんなことがかつては存在したという事実を学んだ生徒たちから笑われてしまうことでしょう。

しかしながら、この偏見はなお生きており、しかも強力であります。これに対する闘いは困難ですが、それは、敵方が思いやりに欠け、不幸な伝統に頼っているような問題をめぐるいかなる闘いにも共通することなのです。……

まず最初、私たちが全力を挙げてしなければならないのは、過去の不正、暴力、経済的差別を人々に知ってもらうことです。「それは棚上げにしておこう」というタブーは撃ち破らなければなりません。慣習的に黒人の大部分を公民権の享受から排除することは、わが国の憲法に平手打ちを喰わせる行為であると、繰り返し繰り返し指摘しなければなりません。

私たちは、少数者集団が政治的・経済的差別や中傷誹謗文書による攻撃、学校における子弟へのいじめから保護されるように努めなければなりません。こういった努力は重要ですが、それにもまして重要なのは、人々を知的に、また道徳的に啓蒙することであります。たとえば、南部では黒人住民に対する経済的圧迫を通じて賃金一般が低く抑えられ、その結果、購買力が減少して、住民［白人と黒人］の大多数が貧窮化していることが明らかであります。もし多数者がこの悪の根源について知りさえしたならば、その根治への道は長くはないことでしょう。……

一つの社会にはその道徳的気候と呼ぶことができるようなものがあります。ある社会では、不信、悪意、冷酷な自己中心主義が優位を占めているかも知れませんが、別の社会では、美と花開く生命の愉しみ、同胞の苦難に対する同情、同胞の幸福に対する歓喜が満ちていたりするのです。……一つだけはっきりしていることがあります。それは、あなた方が除去しようと奮闘努力しておられる偏見から、私たちが解放されることがない限り、いかなる制度もわれわれに快適な道徳的気候を決してもたらしてはくれないということです。

一九四六年が暮れる前に、アインシュタインはビルボ追放全国委員会に加入の署名をして、ジーン・ケリー、レナード・バーンスタイン、ファニー・ハースト、オスカー・ハマースタイン二世、デイヴィッド・O・セルズニック、キャサリン・ダンハム、ジョン・ガーフィールドを含む芸能界スターたちの仲間入りをした。発起人にはこれ以外にも、アダム・クレイトン・パウエル・ジュニア、アレン・ロック、そして共同で委員長を務めたクエンティン・レイノルズとヴィンセント・シーハンなどを数えた。この委員会は三十二の州でポスター、パンフレット、バッジ、それに十八万五千枚のビルボ追放請願書を配布した。この団体はまたビルボの腐敗を公表したほか、ミシシッピで投票に行こうとしたアフリカ系アメリカ人への激しい攻撃を組織した彼の役割を周知させた[25]。

合衆国上院が多様性を束ねる中心部であったなどということはけっしてなかった。南北戦争後の再統合以来、三人のアフリカ系アメリカ人が（それぞれの時期に一人ずつ）上院議員であったにすぎないのである。だが、二十世紀になって、ミシシッピの上院議員セオドア・ビルボのように公然と、また破廉恥にも白人優位主義の権化になった上院議員は他には一人もいない。一九四六年十一月の再選を目指していたビルボは、八月に、人気ラジオ番組『ミート・ザ・プレス』のインタビューに応じた。司会のローレンス・スピヴァックは彼にＫＫＫについて尋ねた。

スピヴァック――あなたは今度もクランから何らかの支援を受けようと考えておられるのですか。

ビルボ――そうです。

スピヴァック――実のところ、あなたはクランから脱退したことはないのですね。

ビルボ――誰もクランから脱退するわけにはいかないよ。ひとたびクー・クラックスになったら、いつまでもクー・クラックス……と宣誓するわけだからね。(26)

三カ月後、ビルボは三期目の上院議員に再選された。十二月にＦＢＩのアインシュタイン・ファイル（第八節）には次のような記述が付け加わる。

［情報提供者の氏名は抹消されている］が、公民権会議（ＣＲＣ）の後援を受けたビルボ追放全国委員会により配布された文書を、捜査局に提出した。……この文書には、クエンティン・レイノルズとヴィンセント・シーハンが署名した一九四六年十二月四日付の手紙も含まれていた。……**アルバート・アインシュタイン**を含むこの委員会の五十五人の名簿が掲げられていた。

ビルボ追放委員会は歌までも作り、それをソノシートやレコードにして三十三州の支部を通じて配布した。たぶんこれは、委員会に集まってきた多数の創造的な人材の影響かも知れないが、あるいはまた、一九四六年にはまだ力強く生きていた、働く人々の吟遊詩人ウッディー・ガスリーの伝統の影響だったのかも知れない。『ビルボ氏よ、聴け』*と題されたこの歌には広範な大衆に訴える力があって、アメリカの多様性やビルボの「誰にも反対主義」を強調していた。

＊　一九四五年にニューヨーク市民ボブおよびアドリエンヌ・クライボーンが『ビルボ氏よ、聴け』の歌詞を書いて、伝統的な曲にのせ、「この大陸ではわれわれはみんな移民なんだ」と指摘した。この歌を含むスミソニアン・フォークウェイズのCDに入っている折り込みの筆者は「もちろん、クライボーンたちは肝心な主張をするにあたって、ヨーロッパから到着した連中が、何世紀も前にこの地にやってきた人々の末裔にどんな扱いをしたかを語ることはしていない。それでも、この歌いやすい歌は扇動政治家に対する警告として有用である」と評している。

あなたは黒人嫌いで、ユダヤ人もお好みではない。
万一あなたに好かれる人がいたとしたら、ニュースになること間違いなしだ。(27)

FBIがビルボ追放委員会に目をつけた理由は、部分的には、それが反人種主義的（これはフーヴァーが危険だと考えていた特徴であった）であり、しばしば「破壊活動的」であったからである。だが、FBIが委員会を標的にしたもう一つの理由は、それが、共産党を公然と擁護した団体であった公民権会議（CRC）とつながっていたからである。(28) CRCはその指導者の中にポール・ロブソンを、支援者の中にアルバート・アインシュタインを数えていた。

第9章　世界戦争から冷たい戦争へ

アメリカは、三十年足らずの期間に二つの世界戦争の戦勝国の側にあって——いずれの勝利においても重要な役割を果たして——、相対的に無傷であった唯一の大国として浮上した。日本とドイツは叩き潰された。英国は激しい空襲に遭ったし、フランスは侵攻され、占領された。ソ連は爆撃され、侵攻され、部分的に占領されて、第二次世界大戦中に少なくとも二千万人の市民を失った。対照的に、「戦争はアメリカ資本主義を若返らせた。」合衆国の国民総生産（GNP）は、一九三九年の九一〇億ドルから一九四四年には二一〇〇億ドルに跳ね上がったが、もっと劇的なのは、この同じ期間に企業利益が六三億ドルから二三八億ドルに飛び跳ねたことである。世界人口の五・七パーセントをもってして、合衆国の経済が世界生産の二分の一およびその収入の四〇パーセントを占めるにいたったのである。(1)

ピーター・ジェニングスとトッド・ブルスターがいうように、「全く当然のようにアメリカの時代が到来したと思われた。」「アメリカのエネルギーと頭脳にとって、どんな問題でも大きすぎるということがなかった。……世界最大の望遠鏡がカリフォルニア州のパロマー山に［建設された］。……ペニシリンの最初の民間用製剤や他の抗生物質が……あらゆる感染症の治癒を約束しているかのようだった。……ベル研究所の科学者たちがトランジスターを発明したし、ペンシルヴァニア大学の科学者たちは世界最

初の電子計算機を組み立てていた。(2)
ウィリアム・レヴィットは帰還してきた徴集兵《ジーアイ》に何万個ものプレハブ住宅を売りつけた。彼らは増えていく家族と共に、レヴィットタウンや、同じように、全国的に新たに開発された郊外の無数の団地に住みついたのである。アインシュタイン、ジョン・ハーシー、その他の人々がアメリカの良心に——世界の未来を脅かす軍備競争や社会的不平等にあなたがたはどうして黙っていられるのか——訴えていたのに、何百万というアメリカ人は世界に背を向けて内側に向かい、郊外の新開地に定住することに専念していた。ベビー・ブームと核家族のほうが爆弾よりももっと身近で——そして恐ろしくない——問題であった。

だが、すべてのアメリカ人が「アメリカの時代」を——あるいはレヴィットの町を——享受できたわけではなかった。市内のアパートから、ニューヨーク州ロングアイランドの最初のレヴィットタウンに希望に満ちて移ってきた家族たちは、今度はそこから緑の芝生と白人の隣人がいる郊外の大住宅に再び移住していった。それは白人だけであった。もしあなたがアフリカ系アメリカ人だったとしたら、レヴィットタウンやこれと同様な団地は立ち入り禁止区域であった。わずか六年の間にアメリカの（たいていは郊外の）住宅建設がめざましく進み、一九四四年の十一万四千戸から一九五〇年の一七〇万戸まで驚異的な伸びを示した。(3) こうした郊外への大量移住は、「白人の脱走」という名で知られることになった。

歴史家ハワード・ジンによれば、「[第二次世界大戦からの]最大の利潤を手にしていたのは、企業であった。しかし、労働者や農民たちもかなり潤ったので、彼らはこの国の仕組みもまんざら棄てたものではないと感じていた。(4)」それでも、戦後の失業は続いており、とくにアフリカ系アメリカ人や婦人の労働者の間で目立った。戦時生産が終了すると、真っ先に解雇されるのは一般にこういう人々だったからである。黒人労働者は「先任順に解雇され、戦時中には立派に勤め上げていた仕事をする『能力に欠ける』と判定された。」けれども、合衆国の労働運動指導者たちはアフリカ系アメリカ人労働者、婦人労働者、失業帰還兵、あるいは新来のラテン・アメリカ系労働者たちに手を差し出そうとは「ほとんどしなかった。」――「例外は少数の左翼系組合であった」が、それらは人種の入り交じった組合員や指導部から構成されていた。(5)

一九四六年の一連の戦闘的なストライキによって組合が挙げた成果にもかかわらず、合衆国の労働運動指導者たちは南部を組織するためのキャンペーン――「ディクシー作戦」――に失敗した。* その結果、何百万もの黒人白人の低賃金労働者を世間並みの繁栄から置き去りにし、たぶん同程度に重要なことであるが、一層低い「コスト」を求めるアメリカの企業に脱出用ハッチを残してしまった。これに続く年代には、何百という工場や事務所がこの地域の非組織の低賃金労働力を求めて南下することであろう（後になると、もっと賃金が安くて済む諸外国にまたもや進出していくのであるが）。こういうわけで、南部の白人の賃金は低かったが、南部の黒人の賃金はさらに低かったのである。

* 例外は少数の戦闘的かつ人種混合的な南部の組合――たとえばバーミングハムの「採鉱・製錬労働者組合」やノース

カロライナの「食品・たばこ労働者組合」、それに缶詰工場労働者や船員の組合など――で、これらのほとんどは一九三〇年代に共産主義者により組織されていたものである。

「共産主義的」という語をふくむ事項はつねに論議の的になるが――ゴールドフィールドは共産党を「釣り合いのとれた見方をするのが……困難な、非常に矛盾に満ちた政党」だといっている――他に類のない真の意味で人種混合的な労働組合を組織したその役割は広範に認識されてきた。「共産主義者は、南部黒人地帯の中心部の黒人分益小作人を組織するべく活動を拡大した。彼らはアフリカ系アメリカ人の大集団を組織するのに成功した。……一九三〇年代には共産党はほとんど必要不可欠な存在だった。黒人労働者の平等のために戦う強い姿勢と意欲をもった戦闘的かつ人種混合的な組合が存在したところには、必ず共産党の影響が見いだされることだろう……バーミングハムの鉄鋼工場、[南部だけではなくて] デトロイトのブリッグス自動車工場、それに当時、合衆国で最大の製造工場だったフォードのリヴァー・ルージュ工場がそうだった。」ゴールドフィールド『政治の色』一九三ページ、シュレッカー『こんなに多くの犯罪』三九〇ページを見よ。そのほか「参考文献」に挙げてあるハドソン、キーナン、ケリー、マイアーとレッドウィック（『黒いデトロイト』）、ナイソン、ペインターの著書の中の多数の文献を参照。

一九四六年九月にアインシュタインが都市同盟に対する（先に引用した）挨拶の中で、「南部では黒人住民に対する経済的圧迫を通じて賃金一般が低く抑えられ、……その結果、購買力が減少して、住民[白人と黒人]の大多数が貧窮化していることが明らかであります。もし多数者がこの悪の根源について知りさえしたならば、その根治への道は長くはないことでしょう」と指摘したとき、彼が「ディクシー作戦」について読んだことがあったのかどうかわれわれには知るよしもない。しかし、産業別労働会議（CIO）の南部組織化キャンペーンが進行中のちょうどその時にアインシュタインの声明が発表されたということは、少なくとも興味深い暗合である。

「安全な」、だがその後の経験が明らかにするように、大部分は不毛な郊外居住地への大々的な「白人の脱走」の開始時期に出ているのであるから、都市同盟に対するアインシュタインの挨拶の別の箇所は、先見の明に富んでいるように見える。

私たちは何ごとを判断するにも、具体的で計量可能な観点からすることに慣れてしまっています。食糧はカロリーで、国や個人の所得はドルで、浴槽や便所なら持っているのか持っていないのかなどという具合です。……けれども、人間の幸福や不幸にとってこれまた大切なことが他にもあるのです。人は、粗野な物質的な観点からすれば、高い生活水準を享受させてくれるはずのあらゆるものを所有していても、悲惨な生き方をするかも知れません。彼は恐怖、憎悪、羨望に苛まれるかも知れないし、楽しい歌が聞こえず、花開く人生を見ることができなかったりするかも知れないからです。社会集団や、すべての国々にとっても同様なのであります。……

一つだけはっきりしていることがあります。それは、あなた方が除去しようと奮闘努力しておられる偏見から、私たちが解放されることがない限り、いかなる制度もわれわれに快適な道徳的気候を決してもたらしてはくれないということです。

国際政治の場面においても、アメリカにとって万事順調というわけにはいかなかった。合衆国の戦後の外交政策をスローガンで表すとしたなら、それは「われわれはナンバー・ワンだ」になったことだろう。実際、雑誌『タイム』と『ライフ』の保守的な発行者ヘンリー・ルースが「アメリカの世紀」の到来を宣言したとき、彼はこれに近いことをやっていたわけである。

だが、政策の具体的な内容となると、人受けのするスローガンは問題に答えないで放置してしまうものである。たとえば、外交問題についていうならば、地球上で唯一の超大国は――経済的に、技術的に、そして核という感嘆符をたずさえて軍事的に――世界の残りの部分とどのように付き合っていこうというのであろうか。横町の最年長の少年は、自分より小さくてひ弱な子供たちをどのように取り扱うのであろうか。

アインシュタインと高名なデンマークの物理学者ニールス・ボーアは、ロシア人と原子爆弾情報を分かち合って協力する政策をとるべきだと主張する人々の仲間だった。いずれにしろ、ソビエトの科学者たちが自前の爆弾を開発するのにさほどの時間はかからないだろうと、彼らは指摘していた。

(ナチスに占領されていたデンマークから息子と共に小さなボートで劇的な脱出を敢行した後)一九四四年にロス・アラモスに滞在していたボーアは、戦争が終る以前にも、チャーチル首相やルーズヴェルト大統領と会見し、英米両国の指導者が戦後における核エネルギー共同管理の計画に参加するようソビエトに働きかけるべきだと説得に努めたが、失敗に終っていた。ボーアの平和計画に対するチャーチルとルーズヴェルトの反応は、驚きと懐疑であった。彼らはこのデンマークの物理学者に、彼の提案は英米両国の安全を脅かすものであると警告し、「彼のもとから、とりわけロシア人に、核情報が漏洩することがないように」彼を監視下においた。チャーチルはこれにとどまらず、「ボーアは致命的な犯罪の瀬戸際にいる[6]」とまで主張した。どうやら、英国首相と米国大統領はすでに将来の敵を同定しているようであった。

国際協力に向けてワシントンを動かそうというアインシュタインの努力も、ボーアのそれより先には進まなかった。一九四七年にアインシュタインは国務長官ジョージ・C・マーシャルに書簡を送って、面会を求めた。アインシュタインは、破局的な核戦争を防止できるのは軍事力を備えた世界政府だけだと、マーシャルを説き伏せようと思っていたのだ。マーシャルはアインシュタインの手紙を、当時、新設の原子力委員会の委員をしていた（そして後にJ・ロバート・オッペンハイマーを追い落とす動きの先頭に立つ男）ルイス・ストロースに渡した。ストロースは助手の投資銀行員ウィリアム・T・ゴールデンをプリンストンに派遣して、アインシュタインと会見させた。アインシュタインは増大しつつある合衆国の軍国主義を批判し、もしワシントンがパックス・アメリカーナを押しつけようとしても「それは不可能であり、戦争と悲しみの確実なさきがけになると歴史が教えている」とゴールデンに警告した。しかし、この三十七歳の投資銀行員は、アインシュタインの見解が「国際政治や集団的な人間関係の分野では単純素朴である[7]」として、一笑に付した。

ワシントンは動こうとはしなかったが、モスクワも同じだった。四人の指導的なソビエトの科学者が世界政府に対するアインシュタインの支持を公然と非難し、なかんずく、「このような考え方は独占資本家たちの帝国主義的野望の表現である[8]」と攻撃した。

しかし、アメリカの外交政策に関するアインシュタインの懸念は、核兵器の問題を越えていた。戦争終結のわずか四カ月後、彼はノーベル記念夕食会で次のように述べていた。

世界の人々は恐怖からの解放を約束されましたが……国々の間の恐怖は戦争終結以降、非常に増大してきました。世界は欠乏からの自由を約束されました。けれども、世界の広大な地域が飢餓に直面しています。他の地域では人々が豊かさの中で暮らしているというのにです。世界の国々は自由と正義を約束されました。けれども、今日でも私たちは軍隊が……政治的独立と社会的平等を要求する人々に発砲するという光景を目撃しています。(9)

これらのことばは、旧植民地における多くの民族解放運動、つまり戦時中の反ファシスト抵抗活動の過程で強化され民衆の支持を獲得した運動のマニフェストであってもよいくらいであった。世界で最も多くの人が住む大陸アジアでは、革命闘争が燃え上がっていた。インドシナではフランス人、インドネシアではオランダ人、マレーシアでは英国人に抗するものであったが、フィリピンでは米国軍に対する武装反乱が勃発していた。そして中国では、何百万もの農民に支持された共産ゲリラが、西欧の後押しを受けた蔣介石の独裁に戦いを挑んでいた。* アフリカでも不満が高まって、仏領西アフリカ、ケニアなどで、労働者たちの戦闘的なストライキが行なわれ、そのうち南アフリカでは一万人の金山労働者が軍隊によって強制的に連れ戻されるまで職場放棄を行なった。

＊　一九四九年に毛沢東の紅軍が権力を掌握したとき、驚愕した合衆国の政治家たちは、「中国を失った」責任が誰にあ

るかをめぐって攻撃と反撃の応酬をした。（政治家たちは、そもそも合衆国がいつ中国を手に入れたのかについては、説明しなかった。）

民族解放運動に対するアインシュタインの支持を異論の余地なく示すことになったのであるが、彼はアフリカ問題会議――ポール・ロブソンとW・E・B・デュ・ボイスがそれぞれ議長、副議長だった――に書簡を送り、「現に抑圧・搾取されているアフリカその他の植民地の民衆が政治的ならびに経済的に解放されない限り、信頼できる、すなわち永続的な平和は不可能でありましょう」と述べた。この解放は「現代の喫緊の要事の一つであります[10]」と、彼は付け加えた。（またもや、皮肉なことだが、この科学者の危険性を示す一層の証拠としてこれをアインシュタイン・ファイルに記録したJ・エドガー・フーヴァーがいなければ、この発言はどこかに埋もれてしまったことであろう。）

アメリカの戦後の国民総生産は二千億ドルを超えたかも知れないが、アジアの水田やゴム農園では、しばしば裸足のまま鉄砲を担いだ、日に焼けた民衆がそんなことにはびくともしていなかった。ほとんどすべてが西欧の植民者を相手に戦っていた民族解放運動は、資本主義よりは社会主義に傾いていた。合衆国がしばしば、反抗を鎮圧しようとする旧植民地権力の味方をしたのに対し、ソビエトは、（モスクワの錯綜した思惑が何であったにせよ）ほとんど時を移さずにゲリラの軍隊を政治的に支援すると共に、しばしばこれに物質的援助をも供給した。

ソ連はまた、第二次世界大戦による破壊から「驚異的な復興」を成し遂げつつあり、「産業を再建し、軍事力を取り戻していた。」ソ連は明らかに、世界の権力政治の中でアメリカの第一位の座に対する主要な挑戦者として浮上してきた。(11) モスクワをどのように扱うべきかというのが、戦後のワシントンの主要関心事になった。

アメリカのほとんどの政策立案者たちは、民主党であれ共和党であれ、高まりつつある民族解放運動を英国、フランス、オランダ——あるいは合衆国——の植民主義のせいにするよりも、ロシア人の植民主義のせいにする方が容易だと感じていた。「アメリカ国民に対しては、ヨーロッパやアジアにおける革命運動は、ソビエトの膨張主義の例として描き出された——こうしてヒトラーの侵略に対する憤慨を思い起こさせるのであった。」第二次世界大戦がアメリカ資本主義にとって財政的にあまりにも大きな宝の山であったものだから、歯に衣着せぬ物言いで知られていたゼネラル・モーターズ社長チャールズ・E・ウィルソン*は、モスクワを主要な敵とする「恒常的な戦時経済体制」のために経済界と軍部が引き続き協力することを提案した。(12)

＊ 数年後、アイゼンハウアー大統領の下で国防長官になるウィルソンは、「ゼネラル・モーターズにとってよいことは、アメリカにとってよいことである」と発言して、政権の広報活動にとって物議を醸す存在になるだろう。

戦争終了からちょうど六カ月後の一九四六年五月五日、チャーチル首相はミズーリ州フルトンでトルーマン大統領を傍らに、聴衆を前にして、「ヨーロッパに鉄のカーテンが降りた」と語った。その二カ月前には、スターリンがいわゆる「二つの陣営」という演説を行なって、ソ連に対する西側の企みが平和共存を事実上不可能にしていると論じていた。チャーチルの「鉄のカーテン」演説は、西側の新たな冷戦コースの始まりを示すものであったが、この中で英国首相は「さらに踏み込んで、アメリカが「原子」爆弾に責任を持つただ一つの国であるということは、ほかならぬ神ご自身の思し召しなのだとまで主張した。[13]」

だが、すべての人が冷戦という時流に棹さしていったわけではなかった。ソビエトに対して戦時中の同盟国（重大な損害をものともせず、赤軍はスターリングラードでヒトラーの軍隊を打ち負かし、ドイツの軍隊をベルリンまで敗走させていた。）から「赤の脅威」へとあわててレッテルを貼り直すことに疑問を感じ、やっと手に入れた平和から新たな戦時体制へと急転換することを懸念して、アインシュタインのように、冷戦の道は人類の絶滅につながると警告する人々もいた。そして、国務省、ＦＢＩ、その他の政府機関が「共産主義に対する戦争」を手伝わせるために旧ナチス分子を合衆国に引き入れているという噂が流れたとき、アインシュタインはこれに抗議した人々の中に入っていた。*

＊ ＦＢＩのアインシュタイン・ファイルによると、一九四六年十二月にアインシュタインは「四十人以上の科学者、教育者、聖職者等々」のグループの抗議署名に参加したが、これは、合衆国陸軍に雇用されていたナチスの科学者に永住権と市民権を与えることに反対するものであった。副長官ミッキー・ラッドからフーヴァーに宛てた一九四七年一月六日付のメモ。（ＦＢＩのアインシュタイン・ファイルの「相関要旨」六三二ページ）

一九四六年から一九四八年の間、アメリカの冷戦反対者たちは、ルーズヴェルトのもとで（第二次世界大戦中のほとんどの期間に）副大統領を務め、当時トルーマンのもとでも、「ロシア人に対して軟弱だ」という理由で更迭されるまで、商務長官の地位にあったヘンリー・ウォーレスの周囲に集まった。一九四六年九月に更迭された後、ウォーレスは何千もの手紙や電報を著名無名の区別のないアメリカ人から受け取ったが、それは軍国主義的な傾向を憂い、リンチに対する連邦政府の無策に怒る人々であった。中には、自分の原則を曲げなかった人物に感心したというために、手紙を書いてきた人もあった。アインシュタインからの手紙も、早い時期に来たものの一つであった。「貴殿の行為は、現在の政府の態度に重大な関心を寄せて見守る私たちすべての感謝に値するものであります。[14]」

一年後、アインシュタインはプリンストンの自宅にロブソンを招いた。今回は狭苦しい舞台裏の空間ではなかったし、舞台での演技に関しても（たぶん思い出を除いては）議論はなかったであろう。このたび、一九四七年十月の彼らの論題は政治であった。アインシュタインは他にも、進歩党から大統領に立候補することを発表する直前のウォーレス――この選挙戦をアインシュタインとロブソンは共に応援した――と、もう一人のウォーレス支持者でラジオ解説者のフランク・キングドンを招いていた。（こんなに多くのフーヴァーの標的が一カ所に集まることになったりしては、ジーメンたちはマーサー街のアインシュタイン邸の外側で人目につかないように歩道に立ったり、車の中に座ったりしているときに、鉢合わせすることになったのではあるまいか。）この面々を写したUPIの写真は、アインシュタインとロブソンが一緒に写っている唯一の公表写真である。FBIのアインシュタイン・ファイルによると、「四七年十月四日付『シカゴ・スター』第二面は、**アインシュタイン**がヘンリー・A・ウォーレス、『プログレッシブ・シチズンス・オブ・アメリカ』のフランク・キングドン博士、ポール・ロブソンと一緒に写っている写真を載せた。……関連記事によると、**アインシュタイン**はニュージャージー州の自宅にウォーレスを招き、「ウォーレスの勇気と世界平和の闘いへの彼の献身にたいして大きな賛辞」を表明した。[15]」

ウォーレスの選挙陣営はアインシュタインとロブソンの支持以外にも、ヘレン・ケラー、トーマス・

マン、下院議員のクロード・ペッパー、コラムニストのマックス・ラーナー、インターナショナル・ハーヴェスター社の資産の女相続人アニタ・マッコーミック・ブレインを含む多数の有名人の後押しを受けた。アニタは選挙資金として一万ドルの小切手を送ってきた。CIO、NAACP、全国農民連合、その他のリベラルな団体が共催した集会で、代表者たちはウォーレスに「フランクリン・ルーズヴェルトの綱領に共鳴する何百万もの人々の支持[16]」があなたにはあるという電報を打った。これらの団体の全部ではないにしても大部分は、モスクワが世界におけるアメリカの主要なライバルであると認めてはいたが、彼らは砲撃よりも話し合いを、戦争よりも交渉を求めたのであった。

「共存か、それとも絶滅か」というのが、ウォーレスの主要な選挙スローガンの一つだった。右翼からの告発にもかかわらず、ウォーレスは共産主義者ではなかった。――もっとも、共産党は彼の選挙戦を支援したのではあるが。彼はアインシュタインのような世界政府唱道者でもなければ、ロブソンのようなソビエトびいきでもなかったが、冷戦の代わりにソビエト人たちとの平和的な協力関係を創り出すことが不可欠だという信念を持っていた。これはアインシュタインやロブソンも共有する立場であった。

だが、進歩党が最大の衝撃をもたらしたのは、公民権の分野においてだった。トルーマンに対してリンチの終結と政府機関における平等な雇用慣行の確立を要求しただけでなく、進歩党の候補者たちは、座席が人種別に分けられているような講堂や集会所で話すことを拒否した。このため、ほとんどの南部の都市では彼らは黒人居住区だけでしか話さなかった。

一九四八年の民主党大会で、南部の保守的な民主党員たちは離党して、ストローム・サーモンドを大統領候補に推すディクシークラット党を結成した。九月までに、トルーマンは自分の選挙戦のためにリベラルな人材を引き入れていた。彼はまた、進歩党の綱領から多数の項目を採用するというか、取り込んでいた。そのうち、もっともよく知られているのは、投票日の直前に軍隊における人種差別を廃止するというものであった。

一九四八年には百万を超えるアメリカ人がウォーレスに投票した。——左翼から出た実質的な第三党が成果を挙げたのは、二十四年来、初めて（そして二十世紀では最後）であった。しかしながら、この数字は、進歩党の指導者たちが期待したのに比し、はるかに低いものであった。* アカ攻撃や、ウォーレスのもっとリベラルな綱領を取り入れたトルーマンの手際が功を奏したのだった。一九四八年のウォーレスの成果が最良の時であった。数年の間に、この候補者も政党も「赤狩り」の、つまりマッカーシズムとして知られることになる反共十字軍の初期の犠牲者になった。**

* ウォーレスが獲得したのは、一一五万七〇六三票でストローム・サーモンドのディクシークラット票一一六万九〇三二を下回っていた。彼の最善の成績は、黒人とユダヤ人の有権者が優勢なニューヨークとカリフォルニアで得られた。

** 一九五二年に、進歩党は西海岸の弁護士ヴィンセント・ハリマンとアフリカ系アメリカ人の新聞発行者チャーロッタ・バスを大統領と副大統領に立候補させた。彼らが獲得できたのは、ウォーレス票のごく一部にすぎなかった。そして、共産党の残党が民主党内部で秘かに活動することに方針転換した後、進歩党は崩壊した。

冷戦というコインの裏側は、こんなものだった。もしお前がこの戦争を支持しないのなら、お前はアメリカの敵だ。もしお前がロシア人たちに反対しないのなら、お前はアカだ——少なくとも「ピンク野郎」か「共産党のシンパ」だ。後にトルーマンは「ヒステリーの高波」が全国を揺るがしていると苦情をいったが、さまざまな人々の中でもとりわけミラーとノーワックが指摘しているように、彼にこそ

「問題のヒステリーを創り出した大部分の責任があった」のである。一九四七年三月二十二日に、トルーマンは大統領令九八三五号を公布して、連邦職員全員に政治的資格審査を受けることを要求し、司法省に「破壊活動団体」リストを作成するよう命じた。突然、何百万人もの職員が合衆国に対する忠誠審査を受けねばならなくなった。多少のためらいはあったものの、トルーマンは忠誠審査の全権限をＪ・エドガー・フーヴァーのＦＢＩに与えることに同意した。[17]

ウィスコンシン州の上院議員ジョゼフ・マッカーシーとその反共的な道化芝居が全国的な場面に登場するのは、まだ三年以上後のことになるのであるが、マッカーシーの「イズム」は彼がいなくても始まっていた。

トルーマンの忠誠審査政策のもとで、フーヴァーのＦＢＩは六年足らずの間に約六百六十万人の調査を行なった。そして、スパイ行為は一例もなかったという結論を出した。[18] しかしながら、その成果を測るのに暴き出されたスパイの数ではなくて、醸し出された恐怖の雰囲気をもってすれば、トルーマン－フーヴァーの忠誠政策は大成功であった。毎年百万を超える人々が、何を信じているか、いかなる団体に属しているか、友人が誰と誰であるか、どんな本を読んでいるかと尋問されたのである。これに付け加えなければならないのが、共産主義者やその支援者を投獄したり解雇したりすることにより作り出された恐怖である。それから、組合職員が共産党員であることを犯罪にしたタフト－ハートレー法、すべてではないにしても大工から大学教員にいたる多数の職種に課せられた忠誠の宣誓、さらには、証言者に、左翼的な友人や同僚の名前を挙げるという「協力」を拒否するならば投獄するぞと脅かす議会の委員会などもである。

反共十字軍の目的が部分的には、組合[19]、学校、その他の各種の職場で占めていた地位から共産党員やその同調者たちを追い出すことにあったことは疑いがなかったし、現にこの目的は達成された。だが、彼らの目的の別の部分は恐怖それ自体を作り出すことにあったのではないかという嫌疑がぬぐいがたい。

脅えた民衆が操りやすい民衆であるとすれば、なぜ冷戦の間に両陣営とも異議申し立てを奨励せず、質問を押さえつけたかが理解できるかも知れない。第二次世界大戦が終ったときには、合衆国は今までよりも強い国に成り上がっていて、「われわれは恐怖そのもの以外には恐るべきものを何も持っていない」というフランクリン・ルーズヴェルトの発言が、この時期ほど真実だと思えたことはなかった。だが、それから五年もたたないうちに、アメリカの学童たちは落とされるかも知れない原子爆弾から身を守るために木製の机の下にかがみ込んでいた。他の点では賢明な市民たちが何千ドルもかけて自宅の裏庭を掘り起こし、爆弾シェルターと呼ばれるコンクリート製の壕を設置していた。そして、市民たちはFBIに電話をかけて、隣人が「共産主義への同情心」を抱いていると告げ口するのであった。屈することを拒む者は、攻撃され、とりわけ孤立させられた。

もしあなたがアルバート・アインシュタインであって、世界を股にかける合衆国の軍国主義や国内での思想統制を自由に批判できると思っているとしたら、それが意味するのは、フーヴァーのFBIが（いくつかの他の政府機関の援助を得て）あなたを失墜させるための極秘の五カ年計画を開始し、あなたをロシアのスパイたちと結びつけようと試み、「望ましからぬ外国人[20]」として国外追放にする計画を始動させるということである。フーヴァーのアインシュタイン捕獲計画とでも呼ぶべきものが開始されたのは、一九五〇年二月十三日の朝であった。その前日、アインシュタインはエリノア・ルーズヴェルトの初めての全国テレビ番組に登場して、アメリカにおける「軍部の手の中への巨大な財政力の集中」や、「市民の忠誠心に対する周到な監視［と］自由な政治思想を持つ人々に対する恫喝」に警鐘を鳴らしたのであった。*

＊ アインシュタインの警告は的を射たのも同然であった。一カ月後の三月十九日、ポール・ロブソンは「今日もルーズヴェルト夫人と共に」というほかならぬ同一の番組に出演することをNBCに禁止されて、テレビから追放された最初のアメリカ人になった。NBCの取締役副社長チャールズ・デニーは語った。「黒人問題に関して彼にしゃべらせても、役に立つことは何も得られないだろう。」ステュアト『ポール・ロブソン』xxxiiiページ。

もしあなたがポール・ロブソンであるとすれば、それが意味するのは、これから見るように、あなたに対する一層先鋭な攻撃である。

だが、アメリカの赤狩りをやっていた人々にとって、単に抵抗する人々を攻撃すること――これは往々にして一層の反抗を産み出すだけだった――にも増してはるかに重要だったのは、彼らを孤立させることであった。このことを念頭において、フーヴァー、マッカーシー、HUACやその仲間たちは、ACLUやNAACPなどの組織に対して、団体やその役員が攻撃――召喚令状、逮捕、メディアにおけるアカ攻撃の「暴露記事」――を回避するのは容易だということを明らかにしてやった。彼らがそのためにしなければならないのは、愛国的な仕事、つまり国を防衛し、赤色分子から自らを切り離すということだけであった。

急進派を孤立させ、リベラル派を怯え上がらせよ。これが戦略だった。そして、少なくともACLU

とＮＡＡＣＰに関しては、フーヴァー・チームは楽勝した。七年間にわたって、ＡＣＬＵの役職員は秘かに「ＦＢＩに内部報告、メモ、ファイル、議事録、その他の資料や書類を提出した。」彼らはＡＣＬＵの活動や内部討論の情報だけではなくて、「諸個人の政治活動や私生活」に関する報告もＦＢＩに提供したのである。ＡＣＬＵの主任法廷弁護人で確信的な反共主義者だったモリス・アーンストは長年にわたってフーヴァーと「特別の関係」を維持し、「親愛なるエドガー、他見無用」で始まる私的なメモを送り続けていた。アーンストは彼らの友情を『リーダーズ・ダイジェスト』誌に寄せた文章で自慢げに語っているが、それには「私がもうＦＢＩを恐れない理由」という驚くほど意味深い題が付けられていた。驚くには当たらないことであるが、マッカーシー時代のほとんど全期間を通じて、ＡＣＬＵは共産主義者の利害を代表することを拒否していた。[21]

ＡＣＬＵとフーヴァーのＦＢＩとの野合に類したことが、ＮＡＡＣＰの場合にあったという証拠は存在しないが、一九五〇年代の赤狩りの時期にＮＡＡＣＰの幹部たちは「ＦＢＩと接触することをためらわなかった[22]」と歴史家のジェラルド・ホーンは報告している。

歴史家の中にはマッカーシズムと人種主義との結びつきに注目する人々がいた。赤狩りが準備段階にあった一九四八年にもう、ＮＡＡＣＰは「政府機関の側には人種間問題に関する活動を非忠誠と結びつける傾向が高まっている[23]」と不平を述べていた。解雇された労働省職員ドロシー・ベイリーの事件は印象的な例である。忠誠審査委員会における彼女の聴聞の席上で、委員の一人がアフリカ系アメリカ人であるベイリーに「あなたは血液の隔離に［抗議するために］赤十字に手紙を書いたことがありますか[24]」と尋ねたのである。

不幸なことに、赤狩りに対するＮＡＡＣＰの反応は、大抵の場合、順応するというものであった。一九四八年には、ＮＡＡＣＰの役員会の多数派が、国中の会員や支部からの広範な抗議にもかかわらず、Ｗ・Ｅ・Ｂ・デュ・ボイスを組織から追放することを投票で決めた。役員会がこの行動に出たのは、デュ・ボイスがウォーレスの選挙戦を支持したことを主な理由にしていたが、彼がロブソンやその他の左翼の連中と手を切ることを拒んだことも理由になっていたことは明らかであった。指導部は「地方支部の自主性を打ち砕いた。」そして、共産主義の恐怖および（もしくは）政府の攻撃を受けることの恐怖がＮＡＡＣＰにひどく浸透したため、この組織はいくらわずかでも赤みがかっているような運動からは手を引いてしまった。会長のウォルター・ホワイトは「この組織がアカ攻撃に対して本質的に傷つきやすいことを知っていたのだった。」[25]

指導部の計画には入ってはいなかったことであるが、「粛清が組織を弱めてしまった。」ＮＡＡＣＰは「一層穏健に、一層中産階級的になり、以前より小さくなった。デトロイトの会員数は、戦時中の二万五千から、一九五二年には五一六二に［減少した］。」[26]

早くも一九四六年から、ＮＡＡＣＰは、ロブソンが共同議長をしていることを理由にしてリンチ終結アメリカ十字軍に参加することを拒否し、また役員会はデュ・ボイスがこの団体を支持しているといって批判した。一九五〇年代に国務省がロブソンとデュ・ボイスへの旅券発給を拒否したときにも、彼らは沈黙を決め込んだ。それればかりでなく、アフリカ系アメリカ人が、せいぜい疑わしさしか証明できなかった裁判の後で、死刑宣告に直面した多くの事件――黒人新聞がしばしば「法的リンチ」と呼んだ事件――においても、ＮＡＡＣＰは、判決がいかに不当なものであっても、共産党傘下の公民権会議

（CRC）が何らかの仕方で関与している限り、関わり合いを避けようとするのであった。

ウィリアム・L・パターソンというアフリカ系アメリカ人の共産主義者に率いられた、戦闘的なCRCは法廷闘争と大衆行動を結合していた。たぶん、この団体が一番よく知られているのは、アメリカにおけるリンチに関する詳細な報告『われわれは集団殺戮を告発する』によってであろう。この文書は、一九五一年十二月十八日にパターソン、ロブソン、その他のCRC指導者たちが国連に提出したものである。この文書はアフリカ系アメリカ人住民に対する集団殺戮の廉で合衆国政府を告発し、何千ものリンチ、警察による銃撃、捏造された罪状に基づく黒いアメリカ人の逮捕、裁判、処刑を証拠として提出していた。（合衆国は国連の「反ジェノサイド憲章」に署名することを拒否していた。そして、国連における合衆国の影響力のために、CRCの請願は議題に上がることなく葬り去られた。）赤色がかった運動へのNAACPの反発もさることながら、この二つの団体はこうした運動に「二つの異なった観点から」取り組んでいたと、ロバート・ハリスは『ネイション』誌で説明していた。

州および連邦の法律、そして法手続は基本的には公正であると、NAACPは考えていた。だから、途中のどこかで司法の誤りは正されるであろうと希望して、合法的な運動に頼っていた。CRCの見解によれば、裁判所や法律の根本的な土台は……黒人抑圧の不正な体制——連邦裁判所が介入しようとしない体制——を維持することにあった。だから、CRCの運動は、最大限に民衆の圧力を加えようという政治的なものであった。[27]

人種の入り交じった労働組合を組織する場合と同じように、共産党は、一九三〇年代のスコッツボロー事件にまで遡るような大衆的抗議・救援運動において、公然たる指導的役割を果たしていた。NAACPとの衝突にもかかわらず、「失業者や貧困労働者たちの具体的な経済的要求のための共産党の闘争、アラバマ州における分益小作人を組織するにあたっての党の役割、……アフリカ系アメリカ人のための精力的な法廷闘争は、アメリカの黒人労働者階級やインテリゲンチァの相当な部分を惹きつけた。[28]」

たいていは南部諸州で生じたとはいえ南部だけに限られなかった、こうしたいくつかの裁判闘争は、第二次世界大戦直後の年代にメディアの注目を集めた。とりわけ、黒人新聞や左翼系の新聞がそうであった。事件は一つ一つ異なっており、別々のドラマというよりはたいていは悲劇であって、ヒーローや悪役からなる独自のキャストを備えていた。だが、ある一点においては、すべての事例は同一であった。つまり、レイプや殺人で告発されたのはアフリカ系アメリカ人であり、告発者は白人であった。

CRCが取り上げた事件で最も有名なのは、ミシシッピ州ローレルの三十六歳の黒人トラック運転手ウィリー・マギーを弁護することであった。彼は一九四五年に白人女性をレイプした廉で逮捕され、告訴されていた。「連中は私の夫がウィラメッタ・ホーキンズをレイプしたというのよ」と、ロザリー・マギーはハーレムの新聞『フリーダム』に語った。「だけど、私にいわせてもらえば、誰かがレイプされたとしたら、実際はレイプはなかったんだけれど、ウィラメッタ・ホーキンズの方がウィリーをレイプしたのであって、その逆ではないのよ。」『アラバマ物語』の中心をなす偽りのレイプ告発を思い出させるような筋書きであるが、「ウィラメッタ・ホーキンズはウィリーを放そうとしなかったんです。

あの人は彼が働いているところにまで行って付きまとったわ。……南部の白人女が黒人の男を独り占めにしたいと思いこむと、彼に妻や子があろうと平気なのよ。もし彼が望み通りにしてくれたら、彼女はレイプだと叫べばいい。彼がそうしてくれなかったとしても、彼女はやはりレイプだと叫ぶことが出来る。他の誰であれ、何か気にくわないことがあれば、レイプだと叫ぶことが出来るんです。どうじたばたしても黒人の男には勝ち目はないのよ。[29]」

ウィリー・マギーとその家族や友人たち、そしてCRCの弁護士たちが通り抜けねばならなかったことどもを理解する手始めとしては、公正で親切な判事、釣り合いのとれた法廷の雰囲気、脅しや暴力に脅える必要のない黒人傍聴者、こういうものを抜きにした『アラバマ物語』を想像してみなければならない。それよりも、思い描いて欲しいのは、判事、陪審員、傍聴者が縛り首を予想しているような法廷、ホーキンズ夫人には純粋な南部の白人女性の完璧なイメージに欠けるところがほんのわずかでもあると仄めかされようものなら、武装した男たちが銃を振り上げて突進してくるような法廷である。

ウィリー・マギーの最初の裁判は一日もかからず、全員が白人であった陪審員は二分半で評決を下した。ジェシカ・ミットフォードが書いているように、「明らかに、人種殺人の儀式が始まろうとしていた。[30]」

マギーは三回も裁判を受けなければならなかった。彼の判決が取り消されたのは、証言に明らかな矛盾や偽証があり、陪審員から黒人が完全に排除されていたことによる。CRCが組織した全国的ならびに国際的な抗議運動やこの組織の弁護士たちの疲れを知らぬ努力のおかげで、彼は何回も刑の執行を猶予された。弁護士の中には、ミシシッピの暴徒から攻撃され、殴打された者もいた。一九五〇年七月に最高裁判事ハロルド・H・バートンが刑の執行停止を命じた後、「報道によれば、いくつもの小集団をなした男たちが午後中、ローレルの裁判所庁舎の周りに集合して、バートン判事の決定に対する怒りをあらわにし、『忌まわしいニューヨークの共産主義者』や『外部からの干渉』を弾劾した。[31]」

ミシシッピ最大の新聞『ジャクソン・デイリー・ニューズ』は、州の多数の都市や町で裁判所や広場に群がった白人群衆の人種憎悪を反映すると同時に、実際それを激励していた。一九五一年五月、ポール・ロブソンが公然とマギーの解放を要求した後に、この新聞はほとんど歯に衣着せぬリンチへの呼びかけを行なった。「合衆国よりロシアが好きだとほざく黒人歌手で悪名高い共産主義者ポール・ロブソンが、次の一歩はウィリー・マギーを牢獄から解放することだと大口を叩いた。そうなるかもしれない——だが、ロブソンが思っているようなやり方ではない。[32]」

バートン判事による刑の執行停止命令にもかかわらず、最高裁判所全体会議が——三度目だったが——ウィリー・マギー事件の再審を拒否した。ミシシッピ州により電気椅子で処刑される前の晩、ウィリーは妻のロザリーに手紙を書いた。「奴らが私の生命を奪おうとしている本当の理由は黒人を押さえつけるためだと、みんなに伝えて欲しい。……お前や子供たちが闘い続けるならば、奴らはそんなことが出来ないだろう。必ず忘れないで子供たちに、なぜ奴らが父親を殺したのか教えてやってくれ。お前が私を見捨てないことを知っている。みんなに闘い続けるようにと伝えてくれ。お前の真実の夫、ウィリー・マギー。[33]」

アインシュタインはマギーに対する有罪判決に抗議していた——「偏見を持たない人間なら誰でも、この男性が本当に［レイプを］犯したとは信じがたいと思うに違いない。」——が、死刑宣告をも攻撃した。アインシュタイン以外にも、「ウィリー・マギーを救え」という署名運動に参加した人々の中には、クリフォード・オデッツ、ディエゴ・リヴェラ、ダヴィッド・シケイロス、ジャン・コクトー、ジャン゠ポール・サルトル、アルベール・カミュ、リチャード・ライト、ドミトリー・ショスタコヴィッチ、セルゲイ・プロコフィエフなどが含まれていたし、合衆国内の黒人指導下の、あるいは人種混合の労働組合のいくつか、さまざまな政治的立場の十二のフランスの新聞もこれに参加していた。

マギーの処刑後、雑誌『タイム』と『ライフ』は、怒れる編集者の批判を共産主義者に向けた。事件そのものに関しては、一言もしなかった。だが、一九五一年五月四日、『タイム』は、編集者の新たな攻撃目標を付け加えた。

世界中の共産主義者にとって、「ウィリー・マギー事件」は、国内の人種間の緊張を煽り立て、合衆国の司法制度に対する海外の信用を失墜させる絶好のプロパガンダになった。共産党指導部に唆されて、英国、フランス、中国、ロシアで共産党同調者や署名運動参加者たちが「ウィリーを釈放せよ」と要求した。……

［だが］叫び声を上げたのは共産党員だけではなかった。ニューヨークではアルバート・アインシュタインが誤審に抗議する新聞広告に署名した。

もしマギーが白人であったならば、彼が処刑されるようなことは金輪際なかったはずである。南部六州で、レイプの廉で死刑宣告を受けた白人は今までに一人もいないのである。

人種間の公正だけでなく婦人の権利の問題も含むＣＲＣのもう一つの運動があった。それは一九四七年十一月四日に始まった。

ローザ・リー・イングラムは、ジョン・ストラトフォードにライフル銃の台尻で殴り倒されて悲鳴をあげた。それは短い悲鳴であったが、近くで仕事をしていた彼女の二人の息子に十分聞こえるだけは続いた。イングラムは四十六歳のジョージア州の黒人小作農で、十二人の息子を持つ寡婦であった。近所の白人小作農のストラトフォードは、以前から性的な嫌がらせを彼女に対して繰り返していたようである。だが、今回はストラトフォードが彼女のほうに近寄ったとき、彼女の息子のウォーレスとサミーが駆けつけた。その一人がもみ合いの末、銃を奪い取り、ストラトフォードの頭部を殴った。ストラトフォードはもう二度と誰にも嫌がらせをすることは出来なくなった。

殺人の廉で告発されたローザ・リー・イングラムとその息子たちは、一日だけの裁判で有罪判決を受けた。ところはジョージア州エラヴィル、被告側弁護人は裁判所が任命した一人だけで、陪審員は全員が白人だった。被告たちは電気椅子による死刑を宣告された。一九四八年四月のこの事件に関する審理で、彼らに対する死刑判決は終身刑に変更されたが、判事は再審を認めることも、白人だけの陪審員の問題を考慮することも却下した。

ＣＲＣの援助を受けて、黒人女性の率いる三つの新たな組織が設立され、これらが次の六年間、イングラム一家を釈放せよという抗議活動闘争を展開した。歴史家ロビン・D・G・ケリーによれば、これらのCRC傘下の急進的婦人組織は「最初は、共産党と何らかのつながりのある黒人女性により設立された。」彼が付け加えていうことには、これらの団体のうちで、たぶん、最も重要なのは、チャーロッタ・バス、シャーリー・グラハム・デュ・ボイス、ルイーズ・トンプソン・パターソン、アリス・チルドレス、ベア・リチャーズ、ロザリー・マギー（ウィリー・マギーの寡婦）により設立された「真理と正義のための滞在者たち」（STJ）であった。[34] CRCは劇的な行動に出て、イングラムに対する有罪判決は国連総会が採択した世界人権宣言に違反するという、W・E・B・デュ・ボイス執筆の請願を国連に提出した。国連はこれを取り上げることを拒んだが、この行動は国際的なメディアの関心を惹きつけた。

「私たちの組織は、百パーセントあなたがたを支持します」と、全国バプティスト会議婦人部会副会長アイダ・ヘンダーソンはイングラム救援会に語った。判決に抗議する人々は、教会に働きかけるだけでなく、アトランタでイングラム一家のための大衆集会を四回組織し、十万人の請願署名を集め、五年間に五つの多人種の婦人グループをジョージアに派遣して、地域で戸別訪問を行ない、人々と事件について話し合った。イングラム救援会の婦人たちはまた、ジャーナリストに面会し、ラジオに出て発言し、ジョージア州の政治家たちに陳情し、黒人婦人会や先ほども名前をあげたいくつかの左翼系の人種混合労働組合の支持も取り付けた。彼らは獄中のローザ・リー・イングラムとその息子たちに送るための募金も行なった。「とうとう、このような疲れを知らぬ献身的な努力のおかげで、イングラム一家は自由の身になった。[35]」

もちろん、CRCの（あるいはNAACPの）すべての救援活動が成功したわけではなかった。ウィリー・マギーの場合と同じように、マーティンズヴィルの七人の「レイプ」事件に対する世界中からの抗議も、ヴァージニア州が電気椅子による処刑を続行するのを止めさせることは出来なかった。*

* ミシシッピとヴァージニア州で二十世紀前半にレイプの廉により電気椅子で処刑された五十人は、すべて黒人だった。ホーン『共産党の隠れ蓑？』七五ページ。

しかし、DNA鑑定*が可能になる半世紀も前に、公民権会議は不正で人種主義的な裁判事例に抗議するために大衆行動を組織していたのである。政治家、ジャーナリスト、社会活動家と面会するために代表を派遣したり、各々の事件の内容を世界中に知らせたりしたのであるが、その間にも、この団体の弁護士たちは判決や宣告に異議申し立てをしていた。CRCは、各事件について公に発言してもらうために、有名人の委員会も設立した。こういう委員会のいくつかにアインシュタインも加わっていた。そのうえ、彼はCRCそのものをも公然と支持していたのである。（第II部　FBIのアインシュタイン・ファイル「公民権について」を参照。）

* 一九九二年以来、ニューヨークに本拠を置く非営利団体「イノセンス・プロジェクト」の弁護士たちは、「DNA指紋法」を用いて、（二〇〇四年十一月現在）百五十三人に対する有罪判決を破棄させている。その中には、犯しもしなかった犯罪——たいていはレイプか殺人——のために処刑を待っていた多数の死刑囚も含まれている。DNAの証拠が利用できない場合でさえも、彼らの証明し得た事例のパターンが示すのは、制度が黒人や貧困層の犯罪者に対して不利に働くことだと、弁護士たちは主張する。

アインシュタインはまた、NAACPの後援する抗議委員会があったとしたら全く同じように支持したことであろうが、NAACPは、すでに述べたように、事件を取り上げても、たいていは抗議行動を組織しなかったのである。この団体は陳情運動やメディアへの働きかけをやることはやったが、その努力を裁判と上告に集注していたのである。けれども、アインシュタインはウォルター・ホワイトに対する賛嘆の念を表明した。金髪で青い眼をし、非常に白い肌色をしていた、このNAACP事務局長は、白人として通してもおかしくないほどであったが、そうはしないで、公民権のために組織し、活動することを選んだのだった。一九四七年十月に、彼の論文「私が黒人でいる理由」が『サタデー・リビュー・オブ・リタラチュア』誌に掲載された。これに刺激されて、アインシュタインは感想を書き送った。

ホワイトの論文を読むと、真の人間的偉大さにいたる道はただ一つしかなく、それは苦難を経由する道であるという格言の深い意味を痛感させられる。もし苦難が伝統に縛られた社会の無知や鈍感さから発しているとすれば、それはしばしば弱者を無分別な憎悪の状態に落ち込ませるが、強者を、さもなければ人間の手に届かなかったような道徳的高みと雅量へと高める。

感受性に富む読者なら誰でも、私がそうであったように、真の感謝の念を覚えながらウォルター・ホワイトの論文を閉じるであろうと、私は信じるものである。彼は、逆らいがたい説得力を持つ素朴な生い立ちの記を語ってくれることにより、人間的偉大さにいたる苦難に満ちた道にわれわ

れを同伴させてくれたのである。(36)

ホワイトの物語は逆らいがたいものであったかも知れないが、問題が政治的な大義にかかわる限り、アインシュタインはロブソン、デュ・ボイス、そしてCRCに賛同した。実際、一九四六年以降、アインシュタインが支持したほとんどすべての公民権団体は、既に引用したアフリカ問題会議も含めて、指導部にロブソンが入っていた。

たぶん、ナチスが「共産主義の」脅威という戦術を用いるのを見ていたせいであろうけれども、アインシュタインはロブソンのどぎつい赤さに尻込みすることはなかった。ロブソンと同様に、CRCも共産党と密接なつながりを持っていた。ローザ・リー・イングラム、ウィリー・マギー、マーティンズヴィルの七人、そのほか、人種主義的なでっち上げ事件の被害者と見なされた他のアフリカ系アメリカ人たちの救援活動をしている間にも、CRCはまた、マッカーシー゠フーヴァー期にスミス法*の下で投獄されていた百名以上の共産党職員を支援していた。(37) CRCの声明は、ナチスがまず共産主義者を一斉検挙したときに、ほとんどのリベラル派がまだ安全圏にいると思いこんで傍観**したヒトラー治下のドイツを引き合いに出した。これはアインシュタインの記憶と合致する例であった。「共産主義の恐怖が、他の文明世界の人々には理解しがたい諸行為へと導いていった(38)」と、アインシュタインはマッカーシー時代の最盛期に語った。

＊　スミス法は、そもそも一九四〇年に制定されたものであるが、「力と暴力による政府転覆を教唆・唱導する共謀行為」

を禁止していた。第二次世界大戦中に、連邦政府はトロツキストの社会主義労働者党の党員数名をスミス法違反で起訴した。共産党はこれらの起訴に対していかなる抗議もしなかった。

** すべてのリベラルが傍観したわけではなかった。アインシュタインは一九三二年にケーテ・コルヴィッツやハインリヒ・マンと共に、社会主義者と共産主義者が単一の候補者名簿のもとに団結するよう求める呼びかけに署名した。これが成功していればファシストを敗退させることが出来たであろうが、失敗に終った。

公民権に関する彼の腹蔵のない発言の中には、ペンシルヴァニア州の当時はまだ小さな黒人大学チェイニー・ステイトの学生新聞『チェイニー・レコード』を相手に行なった、おそらくほとんど知られていない一九四八年のインタビューがあった。

「不幸なことに人種的偏見は、ある世代から次の世代へと無批判的に受け継がれていくアメリカの伝統になってしまいました」とアインシュタインはいった。彼が以前にリンカーン大学を訪れていたことや、若い人々に心を開いて話したり書いたりすることを考えれば、このインタビューに応じたことはさして驚くべきことではない。[39] 彼は続けた。「「人種主義に対する」治療法は啓蒙と教育しかありません。これは緩慢で、骨の折れる過程ですが、良識あるすべての人々がこれに参加しなければなりません。」

（このインタビュー記事の全文については、第II部　資料Hを参照。）

チェイニー・インタビューのすぐ後に、アインシュタインは、一九五〇年にアトランタ大学で開催された南部会議教育基金（SCEF）主催の「高等教育における人種差別に関する南部会議」に挨拶を送って、組織的なつながりを拡大した。赤の脅威を口実に、HUACのような議会の調査委員会が、人種統合を求めるほとんどすべての南部の団体に対して赤狩りを行なったので、それらの多くは消滅してしまった。ローザ・パークスがアラバマ州モントゴメリーのバスの中で後部に移動するようにいわれたのを拒否して逮捕された事件は有名であるが、その前の夏の間、彼女が参加していた多人種的な討論の場であったハイランダー・フォーク・スクールは、どうにか生き延びることが出来た数少ない組織の一つだった。もう一つが南部会議教育基金であった。（詳しい記述が第II部　資料Iにある。[40]）

ブラウン対教育委員会事件*（一九五四年に、カンザス州タピカの黒人ブラウンが、同地の教員委員会を相手に、公立学校における人種分離は憲法違反であると提訴した。）の四年前に、SCEFは南部諸大学における人種差別に反対するために、珍しくも人種混合の会議を南部で（もっとも黒人大学を会場にしての話であるが）開催したのだった。この団体に対する挨拶の中で、アインシュタインは次のように書いた。

* かりにあなたがアフリカ系アメリカ人で、一九五〇年に北部あるいは西部の大学でフットボールかバスケットボールのスター選手だったとすると、あなたの大学チームが南部の大学と試合するために遠征する際には、あなたはほとんどいつも居残りを命ぜられるのである。だが、変化の兆候が現れ始めていた。一九五五年に、アトランタで数千人の学生が前代未聞のデモを敢行し、ジョージア州知事グリフィンの人形を燃やし、この年のシュガーボウルにジョージア工業大学フットボール・チームが人種混合のピッツバーグ・チームと対戦するのを許可するように要求した。『ニューヨーク・タイムズ』一九五五年十二月四日号、一面。

個人が不正を働くと、その人は良心の呵責に悩まされます。けれども、社会の悪行に対しては、とくにそれらが古くからの伝統によって支えられている場合には、誰も責任を感じようとはしません。その一例が人種差別です。わが国の尊厳と名声を著しく傷つけているこの悪と闘うために、あなた方が団結されたことに対して、良識ある人はすべて感謝の念を抱くことでありましょう。全国民の間に教育を普及させることによってのみ、われわれは民主主義の理想に到達できるのです。

あなた方の闘いは容易なものではありませんが、最後にはあなた方は成功されることでしょう。(41)

たぶん公民権問題に関してアインシュタインが取った最も効果的な行動は、実際には実現しなかった証言であった。一九五一年の初頭に、連邦政府は、当時「平和情報センター」の議長だったW・E・B・デュ・ボイスおよびこの団体の他の役員四人を「外国の手先」として登録しなかった廉で起訴した。政府の主な告発は、「平和情報センター」――ケリーの記述によると「核戦争に反対し、冷戦に反対する」団体――がストックホルム平和アピール*を配布するという「公然たる行為」を犯したことであった。

* ストックホルムに本拠を置く親ソ的な世界平和評議会が一九五〇年に始めた世界平和アピールには、世界中の数百万の人々が署名した。アピールは次のように宣言していた。「われわれは、人々に対する脅迫と大量殺戮の道具である原子爆弾の禁止を要求する。この方策を実施するための厳格な国際管理を要求する。いかなる他国に対してであれ最初に原子爆弾を使用するいかなる政府も、人類に対する犯罪を犯しており、戦争犯罪人として扱われるべきであると、われわれは考える。われわれは全世界の善意ある男女の皆さんにこのアピールに署名されるよう呼びかける。」HUACはこれを「今までに世界規模で行なわれた心理戦争の最も大がかりなものであり……［共産主義の］侵略の煙幕である」と非難した。ファリエロ『赤狩り』四八六ページ。

アメリカにおけるマッカーシズムをただ一つのイメージで表すことが求められるならば、それにぴったり当てはまるのは、一九五一年に連邦裁判所法廷で判事の前に立つW・E・B・デュ・ボイスの姿であろう。山羊鬚を生やし、背は低いが背筋を正して直立した八十三歳の、世界的に有名な黒人学者が細縞の三つ揃いに身を包み、手錠をかけられて立っているのである。[42] ロブソンと同じく、デュ・ボイスはワシントンの反ソ的、反共産主義的政策に同調することを拒否し、議会の調査委員会への協力を拒み、旅券を取り上げられ、NAACPから追放されていたのだった。

この連邦裁判所による起訴の直後に、アインシュタインは刊行されたばかりの自著『晩年に想う』をデュ・ボイスに送った。これは、アインシュタインが初めてデュ・ボイスから手紙をもらい、『クライシス』誌に彼の意見を発表してから、ほぼちょうど二十年後のことであった。四月に、デュ・ボイスは返事を書き、自分の来るべき裁判に関する資料を同封した。「家内と私は貴殿の署名入りの御著書を大変有り難く拝受致しました。拝読すれば裨益するところが大であろうと楽しみにしております。関心がおありかと思い、事件に関する声明を同封させていただきます。」

直ちにアインシュタインはデュ・ボイスの連邦裁判に弁護側証人として証言すると申し出た。アインシュタインの出廷に最大の迫力を持たせようとして、弁護人ヴィト・マルカントニオ*は最後の瞬間までその発表を抑えていた。珍しい直接的体験を説明しながら、シャーリー・グラハム・デュ・ボイスは判事の反応を記述している。

* マルカントニオはニューヨークのイースト・ハーレム出身で、この地域のイタリア人およびプエルトリコ人社会の両

方から支持された、人気が高く、独立心に富み、熱烈な左翼の下院議員であった。彼の功績は数多くあるが、とりわけ、彼は一九五〇年、韓国における「警察行動」のために合衆国軍を派遣する案件に反対票を投じた唯一の下院議員であった。

検察は十一月二十日の午前中に論告を終えた。……マルカントニオは……判事に弁護側証人はただ一人デュ・ボイス博士だけだと通告した。［だが］マルカントニオはついでのように判事に付け加えた。「アインシュタイン博士がデュ・ボイス博士の性格証人として出廷してもよいと申し出ておられます。」［マシュー・F・］マックガイア判事は長い間、マルカントニオを見つめていた後、昼食のための休廷を告げた。法廷が再開すると、マックガイア判事は……無罪放免の申し立てを是認した。(43)

アインシュタインの証言から生じかねない国際的な注目という先行きに直面して、判事は弁護側に証人を招致する機会を与える前に、証拠不十分としてこの事件を片づけてしまったのである。

九日後に、デュ・ボイスはもう一度アインシュタインに手紙を書いた。

親愛なるアインシュタイン博士

私に対して司法省が提起した裁判について、出来ることは何でもしたいという貴殿の寛大なお申し出に心から感謝致したく、一筆啓上致します。

貴殿をお呼び出ししたり、大切なお仕事や不可欠な閑暇のお邪魔をしたりする必要なく終れましたことは、私の欣快と致すところでございます。けれども、貴殿の寛宏な態度に対する私の感謝の気持ちは、そのためにいささかも減じるものではありません。

デュ・ボイス夫人も私と共に感謝の気持ちを表明しております。

敬具

W・E・B・デュ・ボイス(44)

（書簡全文については第Ⅱ部　資料Kを参照。）

第10章　アインシュタインとロブソン（二）

アインシュタインとロブソンが最後に会ったのは一九五二年十月であるが、このときもまたアインシュタインがロブソンをプリンストンの自宅に招いていた。彼らの会談はほとんど全く報じられないで来た。これについてはJ・エドガー・フーヴァーでさえ知らなかった。というのも、アインシュタインは、FBIが郵便物の開封や電話の盗聴を行なっていると――正しくも――想定して、ロブソンへの招待状を共通の友人を介して送っていたからである。(1)時期は赤狩りの絶頂期であった。

海外の悪の帝国に対する恐怖が赤狩りの理由にされていたが、どんな魔女狩りでも、成功を収めるためには、身近な魔女が必要であって、ロブソンはフーヴァーの魔女リストで上位をしめる一人であった。挑戦的な左派の人間であったロブソンは相変わらず、アメリカにおける人種不平等を弾劾すると共に、ソ連との親善を説き続けていた。一九四九年九月、ニューヨーク州ピークスキルで開かれた彼のピクニック・コンサートに暴徒が襲いかかった。彼らは、州警察が見守り、ときには襲撃に加担する中で、黒人白人を含むピクニック参加者に投石したり打擲《ちょうちゃく》を加えたりし、ロブソンの血をよこせと怒声を張り上げた。この襲撃が殺戮に終らなかったのは、ピクニックの防衛を志願した何千人もの労働組合員や第二次世界大戦からの帰還兵たちが敷地の周りに人間の壁を築いたからであった。この自衛団は、たまたまそこにあった野球のバット（コンサートの後で野球をしようと思っていたのである）以外には、いかなる武器も持っていなかった。

ピークスキルの襲撃が報道されたのに、あまりよく知られていないのは、怒号する暴徒を隠れ蓑にしてロブソンを暗殺する試みがなされたことである。自衛団は、コンサートが始まる前に、周辺の木立に偵察要員をも送り出していた。ある場所で「彼らの懐中電灯は、谷を見下ろす場所に小さな隠れ場所を作っていた二人の地元の愛国者を照らし出した。そして、二人は望遠照尺のついた高性能ライフルを携えていた。つまり、二人はポールを殺そうとしていたのだ。*」最初の二人の狙撃者は追い払われたが、他の狙撃者に対して防護するために、背が高くて肩幅の広い帰還兵の人種混合集団が、歌を歌うロブソンの背後に立ち並んだ。ロブソンは「彼らが自分と［いるかも知れない］狙撃者との間に生身の障壁を作ってくれているのだと十分承知の上で[2]」歌っていたのである。

＊「FBIはポール・ロブソン暗殺計画に関与していたか」という見出しのもとに、『デイリー・ワールド』紙一九七九年十一月二十五日号に掲載されたJ・J・ジョンソンの記事が報道するところによると、ポール・ロブソンの息子ポール・ジュニアは、父親に関するFBIファイルの約三千五百の書類を調査した結果、「彼の父親の移動中の車が故意に破壊されたことが、少なくとも一九四六年、一九五五年、そして一九五八年に二回と合計四回あった。いずれの事件においても、車も運転手もFBIの監視下に置かれていた」ことを突き止めた。デイヴィス『ポール・ロブソン研究入門』六三六ページ、および『デイリー・ワールド』十一面。

ウェストチェスター・カウンティ中の車は、「アメリカよ、目を覚ませ。ピークスキルは目覚めたぞ」とか「共産主義は裏切りだ。共産主義の背後にはユダヤ人がいる」とかいうバンパーステッカーを掲げて走っていた。この年の初め頃、アメリカは「なかばファシスト的」[3]であると、アインシュタインは書いていた。

ピープスキルの後、合衆国国務省は――おそらくフーヴァーの差し金によってであろうが[4]――ロブソンの旅券を取り消し、彼が世界各地でのコンサートへの招請を受諾する道を閉ざしてしまった。ブラックリストに載せられたここ数年の間に、彼は国内のほとんどあらゆるコンサートホールから閉め出されていた。黒人教会でさえも、ロブソンを招いたときには、脅迫電話を受けたし、保険金の不払いを恐れて彼の公演を取り消すものもあった。ロブソンの年間収入は、十万ドルから六千ドルに急降下した。こうした雰囲気にもかかわらずというか、むしろそれを理由にして、アインシュタインは自分に会いに来るよう再びロブソンを招待したのである。

二人はその午後全部を一緒に過ごした。たぶん六時間近くであったろう。ロブソンの親しい友人かつ同僚で、アインシュタイン邸までロブソンに同伴したロイド・ブラウンによれば、「会話は、外が暗くなり始めるころまで続いた。」彼らが到着したとき、ヘレン・デュカスが彼らを階上のアインシュタインの書斎まで案内してくれた。この書斎は改装されていて、後方の壁の半分は庭園を見下ろせる巨大な見晴らし窓に変わっていた*。「アインシュタインは蝿叩きを手にしてソファーでくつろいでいた」とブラウンは語った。「そして私たちが入っていくと、彼は蝿叩きを振り回して、『これが僕の戦争なんだよ』といった。」この会合に関するブラウンの話の一つは、よく引用されているが、ここでも繰り返しておく価値がある。ロブソンが部屋を離れたあるとき、ブラウンは、話の接ぎ穂に困っていった。「アインシュタイン博士、あなたのような偉大な人にお目にかかれて光栄です。」アインシュタインは明らかに困惑して、嫌な顔をしたが、こう答えた。「だが、あなたが一緒にやってこられた人も偉大な人じゃありませんか。(5)」

＊ この部屋には両側に床から天井までの書棚があって、中央に置かれた机は庭を見下ろしていた。あるときアインシュタインはこの部屋について「実のところ、建物の中にいる気がしない」と語った。バッキー『私生活のアルバート・アインシュタイン』四二ページ。

アインシュタインとロブソンとの間のこの会合で何が起こったのかを理解することが、二人の間の絆を評価するための鍵である。ブラウンの説明から、われわれは彼らの議論の内容についてある程度の見当はつけられる。すなわち、彼らは音楽の話（アインシュタインはもはやヴァイオリンを弾くことができないと残念そうにいった。）から始めて、アインシュタインが最近、イスラエルの大統領になって欲しいという招請を断った理由にいたるまで、あらゆることを話し合った。「アインシュタインは、そもそもユダヤ人国家には反対だったと語った。彼は二民族国家のほうに賛成だった。国家を作ると、軍隊を持つことになって、二民族国家が作れないのは残念だと語った。彼はこのことについて書いたことがあり、それは彼の随想集『晩年に想う』に入っていると語った。(6)」アインシュタインの質問に答えてロブソンは、国内でマッカーシズムに抵抗するために自分がしている努力や、南アフリカで激化している自由のための闘争について報告した。南アフリカの人々はガンディーの受動的抵抗戦術を使うべきだとアインシュタインは述べ、ついで――学生の座り込みが公民権運動に火を点ける八年前に――黒いアメリカ人たちも戦略として非暴力を採用すべきだと主張した。

会話がいかに魅惑的なものであるとしても、ある種の出会いはそこで話し合われた事項にもまして深い意味を持つものである。そして、二人の会合はまさにその一例であった。この会合に関するわずか二つだけの公的な説明――ハーレムに根拠をおく新聞『フリーダム』のロブソンによるコラムとギル・ノーブルのテレビ番組「ライク・イット・イズ」におけるブラウンのインタビュー[7]――は、当時、最も激しい政治的攻撃にさらされていたロブソンにとっての、アインシュタインの支援の重要性を強調している。「アインシュタイン博士は……旅行する権利のために闘っている私に心温まる共感を表明してくれた」と、ロブソンは会合の二週間後に自分のコラムで報告した。ブラウンにいわせると、「アインシュタインの招待は、とりわけピークスキルの後のことだけに、明確な連帯の行為でした[8]。」

しかし、少なくとも同じくらい重要な、何か別のことが、この十月の午後にプリンストンで発生したかも知れないのである。もしアインシュタインが招き手として単に連帯を示したいだけだったとすれば、特に彼の健康状態の悪さを考えるならば、彼は会見を手際よく一時間ほどで切り上げることもできたはずである。彼がそうしなかったということは、ロブソンとの会合が彼にとっていかに重要であったかということを示している。

高等学術研究所では、三十年にわたってこの偉大な科学者の統一場理論（重力と電磁気学を一つの基本的な力に結びつける試み）の研究が続けられてきたが、まだ彼の期待したような積極的な成果は得られていなかった。だが、彼は不屈の好奇心を発揮して未知のものに立ち向かうことには慣れていた。アインシュタインをいらいらさせていたのは、宇宙ではなくて、世界情勢だった。地球上で最も豊かで、最強の国家が、赤の恐怖のヒステリーで汗まみれになって、もっと大きな、もっと高性能の、もっと致死的な爆弾を製造しようと突進して行くに連れて、アインシュタインの政治活動はますます反政府的になっていった。マーサー街の自宅から発せられる彼のインタビューや寄稿は破局の可能性を、さらには「絶滅」の可能性を警告していた。[9]

一九五二年八月、アインシュタインは、アメリカの政治情勢とわずか二、三十年前のドイツとの間に彼が認める類似性をめぐって——ここ三年近く深まりつつあった——深刻な鬱状態にあった。「全くあなたのご推測なさるとおり、私はひどく激励を必要としています」と、アインシュタインは一九五〇年十一月にインディアナ州の一友人に書き送った。「わが国は狂ってしまいました。アメリカが反共主義に取り憑《つ》かれていることと政治的恐怖の高波は、私にドイツの出来事を思い起こさせます。」二カ月後には、こう書いた。「親愛なるアメリカ人たちが勢いよく［ドイツ人たちの］立場を引き継ぎました。……何年か前のドイツの惨禍が繰り返されます。……人々は黙り込んで、悪の勢力と協力していますが、われわれは無力で、傍観するだけです。」そしてヨーロッパの友人たちに宛てた別の手紙には、こう書いた。「現在ほど人々と疎遠になっていると感じたことは今までにありません。……最悪なのは、どこにも自分と連帯できるものが存在しないことです。どこもかしこも蛮行と嘘ばかりです。」そしてもう一度、一九五一年一月三十一日には、「正直な人々は頼りない少数派です[10]」と書いた。

一九五一年五月八日の重大な出来事が彼の憂鬱を強めたはずである。この日、ウィリー・マギーがミシシッピ州によって電気椅子で処刑された。すでに見たように、マギーは六年近くも死刑囚棟に収容されていて、その間、世界中に広がった救援活動が、二回にわたる有罪判決の取り消し、数回にわたる刑の執行延期を勝ち取っていたのだった。

翌月、アインシュタインは書いた。「真偽の疑わしい外敵についてデマを飛ばす連中が大衆の支持を取り付けてしまった。」一九五二年の初頭までには、彼はほとんど希望をなくしてしまったようであった。「すべてのうちで一番悲しいのは、人類全般の振る舞いに失望を感じてしまうことです。」そして、ロブソンの訪問に先立つわずか数週間前の九月に、彼はイタリアの友人に自分の寂寥《せきりょう》感と孤立感について書いた[11]。

全面包囲下にあったロブソンにとってアインシュタインの支持がきわめて重要なものであったことには、疑問の余地はない。だが、一九五二年十月に二人が一緒に過ごしたこの午後は、アインシュタインにとってそれに優る意味を持ったのかも知れない。アインシュタインは自分の失望感をロブソンに打ち明けたのであろうか。たぶんその必要はなかった。「アインシュタイン博士は、芸術家としての現在の私の生活について尋ねた」と、ロブソンは彼らの会話の報告として書いた。ロブソンが最近の彼のコンサートについて語るにつれて、アインシュタインの眼が輝くのを、われわれは想像することができる。五カ月前、ロブソンはカナダの鉱山労働者の労働組合に招待されていたのに、政府にカナダに行くことを禁じられたため、ワシントン州とカナダのブリティッシュ・コロンビアの間で国境をまたぐピース・

アーチの上で歌ったのであった。米国側に立ったロブソンがマイクに向かって歌うと、彼の素晴らしい声——そして彼の抵抗——は禁断の国境を横断して運ばれ、カナダ側に集まった約四万人の組合員たちが喝采したのだった。[12]

一九五三年にアインシュタインが絶望から回復したのはいかなる刺激によるものかはわれわれの知るところではないが、ロブソンの訪問がその助けになった可能性は高い。六時間にわたって、アインシュタインの感嘆する仲間と社会変化の戦略を論じ、世界中での闘いについて報告を受け取り、偉大な芸術家兼活動家である友人から毎度新しくなる政府の懲罰的な攻撃に対してどのように反撃したのか——もっと多くの抗議集会、コンサート、組織活動——を聞くことが、アインシュタインの士気を低下させるはずがなかった。いずれにせよ、一九五三年の初め頃までに彼がもはや無力感を感じなくなっていたことは明らかである。一月には、ローゼンバーグ夫妻への死刑宣告に抗議して発言したし、数カ月後には公然とマッカーシー上院議員に挑戦し、証言者たちに、たとえ投獄されることになろうとも、議会の調査官たちに協力することを拒否せよと呼びかけたからである。異端審問官（アインシュタインのことば）に対する彼の挑戦は、半年の間に二度、『ニューヨーク・タイムズ』の一面記事になった。六月十二日に、ブルックリンの学校教師ウィリアム・フラウエングラスに宛てた彼の手紙について報じた『タイムズ』は次のような見出しを付けた。

アインシュタイン、「証言を拒否せよ」と議会に喚問された知識人たちに勧告

『タイムズ』は昔も今もメディアの話題の仕切り屋であるから、アインシュタインの抵抗は国内的にも国際的にもニュースになった。[13]

予想されたことであったが、マッカーシー上院議員はアインシュタインを「アメリカの敵」と呼んだ。だが、アインシュタインの友人エーリヒ・カーラーが観察したところでは、「公衆の良心を動かそう」と決心した後、アインシュタインは劇的な気分転換を味わった。「彼があんなに陽気で、自分の大義を確信していたのを私は今までに見たことがなかった。[14]」

アインシュタインとロブソンの間に見解の相違が存在したことも確かであって、* その中にはソ連をどう評価するかという重要な問題も含まれていた。ロブソンが忠実にソ連を支持したのに対し、アインシュタインのほうはスターリン体制が反ユダヤ的な独裁に変わったと感じていた。だが、両人はともに、自分たちが共有していることのほうがもっと重要であるとはっきり信じていた。そして、彼らの友情について掘り起こして行くに連れて、彼らが共有するものがいかに多いかを知って、驚かされるのである。これら二人の巨人は――世界に属するだけでなく、ウィザースプーン街にも属しているが――友達であっただけではなくて、人間同士の兄弟愛と姉妹愛、偉大な国際的絆としての音楽、あらゆるところでフ

アシストやリンチを行なう者たちに抵抗するわれわれすべての権利と責任、これらのものに対する熱烈な信仰を共有していたのである。それからまた、彼らは、私的利潤が神の役割を果たしている社会よりももっと公平な社会が可能だという信念をも共有していた。

＊　彼らは共に議会の調査を「魔女狩り」や「異端審問」だと見なしていたけれども、抵抗の仕方については意見を異にしていた。憲法修正第五条項に頼ること――自らに累が及ぶことを避けるために質問に答えるのを拒否すること――は証言者に罪があるように見せてしまうと、アインシュタインは考えた。彼の意見では、証言者は……「第五修正条項という……周知の逃げ口上」を使うことなく、不適切な質問に答えるのを単純に拒否すべきであった。ロブソンは、牢獄に入れられないで済む最も確実な方法は第五修正条項に頼ることだという共産党の方針に従っていた。というのも、他の防衛策（たとえば第一修正条項）に頼った者たちは、議会侮辱罪に問われて投獄されていたからである。共産党はまた（最高裁判事ウィリアム・O・ダグラスと同じように）、第五修正条項は圧政に対する重要な憲法上の保障であると主張した。だが、アインシュタインは納得しなかった。「第五修正条項に頼るのは、罪を告白［している］ように見える」と、彼は『ニューアーク・ニューズ』紙（一九五四年十二月十七日号）に語った。

だが、たぶん一層重要なことに――そして、一緒に過ごした一九五二年のあの午後に、彼らがこのことに思い至った可能性が高いのであるが――社会正義の問題においては、勝つことは必要ではなく、肝心なのは闘い続けることだという信念を彼らは共有していた。これは、死ぬ一年前に、人権のための闘争は「最終的勝利が決して得られない永遠の闘争である。だが、この闘争に飽きてしまうということは社会の破滅を意味するであろう」とアインシュタインが述べたとき、表明していた思いであった。それはまた、スペインの反ファシスト勢力を支援する大衆集会で歌っていたロブソンが「オールド・マン・

リバー」の中の「私は生きるのに飽いたが、死ぬのが怖い」という歌詞を「私は死ぬまで闘い続けなければならない[15]」に変えたとき、不滅のものとした言質でもあった。

第11章　「我が友アインシュタイン博士」

一九五五年四月十八日にアインシュタインが亡くなって二日後、『デイリー・プリンストニアン』紙は次のような見出しを掲げた。

友達のアインシュタインさんについて、伝説を打ち明ける近所の子供たち

アインシュタインとプリンストンの子供たちとの長期にわたる親しい関係が、この記事のテーマであった。算数を手助けして貰ったお礼に彼にあめ玉をあげたという少女もいれば、夏に水鉄砲合戦をするために、アインシュタイン博士のところに彼が使う鉄砲をもってよくやってきた三人の少年もいた。しかしながら、ある特別な子供、アフリカ系アメリカ人の子供が「博士の一番忠実な友達」であったと書かれていた。一九五五年には彼は十一歳であった。彼の名はハリー・モートンといい、バトル・ロードに住んでいると、記事は記していた。

僕が宿題をやっていると、彼［アインシュタイン］が毎日四時頃ひとりでやってきたんだよ。ダックスフントの犬を連れてくるんだけど、その犬はのろのろと足を引きずっていて、地面ばかり見ているんだ。そうすると僕は駆け出していって、彼に挨拶し、一緒に散歩し、話をしたり、冗談を言い合ったりしたんだよ。僕にはその話はほとんど何も分からなかった……全部算数とかそういったことの話だったんだけど、僕もとにかく笑ったよ。

ハリーはしばしば科学者を自宅に訪れもしたと、『プリンストニアン』の記事は続けた。アインシュタインは「彼に地下室の化学実験器具を見せてくれ、夕食時までそこにいてもいいといってくれた。その間、彼は机に座って仕事をするのだった。『彼はいつも十分ほど奇妙な数字か何かを書いているかと思うと、立ち上がって机の周りを二回歩き回るんだ。時々、彼はまるで気が狂ったようになったよ。』」ハリー・モートンの面倒を見ていた近所の知人イヴリン・ターナーは語る。

ハリーは二年生、三年生、四年生、そしてたぶん五年生と約四年の間、私たちのところで暮らしたんです。彼はアインシュタインのことを私に直に話すことはなかったけれど、あの子が他の子供たちにアインシュタインと会った様子を話しているのを覚えているわ。

私の記憶では、ハリーは非常に賢い少年で、とても話し好きで、また知りたがり屋で、人見知りをしませんでした。週末には彼は母親に会いに、エイドロットさんの家に行き、日曜の朝にはそこから教会に行くんです。日曜の夜には母親があの子を私の家におろしていきました。同じ年頃の子供たちがいるところで育つ方がハリーにはいいと、母親が考えたんですね。

ハリー・モートンは一九九二年にこの世を去った。彼の妻ジョイ・モートンは次のように思い出を語った。

ハリーにとって、アインシュタインはたまたま彼が知っているというだけの人だったんです。夫がそれをひけらかすようなことは全然なかった。娘が、お父さんとアインシュタインはどうして友達になったのと、私に聞いたんです。ハリーの母親は、当時、高等学術研究所長だったフランク・エイドロット博士の家で家政婦として働いていたのよ。その家はバトル・ロード八八番地の研究所の所有地にあったんです。バトル・ロードを下っていけば、すぐ研究所に行けるんです。アインシュタインは毎日というか、いや二、三日おきに家のそばを通りかかったもので、彼とハリーが一緒に散歩するようになったんです。娘にもいったんだけど、お父さんてああいう人だもんだから、アインシュタインが犬を散歩させるときには、いつもそこにいたんです。三年か四年の間、ほとんど毎日こんな風だったというわ。後で、モートン一家がクレー街に引っ越してからも、アインシュタインはやはりやってきたんだって。アインシュタインが亡くなったとき、ハリーは十一歳だったと思うわ。

ハリーはアインシュタインとよく一緒に散歩したものだといっていたわ。私には想像できないわ。あの人がアインシュタインと一緒に散歩するなんて。それも大変な親友だってあの人はいうのよ。私には何か、ああそう――私にはぴんと来なかったのよ。彼のいっていることが本当だと彼の母親が請け合ってくれてからやっと、本当だったんだと納得したの。彼の母親はエイドロットさんの家で働いていたわ。あの人たちは、次の家族、リリエンタールさんたちが引っ越してきてからも同じ家に残っていたわ。

ハリーはことばを沢山知っていただけじゃなくて、年少のころから誰にでも話しかけることができるところがあったし、年齢不相応にいろんなことをよく理解していたんです。

ハリーは、プリンストンでの人種差別のこともよく話してくれたわ。ジャクソン街が分割線だったというの。後で、ポール・ロブソン通りになったところよ。あそこから黒人居住区が始まっていたの。あそこからウッドブリッジ大通り《アベニュー》までの間に九十パーセントの黒人が住んでいたんです。黒人はあそこから出て行こうなどとはしなかった。プリンストン大学にさえも行こうとしなかった沢山の優秀な人々の話もしています。彼らに横切れなかった目に見えない線があったのよ。ハリーにプリンストンを受験させようとしたんだけれど、ハリーは受けたがらなかったそうよ。

ハリーはアインシュタインの家にも何度かいったそうよ。彼は宿題の答えを教えてもらいたかったんだけれど、アインシュタインは彼の宿題ができなかったんだって。ハリーはアインシュタインの家の地下室に降りていって、化学実験道具を見せてもらったそうよ。ハリーはアインシュタインを本当に親切な老人だと認めていたわ。

アリス・サッターフィールドが説明した。「アインシュタインの家に招かれるためには、科学者である必要はなかったのよ。彼はしっかりと地面に足をつけていたんです。心ここにあらぬ人というような彼のイメージは、もう沢山だわ。」

第Ⅱ部　資　料

第1章　人種と人種差別に関するアインシュタインの発言

アインシュタインの反人種主義的な発言や論文がこのように一カ所に集められるのは、これが初めてである。この中には今までに出版されたことがないものがあるし、あまり人目につかなかったものもある。

資料A

「アメリカの黒人へ」、『クライシス』一九三二年二月号
アインシュタインに宛てたW・E・B・デュ・ボイスの書簡と編集者の注も含む。

一九三一年十月十四日
アルバート・アインシュタイン様
ハーバーランドシュトラーセ五番地

ベルリン、西三〇、ドイツ

拝啓

ぶしつけにも雑誌『クライシス』を何部か同封でお送りしますことをお許し下さい。『クライシス』はアメリカの黒人が発行するもので、その目的は、この国の旧奴隷の血筋を受けた千二百万の人々の市民権を擁護することであります。私どもはちょうど満二十一歳の誕生日を迎えたところです。お手紙を差し上げましたのは、ご多忙中の貴殿に時間を割いて頂き、世界における人種的偏見という弊害について一言書いて頂けないかとお願いするためであります。このテーマで五百語から千語程度のご発言が頂けますならば、私どもが今後も自由への闘いを続けるのに大きな助けになることでありましょう。

小生のことにつきましては、『アメリカ人名辞典』をご覧になりますといくらかお分かりになると思います。小生は以前、ベルリン大学でワーグナーとシュモラーのもとで学びました。

貴殿からのご返事が頂けますならば幸甚に存じます。

敬具

W・E・B・デュ・ボイス

アインシュタインは一九三一年十月二十九日に返事を書いた。

W・E・バーガート・デュ・ボイス様
『クライシス』編集者
第五番街六九番地
ニューヨーク市、ニューヨーク州

拝復
貴殿の新聞のための短い文章を同封しますのでご覧下さい。仕事があまりにも荷重なので、これより長い説明は書けませんでした。

この上ない敬意を込めて
アルバート・アインシュタイン

アメリカの黒人たちに

編集者［デュ・ボイス博士］の覚え書き――
筆者のアルバート・アインシュタインはドイツ国籍のユダヤ人である。彼は一八七九年にヴュルテンベルクで生まれ、スイスで教育を受けた。彼はチューリヒとプラハの物理学教授を歴任し、現在はベルリンのカイザー・ヴィルヘルム物理学研究所所長である。彼はプロイセン王立科学アカデミーと英国王立協会の会員である。彼は一九二一年にノーベル賞を、一九二五年にコプリー・メダルを受賞した。

アインシュタインは高等物理学の天才であり、コペルニクス、ニュートン、ケプラーに比肩する人物である。一九〇五年に最初に提唱された、かの有名な相対性理論は、物理現象に関するわれわれの説明や、運動、時間、空間に関するわれわれの考え方に革命的変化をもたらしている。

しかし、アインシュタイン教授は単なる数学的頭脳の持ち主だけではない。彼は一切の人間的向上に関心を寄せる、生きた人間である。彼は軍備縮小と世界平和の輝かしい唱道者であり、ユダヤ人として人種的偏見の何たるかを知っているがゆえに、これを憎悪している。われわれの要請に応えて、彼は以下の文章を『クライシス』誌に“Ausgezeichneter Hochachtung”(「この上ない敬意」)を込めて送ってくれた。

少数者集団が、とくにそこに属する個々人が身体的差異により識別可能な場合には、その中で生活する多数者集団から劣等階級として取り扱われるということは、普遍的な事実であるように見える。しかしながら、このような運命の悲劇的な部分は、これらの少数者集団が経済的ならびに社会的関係の中で味わう自動的に現実化した不利益にあるだけではなくて、このような取り扱いを受ける人々の大部分が、多数者の暗示的な影響を受けてこの偏った評価を黙認し、自分たちに似た人々をも劣等であると見なすようになるという事実のうちにもある。この悪弊の第二の、そしていっそう重要な側面には、少数者集団内部でのもっと緊密な連帯と意識的な教育的啓発によって対処できるであろう。そうすれば、少数者集団の魂の解放も達成できるであろう。

この方向を目指すアメリカの黒人たちの断固たる努力は、万人の是認と助力に値するものである。
アルバート・アインシュタイン

これに応えて、デュ・ボイス博士はまた手紙を書いた。

一九三一年十一月十二日
アルバート・アインシュタイン教授
ベルリン、西三〇
ドイツ

親愛なるアインシュタイン教授
あなたが送って下さったご発言に対して、小生は深厚なる恩義を感じております。あなたがどんなにご多忙であるかは承知しておりますので、この文章を書くために時間を割いて下さったことを、大変有り難く思っております。僭越ながら私どもの雑誌一部を毎月お送りしたいと存じます。
敬具
W・E・B・デュ・ボイス

「アメリカの黒人たちに」、『クライシス』三九号（一九三二年二月）四五ページ。この資料の使用に関しては、全国黒人向上協会の雑誌の発行者のクライシス出版社に感謝する。この論文はまた「少数者について」と題されて一九三四年に『私の世界観』に収めて刊行され、一九五〇年に英語で『思索と意見』に再掲載された。この本は一九八二年にクラウン出版社から再発行された。ランダムハウス社の一部門であるクラウン出版社の許諾を得て使用した。デュ・ボイスとアインシュタインの往復書簡は、マサチューセッツ大学アマースト校W・E・B・デュ・ボイス図書館特別コレクションおよびアーカイヴズ所蔵のマニュスクリプト三一二から、同図書館ならびにデイヴィッド・デュ・ボイスのご好意により再録した。デュ・ボイス宛てのアインシュタインの手紙は、レベッカ・ジェロームがドイツ語から翻訳した。

資料B

一九四〇年万国博覧会（於・ニューヨーク）の「名誉の壁」開会式における挨拶

万国博覧会に傑出した移民や黒人のために名誉の壁を建設することは、素晴らしい高邁な着想であり、また最良の意味において誇らしい考えであります。

この企画が表しているのはこういうことです。これらの人々もわれわれの仲間であり、われわれはこれらの人々にこの社会が負っている恩義を認めるのにやぶさかでなく、感謝するものであると、いっているのです。そして、黒人と移民という特殊な貢献者［に関心を集中するということ］は、社会が往々にしてこの国の継子と見なされがちなこれらの人々に関心と愛情を表明する特別の必要を感じていることを示しています。――そうでなければ、どうしてこのような結びつきが生じるのでしょうか。

そこで、この機会に私に何か話すことがあるとしますと、それはもうこういう継子のためにする発言以外にはあり得ません。移民に関して申しますと、アメリカ人であることが有り難く思えるのはこの人たちだけであります。と申しますのも、大多数の人々は市民的自由の国に生れてくるのに何の費用も要しませんが、移民たちは市民権を手に入れるのに苦労してきたからです。

黒人に関して申しますと、この国は、それが黒人の肩に担わせたあらゆる種類の苦痛と不利益、黒人に対して同胞市民が今までにやってきた、そしてある程度まで現在もやっているすべての行為について、これから支払っていかねばならない大きな債務を抱えています。米国が今までに世界に発信してきた芸術の領域で、われわれは黒人とその歌と合唱団から最も素晴らしい寄与を受け取っているのです。そして、われわれがこの偉大な贈り物を負っているのは、この「名誉の壁」にその名が刻まれた人々に対してではなくて、野の百合のように名も知られず花咲いている民衆の子供たちに対してであります。

ある意味では移民についても事情は同じなのです。彼らも彼らなりのやり方で社会の繁栄に貢献しましたが、彼らの一人一人の努力や苦難は人に知られることはなかったのです。移民について全般的にいいたいことがもう一つあります。この問題に関して致命的な誤解が存在しているのです。移民を制限しても失業が減少してはいないのです。と申しますのも、［失業は］労働能力のある者の間での仕事の分配がうまくいっていないことによっているからです。移民は労働の需要を増加させもすれば、消費も増大させるのです。移民は人口の少ない国の国内経済を活性化するばかりでなく、その防衛力も強化するのです。

「名誉の壁」は高邁な理想から生まれました。その目的は公正で寛大な思想や感情を助長することにあります。この目標の実現を祈ります。

アインシュタイン・アーカイヴズ、ボックス三六、ファイル二八－五二九、一－二。アルバート・アインシュタイン・アーカイヴズ、イスラエル国立・大学図書館、イスラエル、エルサレムのヘブライ大学、プリンストン大学出版局の好意により再録。

資料C

「黒人問題」、『ペイジェント』一九四六年一月号

私はアメリカであなた方の間に十年ちょっと暮らしただけの人間として、これを書いているのであるが、真剣に、そして警告口調で書こうとしている。読者の多くがお尋ねになるかも知れない。「この男はどういう権利でもって、われわれだけに関係があって新参者が口出しすべきでない事柄

について発言しようとするのか」と。

私はこのようなものの見方は正しくないと思う。ある生活環境のもとで成育した者は、多くのことを当然のこととして受け取っている。他方、成人してからこの国にやってきた者は、何か変わったことや特徴的なことのすべてに対して鋭い眼をもっているかも知れない。そういう人は自分の見ること、感じることについて自由に発言すべきであると、私は考える。というのも、たぶんそうすることによって彼は自分が有用であることを示していけるだろうからである。

新しくやってきた者がたちまちこの国を熱愛するようになるのは、人々が民主的な絆で結ばれているからである。私がここでいっているのは、いくら大変な称賛に値するとはいえ、民主主義的な政治体制のことではない。それよりもむしろ、個々の人々と彼らが相互に示し合う態度の間の関係のことを考えているのである。

合衆国では、万人が個人としての自分の価値を確信している。誰一人として他人や他の階級の前で自分を貶めることはしない。少数者の手中に至高の権力をもたらす富の大変な格差ですら、この健全な自信と同胞の尊厳に対する自然な尊敬を掘り崩すことはできないのである。

しかしながら、アメリカ人の社会的なものの見方には薄暗い点が存在する。平等と人間の尊厳に関する彼らの感覚は、主として白い肌の人間だけに限られている。白人の間にあってさえ、偏見が存在しており、ユダヤ人である私はそれを明確に意識している。だが、こういう偏見は、「白人」が有色の肌を持つ同胞市民、とくに黒人に対して取る態度に比べれば、大して重要ではない。私がアメリカ人であると感じれば感じるほど、それだけ一層この状況は私を悲しませる。私もその共犯ではないかという感じを免れることが出来るとすれば、それは率直に発言することによってでしかない。

多くの誠実な人々が私にこう答えてくれるであろう。「黒人に対してわれわれが取る態度は、この国でわれわれが黒人と近接して生きてくる際に生じた不幸な体験の結果なのだ。彼らは、知能、責任感、信頼性の点でわれわれと対等の者ではないのだ。」

このような考え方をする人は誰であれ重大な思い違いをしていると、私は確信するものである。あなたがたの祖先がこういう黒人たちを彼らの故郷から力ずくで引きずってきたのである。そして白人が富と安楽な生活を追求するなかで、黒人たちは容赦なく押さえつけられ、搾取され、奴隷の身分に貶められてきたのだからである。黒人に対する現代の偏見は、この尊敬に値しない条件を維持しようとする欲望の結果である。

古代ギリシア人たちも奴隷を所有していた。奴隷たちは黒人ではなくて、戦争中に捕虜になった白人たちだった。だから、人種の違いは問題になり得なかった。それでも、奴隷は劣った存在であって、彼らを抑圧したり、その自由を奪うことは正当だと、ギリシアの偉大な哲学者の一人であるアリストテレスは主張していた。明らかに、彼は古くからの偏見にはまっていて、その驚くべき知性にもかかわらず、自らをそこから解き放つことができなかったのである。

物事に対するわれわれの態度は、大部分、子供のころ身の周りから無意識のうちに吸収した意見や感情に条件付けられている。換言すれば、現在のわれわれを作り上げているのは――遺伝的に受け継いだ能力や性質を別にすれば――伝統なのである。われわれの行動や信念に対する影響という点で、伝統がきわめて強力であるのに比べ、意識的思考が相対的にいかに無力であるかということに、われわれが思い至るのはごく稀なのである。

伝統を軽蔑することは愚かなことであろう。だが、人間関係をつねに改善していくべきであるとすれば、われわれの自己意識が成長し、知能が増大するに連れて、われわれは伝統を制御し、これに対して批判的な態度を取るようにしていかなければならない。われわれは、受け取った伝統の中でわれわれの運命や尊厳を害するものが何であるかを認識し、それに応じて、われわれの生き方を形成していくように努めなければならない。

物事を正直に考え抜こうと努める人々は誰でもやがて、黒人に対する伝統的な偏見がいかに恥ずべきことであり、危険なことでもあるかを理解するであろうと、私は信じる。

しかしながら、この深く根を下ろした偏見と闘うために、善意の人間には何ができるであろうか。彼は言動によって手本を示す勇気を持たなければならない。そして、子供たちがこの人種的偏見に影響されないように見守ってやらなければならない。

この根深い悪がたちどころに除去できるような方策があるとは、私は考えていない。だが、この目的が達成される日まで、正義を求める善意の人間にとって、自分がこの大義のために自分の最善のエネルギーを投入したと自認できることに優る満足は存在しないのである。

『ペイジェント』一九四六年一月号。アインシュタイン自身が選んだ随想集『晩年に想う』(ニューヨーク、フィロソフィカル・ライブラリー社、一九五〇年)に再録。版権©一九五〇年、一九八四年　アルバート・アインシュタイン財団、ア・シタデル・プレス・ブック社。ケンジントン・パブリッシング社（www.kensingtonbooks.com）との協定により再録。

資料D

リンカーン大学の学生および教職員に対する演説、一九四六年五月三日

戦争を防止する唯一の可能性は、戦争の可能性を防止することです。国際平和を達成するためには、各個人が全力を尽くして合衆国に圧力をかけ、世界政府の樹立に主導的な役割を演じさせなければなりません、

国際連合は戦争を防止する力は持っていませんが、次の戦争を回避するよう努力することは出来ます。国連が有効性を発揮できるのは、各人がそれぞれの私的状況の中でちゃんと義務を果たすときだけです。もし彼が［それを果たさない］ならば、将来の戦争において私たちの子供たちが死ぬことの責任を取らねばなりません。

この大学への私の訪問は立派な大義のためであります。合衆国では黒人が白人から隔離されています。この隔離は黒人の病ではありません。これは白人の病なのです。私はこのことに関して黙っていようとは思いません。

今日の人類の状況は、鋭利なナイフを手に持ってそれをおもちゃにしている子供の様子に似ています。原子爆弾に対する効果的な防御は存在しないのです。……原子爆弾は一都市を破壊できるだけではなくて、その都市がのっていた地球そのものまで破壊できるのです。

『ボルティモア・アフロ－アメリカン』一九四六年五月十一日号からの抜粋。アフロ－アメリカン新聞アーカイヴズ・アンド・リサーチ・センターの許可を得て再録。

資料E

「反リンチ法」に関してハリー・S・トルーマン大統領に宛てた手紙、一九四六年九月

一九四六年九月
宛先――合衆国大統領
ハリー・S・トルーマン閣下
ホワイトハウス
ワシントンDC

私は、すべての国民に暴力行為が加えられないように保障することを圧倒的多数のアメリカ国民が要求していると確信して、この代表団の目的を心の底から支持するものであります。このような保護を確保することは、私たちの世代に課せられたきわめて緊急な課題の一つであります。このような公正な大義のために働こうとする決意があるときにはいつでも、法的障碍を克服する道が必ず存在するものであります。

敬具

アルバート・アインシュタイン

アインシュタインがポール・ロブソンと共に会長を務めた「リンチ終結アメリカ十字軍」の抗議行動を支持するもの。この手紙の大部分は『ニューヨーク・タイムズ』一九四六年九月二三日号に引用された。アルバート・アインシュタイン・アーカイヴズ、イスラエル国立・大学図書館、イスラエル、エルサレムのヘブライ大学、プリンストン大学出版局の好意により再録。

資料F

全国都市同盟大会へのメッセージ、一九四六年九月十六日

レスター・B・グレインジャー博士
事務局長
全国都市同盟
ブロードウェイ一一三三
ニューヨーク市

親愛なるグレインジャー博士

あなたがたが取り組んでおられるのは、この国のきわめて重要な問題の一つであると確信して、私はあなたがたの大会に挨拶を送ります。集団の間に存在する差異は、少数集団を危険にさらす絶えざる脅威であります。この脅威は、経済的な緊張や不安の時代に、一層鋭くなります。しかしながら、この脅威を除去することは、単に少数集団のみならず、国全体にとっても重要であります。と申しますのも、集団相互の間に解き放たれた闘いは、公民権の喪失へ導く確実な道だからです。「分割して、統治せよ」というのがつねに暴君の座右の銘であり、民衆の裏切者でありました。

悲観主義者たちはしばしば、集団間の相互対立は不可避であると主張してきました。彼らが根拠にしたのは、暴力、不信、権力欲が人間の本性の不滅で強力な特徴であって、人間の行動は絶えずそれらの影響を受けているということでした。健全な感受性と判断力を備えている人は誰も、そのような議論に欺かれません。人間は貪欲でもありますが、それでも、われわれは盗みがそう頻繁には起こらない状態に到達しているのです。社会のいかなる病でも、これを治癒する固い意志が民衆の中にありさえすれば、克服できるのであります。

わが国の社会が罹っている最悪の病気は、私の見るところでは、黒人に対する仕打ちであります。この不正に子供のころから慣れていない者は誰もこれを眼にしただけで苦痛を覚えます。もっと成熟してから新たにこの事態を知る者は誰も不正を感じるだけではなくて、合衆国建国の父たちの「すべての人間は平等に創られている」という原則に対する侮蔑を感じるのであります。他の多くの物事については胸を張って高度の発展を誇ることができる国において、この事態は健全ではないと感じるのです。人々が、ただ一点でしか他の人々と異なるところのない同胞に対して、どうして優越感を抱くことができるのか理解に苦しむのです。この同胞たちの祖先は、赤道から遠く離れた国々に住んだ祖先を持つ人々よりも、熱帯地方の太陽光線の破壊的な作用から身を守るために、もっと色素に富んだ皮膚を獲得しただけなのです。

まともな人間がこのような偏見にこんなに頑固にしがみつくなどということは、全く信じがたいことでありまして、間違いがないのは、将来、学校で歴史の時間に、こんなことがかつては存在したという事実を学んだ生徒たちから笑われてしまうことでしょう。

しかしながら、今日もこの偏見はなお生きており、しかも強力であります。これに対する闘いは困難ですが、それは、敵方が思いやりに欠け、不幸な伝統に頼っているような問題をめぐるいかなる闘いにも共通することなのです。何をなすべきでありましょうか。

人々の心の中には健全な正義感が存在しています。もしわれわれがこの正義感をわれわれの大義のために働かせることに成功するならば、目標が達成されるでありましょう。まず最初、私たちが全力を挙げてしなければならないのは、過去の不正、暴力、経済的差別を人々に知ってもらうことです。「それは棚上げにしておこう」というタブーは撃ち破らなければなりません。慣習的に黒人の大部分を公民権の享受から排除することは、わが国の憲法に平手打ちを喰わせる行為であると、繰り返し繰り返し指摘しなければなりません。

私たちは、少数者集団が政治的・経済的差別や中傷誹謗文書による攻撃、学校における子弟へのいじめから保護されるように努めなければなりません。こういった努力は重要ですが、それにもまして重要なのは、人々を知的に、また道徳的に啓蒙することであります。たとえば、南部では黒人住民に対する経済的圧迫を通じて賃金一般が低く抑えられ、その結果、購買力が減少して、住民〔白人と黒人〕の大多数が貧窮化していることが明らかであります。もし多数者がこの悪の根源について知りさえしたならば、その根治への道は長くはないことでしょう。

現代においては、あらゆる物事から世界政治に及ぼされる影響を考察することが、重要な役割を演じています。われわれの憲法の父たちは、いたるところで善良な人々の間に熱烈な賛同を見いだした公正な原則を宣言し、実現することによって、世界中に広がる政治的効果をもたらしました。さまざまな事情のせいで国際情勢に対する大きな影響力を合衆国が手にすることになった現在、この国はもう一度、健康と解放の源になる可能性をもっています。ただし、それは、私たちが影響力の土台を戦艦や原子爆弾にではなくて、国内問題の輝かしい手本になることに、そして社会問題や世界情勢に関する創造的な考えを解き放つことに置く場合であります。けれども、人種の――もっと一般的には少数派の――問題を公正に解決しないことには、誰も私たちの手本が輝かしいとは思ってはくれません。

もう一言いわせて下さい。私たちは何ごとを判断するにも具体的で計量可能な観点からすることに慣れてしまっています。食糧はカロリーで、国民所得や個人所得はドルで、浴槽や便所なら所有しているか、していないかなどという具合です。この態度にあわせて、今まで私は経済的ならびに政治的差別という具体的なことだけを論じてきました。これらは本当に重要であります。しかし、人間の幸不幸にとってこれに劣らず重要なことが他にもあるのです。ある人は、粗っぽい物質的な観点からすれば、自分を高い水準に位置づけてくれるような一切のものを所有していても、悲惨な生活をしているかも知れません。彼は恐怖や憎悪や羨望に苛まれるかも知れないし、楽しい歌が聞こえず、花開く人生が見えないかも知れないからです。社会集団、あるいはすべての国々についても事情は同じなのです。

一つの社会にはその道徳的気候と呼ぶことができるようなものがあります。ある社会では、不信、悪意、冷酷な自己中心主義が優位を占めているかも知れませんが、別の社会では、美と花開く生命の愉しみ、同胞の苦難に対する同情、同胞の幸福に対する歓喜が満ちていたりするのです。私たちが属している社会の、こういう道徳的気候が、私たち一人一人の人生の価値に決定的な影響を及ぼしますが、それは経済学者が作成する統計表によっては、あるいはいかなる科学的な方法によっても理解できないものなのです。

一つだけはっきりしていることがあります。それは、あなた方が除去しようと奮闘努力しておられる偏見から、私たちが解放されることがない限り、いかなる仕組みもわれわれに快適な道徳的気候を決してもたらしてはくれないということです。

敬具

アルバート・アインシュタイン

アインシュタイン・アーカイヴズ、ファイル五七–五四三。アルバート・アインシュタイン・アーカイヴズ、イスラエル国立・大学図書館、イスラエル、エルサレムのヘブライ大学、プリンストン大学出版局の好意により再録。

資料G

ウォルター・ホワイトについて、一九四七年十月

全国黒人向上協会の事務局長ウォルター・ホワイトは金髪で青い眼をし、非常に白い肌色をしていたから白人として通してもおかしくないほどであったが、そうはしないで、公民権のために組織し、活動することを選んだ。一九四七年十月に、彼の論文「私が黒人でいる理由」が『サタデー・リビュー・オブ・リタラチュア』誌に掲載された。アインシュタインは編集者に次のような手紙を送り、それが一九四七年十一月十一日号に掲載された。

ホワイトの論文を読むと、真の人間的偉大さにいたる道はただ一つしかなく、それは苦難を経由する道であるという格言の深い意味を痛感させられる。もし苦難が伝統に縛られた社会の無知や鈍感さから発しているとすれば、それはしばしば弱者を無分別な憎悪の状態に落ち込ませるが、強者を、さもなければ人間の手に届かなかったような道徳的高みと雅量へと高める。

感受性に富む読者なら誰でも、私がそうであったように、真の感謝の念を覚えながらウォルター・ホワイトの論文を閉じるであろうと、私は信じるものである。彼は、逆らいがたい説得力に満ちた素朴な生い立ちの記を語ってくれることにより、人間的偉大さにいたる苦難に満ちた道にわれわれを同伴させてくれたのである。

アルバート・アインシュタイン

『サタデー・リビュー・オブ・リタラチュア』一九四七年十一月十一日号。ヘレン・デュカスおよびバネシュ・ホフマン編『アインシュタイン　人間的側面』（ニュージャージー州プリンストン、プリンストン大学出版局、一九七九年）（邦訳　林一訳『素顔のアインシュタイン』東京図書、一九九一年）に再録。プリンストン大学出版局の許可を得て再録。

資料H

『チェイニイ・レコード』のインタビュー、一九四八年十月

一九四八年十月に、アインシュタインは、ペンシルヴァニアの黒人教育機関、州立チェイニイ師範学校（現チェイニイ大学）の学生新聞『チェイニイ・レコード』のインタビューに応じた。

問——私たちに原子爆弾をもたらした科学者たちに、爆弾が引き起こすあらゆる破壊について道徳的な責任があると見なすべきだとお考えですか。

答——そうは思いません。物理学の進歩が科学的発見を技術的・軍事的目的へ応用することを可能にし、そのことが大変な危険を産み出していることは確かです。けれども、その責任は、科学の進歩に貢献する人々よりも、そういう新発見を利用する人々——つまり科学者よりは政治家にあるのです。

問——合衆国における人種偏見は世界規模の軋轢《あつれき》の一兆候にすぎないとお考えになりますか。

答——人種偏見は不幸なことに、世代から次の世代へと無批判的に受け継がれていくアメリカの伝統になってしまいました。これを直せるのは啓蒙と教育だけです。これは緩慢で骨の折れる

過程ですが、良識のあるすべての人々がこれに参加しなければなりません。

問――数学は、科学研究だけではなくて社会問題を解決する道具になることができますか。

答――数学は社会科学にとって有用な道具です。しかし、社会問題を現実に解決するためには、目的と意図が主要な要因になります。

問――民主主義がつねに社会の問題を解決できるとお考えになりますか。

答――民主主義を非常に狭い、純粋に政治的な意味に解した場合には、その欠点は、経済的・政治的権力を握っている者たちが彼ら自身の階級的利害にあうように世論を形成する手段を持っているということです。政治形態が民主主義的であるからといっても、それが自動的に問題を解決してくれるわけではありません。けれども、民主主義は、問題解決のための有用な枠組みを提供してくれるのです。万事が最終的にかかっているのは国民の政治的ならびに道徳的資質であります。

問――ヨーロッパ合衆国が出来れば、戦争の問題は解決するとお考えになりますか。

答――ヨーロッパ合衆国の創設は経済的・政治的に必要不可欠なことです。それが国際平和の安定化に貢献するかどうかを、予言するのは困難です。私はノーよりもイエスだと信じています。

このインタビューは『レコード』の一九四九年二月号に掲載された。アインシュタインの親友(またアインシュタイン財団の管財人でもある)オットー・ネイサンによれば、実際に掲載されたのは三つの問答だけであった。一九四九年二月の『レコード』は一部たりとも所在を突き止めることができなかった。上記の問答は、オットー・ネイサンおよびハインツ・ノーデン編『アインシュタインの平和論』(ニューヨーク、サイモン・アンド・シュスター社、一九六〇年)五〇一―五〇二ページ(邦訳 金子敏男訳『アインシュタイン平和書簡』3、みすず書房、一九七七年、五九一―五九二ページ)にでている。アルバート・アインシュタイン・アーカイヴズ、イスラエル国立・大学図書館、イスラエル、エルサレムのヘブライ大学の好意により再録。

資料I

南部会議教育基金(SCEF)主催・高等教育における人種差別に関する全南部会議(於・アトランタ大学、一九五〇年)へのメッセージ

一九四六年にニューオーリンズで設立されたSCEFの公認の目的は、南部における人種隔離を根

絶することにあった。その会員や指導部には白人黒人双方の南部人が含まれていた。ルーズヴェルトの全国青年局の前局長だったオーブリ・ウィリアムズがＳＣＥＦの初代議長で、一九六〇年代中葉までその地位にあった。エリノア・ルーズヴェルトがＳＣＥＦを積極的に支援して、ミシシッピ州のビルボやジョージア州のタルマッジのような人種主義的な上院議員のアカ攻撃からＳＣＥＦを守るのに助力した。一九五四年にブラウン判決が出た後、ＳＣＥＦはマーティン・ルーサー・キング・ジュニアの南部キリスト教指導者会議（ＳＣＬＣ）と密接に協力した。一九六〇年代には、アンおよびカール・ブレイデンの指導のもとにＳＣＥＦは学生非暴力調整委員会（ＳＮＣＣ）と手を結んだ。

個人が不正を働くと、その人は良心の呵責に悩まされます。けれども、社会の悪行に対しては、とくにそれらが古くからの伝統によって支えられている場合には、誰も責任を感じようとはしません。その一例が人種差別です。わが国の尊厳と名声を著しく傷つけているこの悪と闘うために、あなた方が団結されたことに対して、良識ある人はすべて感謝の念を抱くことでありましょう。全国民の間に教育を普及させることによってのみ、われわれは民主主義の理想に到達できるのです。あなた方の闘いは容易なものではありませんが、最後にはあなた方は成功されることでしょう。

アインシュタインの一九五〇年の挨拶は『ニューヨーク・タイムズ』に引用され、翌年、ＳＣＥＦにより『高等教育における人種差別』（ニューオーリンズ、ＳＣＥＦ、一九五一年）に収められた。ＳＣＥＦの歴史は、マリー・ジョー・ブール、ポール・ブール、ダン・ジョーガカス編『アメリカ左翼事典』（アーバナ、イリノイ大学出版局、一九九二年）七三六―七三七ページにあるアーウィン・キルバナーの記述によった。

資料J

ピーター・A・バッキーとのインタビュー

アインシュタイン――アメリカに住むのが長くなればなるほど、私はますますこの状況が悲しくなります。私はいろいろな人の話を聞いたのですが、彼らがいうところでは、自分たちが黒人に対して嫌悪感を抱くのは、黒人の近くで暮らしたときに味わった不愉快な経験のせいだというのです。黒人は知能や信頼性の点で対等に扱えないとか、彼らは無責任であるなどと聞かされたこともあります。

けれども、こういう考え方にはかなり利己的なところがあると私は思います。どういう意味でかといいますと、白人がもっと楽に富を手に入れられるようにするために、アメリカ人の祖先が黒人たちを力ずくで故郷から連れて来たのだからです。黒人を抑圧し、搾取し、奴隷状態に陥れることによって、白人は安楽な生活が営めるようになったのです。この条件を維持したいという欲求の結果として、現代の偏見が出てきているのだと私は固く信じています。

バッキー――この反黒人感情と反ユダヤ主義の間には何か関係がありますか。

アインシュタイン――あるとすれば、反ユダヤ主義も人間の非人間性という長い物語の一部であるということです。古くギリシア時代に遡っても、人々は奴隷を持っていました。あの場合のただ一つの違いは、奴隷も白人でしたから、人種の違いのせいで［攻撃されたので］はあり得なかったことです。それでもなお、ギリシアの哲学者たちは、奴隷は劣っていると主張しました。この奴隷たちも自由を剝奪されていました。しかし、たぶん、私自身がユダヤ人であるせいでしょうか、私は黒人が差別の被害者としてどのように感じているか理解できるし、感情移入することもできるのです。

バッキー――この問題を解決するためには、長い眼で見たとき、何ができるとお考えになりますか。

アインシュタイン――そうですね、魔法のような解決法は存在しません。私はただ、意志があるところには道が開けると期待したいだけです。こういう態度がいかに愚かであるか、また合衆国の立場にとってもいかに有害であるかということに、アメリカ人が気づかねばならないだろうと、私は考えます。何といっても、あらゆる国がこの国を尊敬しているはずだからです。しかし、この問題に関して個人個人が自らに対して本当に正直になるならば、この偏見がいかに誤っているかに気づかないはずはないと、私は思います。

ピーター・A・バッキー『私生活のアルバート・アインシュタイン』（ミズーリ州カンサスシティ、アンドルー・アンド・マックミール社、一九九二年）四六―四七ページより。

資料K

W・E・B・デュ・ボイスからの書簡、一九五一年

アインシュタインとデュ・ボイスの間の新たな触れ合いがまた始まったのは、一九五一年の初頭に、アインシュタインが刊行されたばかりの著書『晩年に想う』をデュ・ボイスに一冊贈呈した時であった。四月に、デュ・ボイスは返事を書き、連邦裁判所に起訴されたことに関する資料を同封した。

アルバート・アインシュタイン博士
マーサー街一一二番地
ニュージャージー州プリンストン

親愛なるアインシュタイン博士

デュ・ボイス夫人と私は貴殿の署名入りの御著書を大変有り難く拝受致しました。拝読すれば裨益するところが大であろうと楽しみにしております。

関心がおありかと愚考し、事件に関する声明を同封させて頂きます。

敬具

W・E・B・デュ・ボイス

一九五一年四月二十日

アインシュタインが弁護側証人になろうと申し出て、結局、デュ・ボイスが連邦判事マシュー・F・マックガイアにより無罪放免された後、デュ・ボイスはもう一度手紙を書いた。

アルバート・アインシュタイン様
マーサー街一一二番地
ニュージャージー州プリンストン

親愛なるアインシュタイン博士

私に対して司法省が提起した裁判について、出来ることは何でもしたいという貴殿の寛大なお申し出に心から感謝致したく、一筆啓上致します。

貴殿をお呼び出ししたり、大切なお仕事や不可欠な閑暇のお邪魔をしたりする必要なく終れましたことは、私の欣快と致すところでございます。けれども、貴殿の寛宏な態度に対する私の感謝の気持ちは、そのためにいささかも減じるものではありません。

デュ・ボイス夫人も私と共に感謝の気持ちを表明しております。

敬具

W・E・B・デュ・ボイス

一九五一年十一月二十九日

マサチューセッツ大学アマースト校W・E・B・デュ・ボイス図書館スペシャル・コレクション・アンド・アーカイヴズ所蔵のデュ・ボイス書簡マニュスクリプト三一二、リール六六、第五九一号から、同図書館ならびにデイヴィッド・デュ・ボイスのご好意により再録した。

第2章　FBIのアインシュタイン・ファイルから――公民権問題

リンチ終結アメリカ十字軍（ACEL）

FBIのアインシュタイン・ファイルのACEL関係項目は、FBIが「完全に信頼できる情報源」[1]と述べている陸軍情報部《アーミー・インテリジェンス》（G－2）からのある報告で始まっている。

ワシントンに到着した後、代表団は政府の行動を要求するためにホワイトハウスおよび要人たちと会見することを計画した。黒人白人の帰還兵に先導されたパレードがリンカーン記念堂まで行進し、そこで国民的な宗教儀式が営まれ、リンチ集団の手を逃れてきた人々が紹介される予定であった。……アルバート・アインシュタイン博士の出席が予定されていた。

ACELに関するFBIの報告は、アインシュタインのたいていの政治活動についてそうであるように、新聞記事や他の出版物にもっぱら頼っている。

『フィラデルフィア・エンクワイアラー』……四六年九月二十三日付……は、**アインシュタイン**が**ハリー・S・トルーマン**大統領にリンチを非難する手紙を書いたと報道した。この手紙は**ポール・ロブソン**に率いられる集団が**トルーマン**大統領に手渡すことになっていた。四六年十月五日付『ピープルズ・ボイス』は……**アインシュタイン**と**ポール・ロブソン**がACELの会長であると付け足して報じた。

ACELの掲げる三つの要求は、(一) リンチ加害者の逮捕と処罰、(二) 連邦反リンチ法の制定、(三) [ミシシッピ州] 上院議員セオドア・ビルボの除名 であった。アルバート・アインシュタイン博士がポール・ロブソンと共に十字軍の会長に選ばれた。

一九四六年九月十六日付『ボルティモア・アフロ‐アメリカン』の報じるところによれば、百日間にわたる「リンチ終結十字軍」が九月二十三日……午後、ワシントンDCで開催の大集会から始まる。リンチ終結の明確な方策について政府当局者と協議するために、代表団が選出されるであろう。

[ACELのパンフは主張する]「公正と平等……に基づいて建設されたこの国においてリンチをいつまでも野放しに放置しておくことは許されない。……アメリカは処罰されないリンチ行為という犯罪を自ら除去しなければならない。……」「この無法の暴力を道徳的に憤る」署名者の中には、

アルバート・アインシュタインが含まれている。

フーヴァーはしばしば、FBIは事実を収集する機関にすぎない*と主張していたけれども、リンチ終結アメリカ十字軍に関するFBIの報告は次のように述べていた。

＊一九五三年にフーヴァーは『ニューヨーク・タイムズ』に次のように語った。「FBIの鉄則は、それが自分の捜査官や他のどんな情報源から受け取る情報でも決して評価しないということである。」『ニューヨーク・タイムズ』一九五三年三月二十九日。

署名者のうちの何人かのことを考えると、この十字軍は、人種的扇動を浸透させようとする共産党の新たな試みであるというすべての特徴を備えている。

この報告にある上記の情報は、過去に十中八九は真であった情報を提供した、だいたい信頼できる情報源から得られたものと評価される*。

＊FBIは厳密に調査的な性格を持つ事実収集機関であるとフーヴァーがいかに主張しようとも……、マッカーシー時代にそれは単に「事実」を供給するよりも、調査された人々を傷つけ、困惑させ、破滅させかねない……「秘密情報」を集める潜入組織になった。ナッシュ『市民フーヴァー』一〇六ページ。

ACELに関するこのあとの記載は、次のように述べている。

共産党との長いつながりの記録を持つポール・ロブソンが、リンチ終結アメリカ十字軍と呼ばれているものの中心人物であって、四六年九月二十三日のワシントンDCへの行進を組織した。この計画は共産党の出版物において積極的に支持された。

FBIのこれからの、何千ではないとしても何百もの報告の先触れのようであるが、ACELに関するある記載は、末尾でこの団体に「アメリカ黒人の間での外国に唆された教育活動——これに関しては国内保安–C［Cは共産党関係の略］」という人目をひくレッテル貼りをしているが、これは公民権運動一般に対するFBIの見解を要約するものでもある。

スコッツボローの九人の救援

一九三一年七月三十一日に……**アインシュタイン、トーマス・マン、リオン・フォイヒトワンガー**、その他の数人が……アラバマ州スコッツボローの九人の黒人を電気椅子から救うために……**「ドライサー**委員会」を支持して……「ドイツ委員会」なるものを［作った］。

「ドライサー委員会」に名前が出てくるドライサーというのは、ノーベル賞作家セオドア・ドライサーのことであって、彼の「破壊」活動の中にはスコッツボロー事件の被告の救援も含まれていた。スコッツボロー事件の被告のうちで一番遅く自由の身になったのがヘイワード・パターソンであったが、彼は、誰もが知ることになった虚偽の告発のためにアラバマ刑務所に十七年のあいだ収監された後、一九四八年に脱走してミシガン州にいったのだった。一九五〇年に、ミシガン州知事G・メネン・ウィリアムズはパターソンをアラバマ州へ送還することを拒否した。

サム・バッカノンを救う運動

一九四三年十月二日の『デイリー・ワーカー』が「バッカノン闘争の最終聴聞会」と題する記事を掲載したが、その小見出しには「アインシュタイン、黒人送還阻止の弁護に参加」とあった。この記事によると、世界的に有名な科学者アルバート・アインシュタイン教授は、たばこ一箱を盗んだ廉により［ジョージア州で］十四年のあいだ鎖につながれて服役してきた三十四歳の黒人サム・バッカノンを救い出そうと闘っている人々に、加わってきた最新の人であり、……全国憲法自由獲得同盟がバッカノン救援闘争を主導しているという。

数カ月にわたる抗議の後に、ニュージャージー州の一判事がバッカノンを自由の身にした。（『ニューヨーク・タイムズ』一九四三年十二月九日号）

ウィリー・マギーの弁護

五一年三月二十七日付『デイリー・ワーカー』は、でっち上げレイプ事件の被害者であるミシシッピ州の黒人**ウィリー・マギー**が死刑宣告を不満として合衆国最高裁判所に上告していると報じた。五一年四月二十二日付の『ワーカー』によると……**アインシュタイン**は次のように述べた。「証拠に照らしてみると、偏見を持たない人間なら誰でも、この男性が告発されているレイプを本当に犯したとは信じがたいと思うに違いない。そのうえ、いくらかでも正義感を備えているどんな人が見ても、刑罰が不自然なほど苛酷だと見えるに違いない。」[情報提供者氏名抹消]は、**ウィリー・マギー**はレイプの廉で有罪とされた黒人で、ミシシッピ州でこの罪状で処刑されたと通知した。

「トレントンの六人」の弁護

「トレントンの六人」とは、ニュージャージー州トレントンの商人ウィリアム・ホーナーを殺した廉で告発された六人の黒人の裁判と有罪判決のことをいう。[情報提供者氏名抹消]によれば、被告たちは公民権会議の弁護を受けたし、この事件にはニュージャージー州共産党が関心を示した。

五〇年六月五日付『ワーカー』……――「**アインシュタイン**とそのほか十四人は、裁判所が自ら選んだ弁護人を任命して、トレントンの六人から弁護の機会を奪おうとしていると非難し、権利宣言を守るための闘いに国民の助力を要請した。」

黒人市民のための救援基金

一九四三年八月十四日付、［アーネスト・］ヘミングウェイ氏宛の……全国黒人向上協会法的救援ならびに教育基金からの手紙は、米国のほとんどあらゆる分野にわたる指導的人物百名以上が署名した声明を同封していたが、その内容は、黒人市民の権利を防護するために必要不可欠な救援基金を創設するために、宛名人に寄付を訴えるものであった。

この呼びかけの署名者の中には、アルバート・アインシュタインが入っていた。

公民権会議（CRC）

四八年十二月十五日付『デイリー・ワーカー』の……「一月十八日の議事堂への行進は公民権法を要求する」と題された［一記事］によると、……何千人もの人々が……公民権立法に関する［トルーマンの］選挙戦の約束手形の支払いを求める巨大な「自由十字軍」となって……ワシントンにやってくるだろうと、CRCが予告した。……「自由十字軍」の発起人の中には、**アインシュタイン**ほかが入っていた。

ビルボ追放全国委員会

［情報提供者氏名抹消］が捜査局に、公民権会議の後援を受けたビルボ追放全国委員会により配布された文書を提供した。……この資料は、クエンティン・レイノルズとヴィンセント・シーハンが署名した一九四六年十二月四日付の手紙を含んでいた。……アルバート・アインシュタインの名前を含む、この委員会の五十五名の委員の名前が並べられていた。

自由十字軍

何千人もの人々が、［一九四九年］一月十八日に、公民権立法に関する選挙戦中の公約の履行を求めて、ワシントンにやってくるだろうと、公民権会議が予告した。……大会はワシントンのＡＦＬの労働者会館で開催される予定である。この大会や「自由十字軍」の発起人にはアルバート・アインシュタイン博士などが入っていた。

人間福祉に関する南部会議

『サザン・パトリオット』一九五〇年三月号の……発表によれば、南部会議教育基金は四月十八日にアトランタ大学で、高等教育における人種差別に関する全南部会議を「開催するであろう」。……この会議のニュージャージー州の発起人の中にアルバート・アインシュタインの名前が「含まれていた」。

アフリカ問題会議（CAA）

四七年四月二十二日付の『デイリー・ワーカー』の「植民地の解放は焦眉の急と**アインシュタイン**が発言」という見出しの付いた記事によると、**アインシュタイン**教授は四七年四月二十一日にアフリカ問題会議事務局長マックス・ヤーガンに挨拶を送り、その中で「抑圧され搾取されたアフリカや植民地の民衆が政治的・経済的に解放されない限り、信頼可能な、あるいは永続的な平和はあり得ないだろう」と述べた。

W・E・B・デュ・ボイスを祝う晩餐会

ニューヨーク市のアメリカン・ビジネス・コンサルタンツ社が毎週発行する会報『カウンター・アタック』の一九五一年二月十六日号は、……告発された「外国の手先デュ・ボイス」がホテル晩餐会で祝賀を受けること、デュ・ボイス博士の「長期にわたる親共産党的活動の記録も約二百人もの人々（共産党の出版物では「名士」と呼ばれている）が彼の八十三歳の誕生日を祝う晩餐会を催すのを妨げなかった」こと、晩餐会は二月二十三日にニューヨーク市のエセックス・ハウスで開催される予定であることを報じた。

『カウンター・アタック』は続けて、「著名な」発起人の中にはアルバート・アインシュタイン博士その他が含まれていると述べた。

一九五一年二月……の『フリーダム』紙は……デュ・ボイス記念夕食会について語っている。「アルバート・アインシュタイン博士、メアリ・マックレオド・ベシューン夫人、カートリー・メイザー博士、ポール・ロブソンを含む合衆国各界からの二百人を超える有名人がW・E・B・デュ・ボイス博士の八十三回目の誕生日を祝って、二月二十三日にニューヨークのエセックス・ハウスのコロネイド・ボールルームで催す［夕食会の発起人になっている］*。」

* エセックス・ハウスが夕食会をキャンセルしてきたので、それはハーレムのナイトクラブ、スモールズ・パラダイスで催された。

原注

序

（1）いずれもアインシュタインの伝記ではないが、二つの歓迎すべき例外がこの数年の間に刊行された。本書に掲載した、アインシュタインがロブソン、ヘンリー・ウォーレス、フランク・キングドンと一緒に写っているＵＰＩの写真の出所は、ゼーエフ・ローゼンクランツ編『鏡を通してみたアルバート』（エルサレム、ヘブライ大学アインシュタイン・アーカイヴズから刊行された）であるが、この本はわが国ではジョンズ・ホプキンズ大学出版局から『アインシュタイン・スクラップブック』として再刊された（写真の説明にはロブソンはバリトン歌手で公民権運動の闘士だと書いてある）。それから『増補　引用可能なアインシュタイン』（邦訳『アインシュタインは語る　増補新版』林一・林大訳、大月書店）の中で、アリス・カラプリスは、ロブソンおよびリンチ終結アメリカ十字軍に関する言及を追加している。これらのどの書物にも、Ｗ・Ｅ・Ｂ・デュ・ボイス、公民権会議、あるいはウィザースプーン街の名前は出てこない。

（2）フレッド・ジェロームと、匿名を条件にしたある博物館学芸員とのインタビュー、二〇〇〇年四月六日。

（3）ハーバート・アプセーカー『米国史における反人種主義』viii。

第1章　ベルリンからの脱出

（1）ドイツの国家主義者たちによるアインシュタインに対する初期の攻撃については、オットー・フリードリク『洪水の前』二一五ページ（邦訳、千葉雄一訳、新書館、二二〇ページ）を参照せよ。

(2) トーマス・レヴェンソン『ベルリンにおけるアインシュタイン』四〇三―四〇四ページ。
(3) フィリップ・フランク『アインシュタイン　その生涯と時代』二三一ページ（邦訳　『評伝　アインシュタイン』矢野健太郎訳、岩波現代文庫、三八一ページ）。
(4) トーマス・レヴェンソン『ベルリンにおけるアインシュタイン』三八八ページ。
(5) アインシュタインは「不安そうだった」――ロナルド・W・クラーク『アインシュタイン　生涯と時代』五〇八ページに引用されているノーマン・ベントウィヒ『私の七十七年』。
(6) 「殺人行為を犯す」――レヴェンソン『ベルリンにおけるアインシュタイン』四一四ページに引用されているアントニーナ・ヴァランタン『アルバート・アインシュタインのドラマ』二〇三ページ（邦訳『アインシュタインの悲劇』西田義郎訳、東洋経済新報社、一九五五ページ）。
(7) 死の脅し――ヴァランタン『伝記　アインシュタイン』二〇二―二〇九ページに記述されているドイツ陸軍総司令官ハンス・フォン・ゼークト将軍。
(8) 「私の終の住処は依然としてベルリンにしておきたい」――一九三二年十月十六日付『ニューヨーク・タイムズ』に出ているアインシュタインのことば。これはデニス・ブライアン『アインシュタイン　ある生涯』二三七ページ（邦訳『アインシュタイン　天才が歩んだ愛すべき人生』鈴木主税訳、三田出版会、三四九ページ）に引用されている。
(9) アブラハム・パイス『アインシュタインここに生きる』一九〇ページ（邦訳　村上陽一郎・板垣良一訳、産業図書、二八〇ページ）。
(10) フィリップ・フランク『アインシュタイン　その生涯と時代』二三一ページ（邦訳　三八二ページ）。
(11) E・クリーク、同書二二八ページ（邦訳　三七六ページ）に引用されている
(12) アインシュタインがこの声明を発表したとき、大地が文字通りふるえた。イヴリン・シーリーが一九三三年三月十一日付『ニューヨーク・ワールド・テレグラム』で報じるところによれば、アインシュタインがカリフォルニア工科大学のインタビュー会場から立ち去ろうとしたとき、「博士は足下の地面が揺れるのを感じた。ロサンゼルスは、その歴史上「その日までで」最悪の地震に見舞われていたのであった。」

(13) 縛り首にする予定——ジャミー・セイエン『アメリカにおけるアインシュタイン』一七ページ。カプートの別荘を捜索した——「ナチス、アインシュタイン邸で武器を捜索」、『ニューヨーク・タイムズ』一九三三年三月二十一日号、第十面。

(14) C・P・スノー「回想」、A・P・フレンチ編『アインシュタイン 生誕百年記念論集』五ページ(邦訳『アインシュタイン——科学者として人間として』柿内賢信ほか訳、培風館、三ページ)に所収。

(15) デュ・ボイスとアインシュタインの間の書簡——マサチューセッツ大学アマースト校図書館アーカイヴズ、W・E・B・デュ・ボイス文書。

(16) デュ・ボイスに宛てたアインシュタインのメモはレベッカ・ジェロームがドイツ語から翻訳した。

(17) アルバート・アインシュタイン「アメリカの黒人たちに」、『クライシス』第三十九号(一九三二年二月)四五ページ。

(18) 「アインシュタイン、黒人たちに呼びかける」、『ニューヨーク・タイムズ』一九三二年一月十九日号、第二十三面。

第2章 「天国」

(1) 「竹馬に乗ったたちっぽけな半神半人たち」——ベルギーのエリザベート王妃宛の一九三三年十一月二十日付の手紙。アインシュタイン・アーカイヴズ、三二-三六九。リス・カラプリス『増補 引用可能なアインシュタイン』五六ページに引用されている。プリンストンの「社交界」への別の言及では、アインシュタインはこう書いた。「当地では、いわゆる『社交界』を構成する人々は、ヨーロッパのそういう人々よりもさらに自由を愉しんでいません。けれども、当地の人々はこういう制限には気づいていないようです。と申しますのも、彼らの生活様式が子供の頃から人格的な発展を妨げる傾向があるからです。」——一九三三年十一月二十日付の、エリザベート王妃への手紙。ネーサンおよびノーデン『アインシュタインの平和論』二四五ページ(邦訳『アインシュタイン平和書簡』2、金子敏男訳、みすず書房、一九七五年、二九六ページ)に引用されている。「天国への追放」——セイエン『アメリカにおけるアインシュタイン』六四ページ。
（2）「人間たちの争いの喧騒はほとんど入って来ません。」――エリザベート王妃宛て、一九三六年三月二十日付の手紙。プリンストン大学アインシュタイン・アーカイヴズ（以後はアインシュタイン・アーカイヴズと略す）。
（3）ウィリアム・K・セルデン『プリンストン大学の米国史的出来事』九―一〇ページ。
（4）プリンストニアナ委員会のホームページ。http://alumini.princeton.edu/~ptoniana/belcher.asp.
（5）同右。
（6）同右。
（7）ウッドロー・ウィルソンはプリンストン大学百五十年祝賀会「国家に奉仕するプリンストン」における基調講演者であった。http://etc.princeton.edu/campusWWW/companion/princeton-in-nations-service.
（8）アルバート・マリン『独立戦争、アメリカの物語』一一二ページ。
（9）同書、一一六ページ。
（10）同右。
（11）レイラ・アモス・ペンデルトン『ある黒人の物語』（ワシントンDC、R・L・ペンデルトン出版社、一九一二年）一〇六ページ。
（12）アルフレッド・ホイト・ビル『プリンストンの戦い、一七七六―一七七七年』（ニュージャージー州プリンストン、プリンストン大学出版局、一九四八年）一一二ページ。
（13）プリンストン大学『プリンストンの学長たち』一九九一年版――二〇世紀第一部。http://www.prinnceton.edu/pr/facts/presidents/18.htm.
（14）ジェラルド・ブリーズ『エッジヒル街の足跡』四六ページ。

第3章　もう一つのプリンストン

（1）ドリス・バレルとのインタビュー、一九九五年十一月三十日、ブルックリン歴史協会。プリンストン歴史協会の好意により再録。
（2）ブルース・ライト『黒い法服、白い正義』三六―三七ページ。
（3）プリンストン大学シーリー・G・マッド図書館「プリンストンにおける奴隷制」、http://www.princeton.edu/mudd/news/faq/topics/slavery.shtml.
（4）プリンストン歴史協会「市民は忘れない――プリンストンにおけるアフリカ系アメリカ人の生活」、http://www.princetonhistory.org/aalife.
（5）ロイド・ブラウン『若きポール・ロブソン』二二ページ。
（6）議会図書館『南北戦争と再統合、一七六一―一八七七年』、「南北戦争におけるアフリカ系アメリカ人兵士――兵士としての黒人」、http://memory.loc.gov/learn/features/timeline/civilwar/aasoldrs/soldier.html.
（7）同右。
（8）コニー・エッシャー「ベツィ・ストックトン」、『プリンストン・ヒストリー』第一〇号（一九九一年）七七ページ。
（9）同書、七五ページ。
（10）『デイリー・プリンストニアン』一八八五年一月十六日号、二一一。
（11）ドワンダリン・リース・キング「歴史記録を完成する――アフリカ系アメリカ人社会に関するプリンストンで最初の展示」、『プリンストン・ヒストリー』第一四号（一九九七年）四四ページ。
（12）同右、四一―四二ページ。
（13）ジョン・フリーリングハイゼン・ハーゲマーン『プリンストンとその諸団体の歴史』（一八七九年）第二巻二一〇ページ。
（14）『ニューヨーク・タイムズ』一九〇三年一月三日号。プリンストン大学シーリー・マッド図書館、アフリカ系アメリカ人ファイル。
（15）同右。
（16）ハミルトンにおける「クラン団」大集会――ジョン・ブラックウェルによる『トレントニアン』オンライン、写真もついている。「議事堂の周辺を仮面も被らないで」――『ライフ』誌の『変化の一世紀』（リチャード・B・ストリー編）二一六ページ。ワシントンDCを行進するKKKの写真がある。一、一〇〇以上のリンチ――オーガスト・メイアー、エリオット・ラドウィック『農園からゲットーへ』（ニューヨーク、ヒル・アンド・ワング社、一九七〇年）。マーティン・ボームル・ダバーマン『ポール・ロブソン』四ページに引用。

(17) ダニエル・J・リーブ『サンボからスーパースペイドへ』三四ページ。

(18) ハーバート・アプセーカー『資料に基づく黒人の歴史』八〇六ページ。

(19) ポール・ロブソン『ここに私は立つ』一七ページ（邦訳 ポール・ロブスン『ここに私は立つ』工藤直子訳、ポール・ロブスン生誕一〇〇周年記念日本委員会、一九九六年、三五ページ）。

(20) 『プリンストン・ヘラルド』一九四二年九月二十五日号。

(21) 黒人市民が自らに課した夜間外出禁止令――エンマ・エップスのインタビュー、プリンストン歴史プロジェクト、プリンストン歴史協会、口述歴史トランスクリプト、ボックス二、ファイル七。「酔っぱらいの金持ちども」――『デイリー・プリンストニアン』におけるロブソンのインタビュー、一九五〇年（「ポール・ロブソン、当地生まれなのに、プリンストンが大嫌い」）、プリンストン歴史協会のパンフレット。「ああ、あの鐘の音は忘れられないわ。」――一九七六年四月十六日付『トレントン・ガゼット』におけるエンマ・エップス（「トロリー、夜間外出禁止令、キッド・グリーンの車を思い出す」）。

(22) 都市連盟へのメッセージ、第Ⅱ部 資料Fを参照せよ。

第4章 ウィザースプーン街

(1) プリンストン・グループ・アーツ――「レックス・ゴアリー――その人柄と、当地の公民権運動における彼の初期の上昇」、『タウン・トピックス』一九八六年十一月五日号、一四ページ。

(2) マリアン・アンダーソン――「完璧に芸術的に駆使」――『デイリー・プリンストニアン』一九三七年四月十七日号。「アインシュタインの家に滞在」――セイエン『アメリカにおけるアインシュタイン』に引用されているマーゴット・アインシュタインによる。
(3) マリアン・アンダーソン『主よ、何という朝でしょう』二六七ページ。
(4) グリッグス食堂に関するフリーマン・ダイソンの話――フレッド・ジェロームへの電子メール、二〇〇四年八月十八日。
(5) プリンストン歴史協会「市民は忘れない――プリンストンにおけるアフリカ系アメリカ人の生活」、http://www.princetonhistory.org/aalife.

第5章 アインシュタインとロブソン (一)

(1) 「四半世紀ほど早ければ」、アインシュタインはプリンストンに一九〇八年に着いたことになるが、そのころまでにロブソン一家は近くのサマーヴィルに引っ越してしまっていた。彼らがそこへ引っ越したのは一九〇六年で、時にポールは八歳であった。だが、十代前半の頃の若きポールが、以前住んでいた近所の友達や従兄弟たちに会ったり野球をしたりするために、頻繁にプリンストンに戻ってきていた可能性が極めて高いようである。サマーヴィルでは白人の割合が圧倒的に多かったことを考えれば、なおさらそうである。
(2) 『ニューヨーク・トリビューン』一九一七年十一月二十二日号。
(3) 「精神的にはディクシーに位置している」――ダバーマン『ポール・ロブソン』五ページ。「ジョージアの農園のような町」――ライト『黒い法服、白い正義』三三ページ。
(4) 「どれほど思いやりの心に富んでいたことか」――ロブソン『ここに私は立つ』一五ページ。「ずっとはるかに共同体的な」――同書、一〇―一一ページ。「最も緊密に結びついていた」――同書、xi ページ。
(5) ドロシー・バトラー・ギリアム『全米代表選手ポール・ロブソン』二〇ページ。
(6) 一九三〇年のヨーロッパ演奏旅行――「世界の負け犬に対して優しい思いやりを抱いていた偉大な黒人芸術家ポール・ロブソンは……グラスゴー駅でサインを求める人々によって文字通りもみくちゃに [された]。ロブソンはダブリン、マルセーユ、モスクワに行った。バルセロナに到着すると、マドリードまで足を伸ばし――ビラ・パスのアメリカ病院やベニスカシムの後方基地病院で歌った。……オスロで、コペンハーゲンで、ストックホルムで彼は嵐のような未曾有の歓迎を受けたが、それは反ファシズムのデモ行進になった。オスロでは、一万人もの聴衆がホールの外で聴かねばならなかったコンサートが終ると、これら北欧の愛国者たちはひざまずいて彼の手にキスしたが、彼らの頬からは涙が流れ落ちるのだった。ロブソン！　神話――伝説！」、『ジュウイッシュ・クロニクル』（ロンドン）一九三〇年四月八日号。レンウッド・G・デイヴィス編『ポール・ロブソン研究入門』三五二ページに再録。

（7）ダバーマン『ポール・ロブソン』一三二ページ。

（8）焚書――ウィリアム・シャイラー『第三帝国の興亡』二四一ページ（邦訳『第三帝国の興亡』「②戦争への道」井上勇訳、東京創元社、一九六一年、二一ページ）。ウンター・デン・リンデンの光景については多くの記述があるが、次のものをあげておく。ロナルド・W・クラーク『アインシュタイン　生涯と時代』五七一ページ、オットー・フリードリク『洪水の前』三八五ページ（邦訳　三八九ページ）。フランク『アインシュタイン　その生涯と時代』二三七ページ（邦訳　三九五ページ）。

（9）「窓の外の闇を見つめていた」――マリー・シートンの日記および、ロブソンのインタビュー、『ベルリーナー・ツァイトゥンク』一九六一年六月二十一日号。いずれもダバーマン『ポール・ロブソン』一八四―一八五ページに引用してある。

（10）ロブソンによるアインシュタインとの会見の記述――ロイド・ブラウンとの会話、一九九八年十月―十一月。ロブソンはまた、ハーレムに本拠を置く新聞『フリーダム』紙上の彼の月間コラム「ヒアズ・マイ・ストーリー」の中で、アインシュタインとの会見に触れている（一九五二年十一月）。

（11）ロブソンの一九三五年のコンサートの前評判と批評――『デイリー・プリンストニアン』一九三五年十月三十一日号と十一月一日号。

（12）『デイリー・プリンストニアン』一九五五年四月二十日号、第三面。

（13）マッカーター劇場でのロブソンの公演の日付――マッカーター劇場のダン・バウアーによる。これは『デイリー・プリンストニアン』の記事とも一致している。

（14）ロビンソンがブルックリン・ドジャースに加入するのは一九四七年になってからであるが、彼は一九四六年に鳴り物入りでドジャースの会社との契約にサインしており、最初のシーズンはモントリオールのドジャースのファーム・チームでプレイした。

（15）マッカーター劇場は、プリンストン大学トライアングル・クラブの本拠として、繁栄の一九二〇年代にトーマス・N・マッカーター（一八八八年卒業生）の寄付金で建設された。このクラブは、「時事風刺と学生的な無責任さと茶目っ気をごちゃ混ぜにした長い伝統を持つ」演劇と音楽喜劇のサークルであった（トライアングル・クラブ・ウェブサイト）。この劇場が開場したのは、一九三〇年二月二十一日で、経済的にも政治的にも大学からは独立していたが、一九五〇年になって、建物の所有権と劇場の実質的な管理権は大学の手に移された。トライアングル・クラブの卒業生幹事ドン・マースデンは次のように書いている。「トライアングルは、才能のあるいかなる人をも受け入れるという長い伝統を持っているから、マッカーターの舞台や座席が人種統合されていたことは、大して驚くべきことではない。一九五〇年代の中期から後期にかけては、大学はプロスペクト通りの食堂における反ユダヤ主義のためにさんざん悪評を浴びていたものであるが、トライアングルは多数のユダヤ人会員を擁していた（たとえば、アカデミー賞を獲得したシナリオ・ライターのロバート・S・「ボウ」ゴルドマンは、五三年の卒業生だが、四年生の時に会長に選ばれている）。」、マースデンからジェロームへの電子メール、二〇〇四年六月二十八日。

（16）マーガレット・ウォーカー。ダバーマン『ポール・ロブソン』二六三ページに引用。

（17）ジェフリー・C・ステュアト『ポール・ロブソン　芸術家にして市民』一二一ページに引用。

（18）プリンストンはやはりプリンストンだった――ダバーマン『ポール・ロブソン』六五八ページ。

（19）ゲルニカの爆撃――ピーター・ジェニングス、トッド・ブルスター『二十世紀』一九八ページ。ハーシェル・B・チップ『ピカソのゲルニカ』をも参照。

（20）「リンカーン旅団にはあらゆる階層の人々が集まっており」――サム・シルズの小論「アブラハム・リンカーン旅団」、ブールほか編『アメリカ左翼事典』二―四ページに所収。リンカーン旅団の黒人司令官オリヴァー・ローは、シカゴ出身で三十三歳の復員軍人であったが、部下に割り当てたあらゆる行動に自らも参加したので、人気があったと伝えられている。ロウは戦死した――スティーヴ・ネルソン『スティーヴ・ネルソン　アメリカの急進主義者』二〇五―二一八ページ。

（21）アインシュタインがスペイン共和国やリンカーン旅団を支持したことに対する攻撃、白いミシシッピ選出のランキン――『デトロイト・タイムズ』一九四五年十月二十八日号。HUACリポート、一九四〇年一月三日および一九四四年三月二十九日。これらはカトリック右派の新聞『タブレット』一九五〇年二月二十五日号にも引用されている。

（22）リンカーン旅団のアメリカ人の少なくとも六十パーセントは共産主義者で、残りの大部分も社会主義者か他の左翼集団のメンバーであった。――シルズ『アブラハム・リンカーン旅団』三ページ。シルズはリンカーン旅団員の死傷者数も挙げている。

（23）スペインにおける反ファシズム闘争を支持した何千という科学者の中には、次の人々がいる。ノーベル賞受賞化学者ハロルド・ユーリー、遺伝学者L・C・ダン、動物学者シーリグ・ヘクト、技術者ウォルター・ラオテンストラオフ、天文学者ハーロウ・シャプリー、物理学者アーサー・コンプトンとJ・ロバート・オッペンハイマー、病理学者ジョン・ピータース、数学者ダーク・ストルイク、アメリカ人類学の指導的人物としてはフランツ・ボアズとルース・ベネディクト、生理学からはウォルター・キャノンとA・J・カールソン。英国では、長大なリストをなす反ファシズム科学者たちが、著名な結晶学者にして政治活動家J・D・バナールに率いられていた。

（24）スペイン共和国に対するアフリカ系アメリカ人の支持――ロビン・D・G・ケリー、オンライン・ニューズレター『エンカルタ・アフリカーナ』に所収。

（25）「芸術家は立場を明確にしなければなりません」――『ワシントン・トリビューン』一九三七年十二月四日号に引用されている。デイヴィス『ポール・ロブソン研究入門』二二〇ページ。

（26）「私は自分の子供たちが奴隷になって欲しくないのです」――ロブソンの、ギリェンとのインタビュー。最初、『メディオディア』（ハバナ、一九三八年）に発表され、『ボエミア』（ハバナ）一九七六年五月七日号に再録。フィリップ・フォウナー編『ポール・ロブソンは語る』一二二―一二三ページ。

（27）スペインにいた人々に対するロブソンの衝撃――ロブソンに関する一九七八年のBBCの番組のためにアニタ・

スターナーが行なった英国義勇兵ジョージ・ベイカーおよびトミー・アドラムとのインタビュー。ダバーマン『ポール・ロブソン』二一八ページ。

(28)「私は人々の中にあるあれほどの勇気といまだ出会ったことがない。」――上記のギリェンによるロブソンのインタビュー、フォウナー『ポール・ロブソンは語る』一二五ページ。「われわれの感じ方に深さがたりないのである。」――ダバーマン『ポール・ロブソン』二二〇ページ。

(29)「民主主義諸国がスペインの正統政府の支援を怠っていることを恥ずかしく」――『ニューヨーク・タイムズ』一九三七年二月五日号、第五面に引用されているアインシュタインのことば。FBIのアインシュタイン書類には、第八節における要約報告も含めて数節で引用されている。

(30)一九三七年四月十八日のニューヨークにおける大衆集会に宛てたアインシュタインのメッセージ――ネーサン、ノーデン『アインシュタインの平和論』二七四ページ(邦訳『アインシュタイン平和書簡』2、三二八ページ)。

(31)カザルスの賛辞――フレンチ『アインシュタイン生誕百年論集』四三ページ(邦訳A・P・フレンチ編『アインシュタイン　科学者として・人間として』柿内賢信ほか訳、培風館、一九八一年、五一ページ)。

第6章　「名誉の壁」

(1)戦争を奴隷制と民族自決権との間の戦いと見るアインシュタインの見解、およびアインシュタインがソビエト大使マクシム・リトヴィノフに戦後の世界政府について語ったこと――ネーサン、ノーデン『アインシュタインの平和論』三二〇ページ(邦訳『アインシュタイン平和書簡』2、三七八―三七九ページ)。ロブソンはロシア人たちが一世代の間に偏見を根絶したと信じた――ダバーマン『ポール・ロブソン』二八二ページ。

(2)大多数のアメリカ人――反戦者連盟におけるアインシュタインの以前の仲間のうち、ごく少数が武力反対の平和主義的な態度を堅持して、戦争ではなくて牢獄に行ったのに対し、圧倒的に多数のアメリカ人は、アインシュタインも含めて、ヒトラーを打ち負かすためには武力が必要だと信じていた。マディソン・スクエア・ガーデンの大集会――『ニューヨーク・タイムズ』一九四二年六月二十三日号、第一面。ダバーマン『ポール・ロブソン』二五三ページをも参照。

（3） フーヴァーとナチス警察幹部との戦前のつながり、国際警察会議へ出席するようにと彼がヒムラーに送った招請状――FBIファイル六五―三五九八。ヒムラーの補佐官に対する彼の接待とドイツ警察幹部との文通――アンソニー・サマーズ『オフィシャル・アンド・コンフィデンシャル』一一九ページ（邦訳『大統領が恐れた男――FBI長官フーヴァーの秘密の生涯』水上峰雄訳、新潮社、一八五ページ）。またドイツ刑事警察主席顧問W・フライシャー宛のフーヴァーの書簡に言及しているフランク・J・ドナー『監視の時代』八六ページを参照。戦後におけるナチスとのつながり――『合衆国の諜報活動とナチス』（ワシントンDC、国立公文書館「ナチスの戦争犯罪および日本帝国政府記録」省庁間作業部会、二〇〇四年）、とくに第九章「フーヴァーが知っていたこと」を参照。モンタナ州のバートン・ホィーラー上院議員を含む議会内の孤立主義者とフーヴァーとの秘かなつながりを論じたものとしては、ジェローム『アインシュタイン・ファイル』四六―四七ページ。

（4） 目立たないようなミニの魔女狩り――戦時中のあるプロジェクトの中で、FBIとHUACは、ヒトラーの支配を逃れてアメリカに来ていた左派系のドイツ人作家の一団に付きまとい、監視していた。この二つの機関はドイツとの戦争を口実にして、こういう反ファシズムのドイツ人たちをスパイしていたのである。アレグザンダー・シュテファンは、その著書（『コムナチス』）の中で、何百という政府ファイルを引用して、第二次世界大戦中にFBIその他の機関がベルトルト・ブレヒト、トーマスおよびハインリヒ・マン、リオン・フォイヒトワンガー、エーリヒ・レマルクなどのドイツ人亡命者たちを標的にし、付きまとっていた次第を暴露した。彼らはヒトラーの支持者であると疑われたのではなくて、しばしば共産党とのつながりや社会主義思想をもつ周知の反ファシストだったからである。アインシュタインはこれらの芸術家の多くと接触があり、ナチズムに対する憎悪を彼らと共有していたし、その中の幾人かとは、トーマス・マンもその一人だが、いくつかの政治的抗議活動に共に参加し、FBI報告に共に名を連ねていた。

左翼を標的にした監視政策は、亡命作家たちだけを対象としたものではなかった。戦時中を通じて、FBIは自らが「赤」だとかその方向に傾いていると見なしたアメリカ人作家をも絶えずスパイしていた。たとえば、一九四三年にフーヴァーに提出されたFBIのある秘密メモは、アーネスト・ヘミングウェイが「スペインの政府側を支援するために活動しており、彼の見解は『リベラル』であって、……彼は共産党の政治哲学に好意的になっているようだ」と警告した。その一年後、アメリカ軍がナチスと戦うためにノルマンディーに上陸していたときであるが、戦時作家会議（WWB）（レックス・スタウトを長とする政府機関で、保守的で、反共的な団体として始まったが、次第に反ファシズム戦争の活動に巻き込まれていった）における「共産党の影響あるいは支配」に関するメモは、こう述べていた。「注目に値するのは、ラングストン・ヒューズの名が顧問団の中に見えることです。……ヒューズは、ご記憶でしょうが、共産主義的で無神論的な詩『さらば、キリスト』で知られている黒人の共産党員詩人です。」ミッキー・ラッドがフーヴァーに宛てた、ヘミングウェイに関するFBIメモ――ハーバート・ミットガング『危険な書類』四四―四五ページ。これまたミッキー・ラッドがフーヴァーに宛てた、ヒューズに関するメモ――同書、一七九ページ。

（5）「強力な国家指導者」――セオハリス『J・エドガー・フーヴァー、セックス、犯罪』一六四ページ。FBIに（ナチスのみならず）共産主義者を調査する権限を与えるフランクリン・ルーズヴェルト大統領のフーヴァーへのメモや両者の会談については、参考文献に掲げる多数のフーヴァーの伝記、とくにジェントリー、セオハリス、そしてコックスのものに詳論されている。フーヴァーをパワー・エリートにつなぐ個人的なつてになり、かつFBI外部で彼の親友でもあったのは、金融業者でロビイストのジョージ・E・アレンだった。アレンはリパブリック・スティールを含む多数の製造会社や保険会社の重役を務め、ルーズヴェルト、トルーマン、アイゼンハウアー大統領の友人であった。彼は定期的にトルーマンのポーカー相手をして、復興金融公庫に任用してもらい、後にはアイゼンハウアーのブリッジとゴルフの相手をした。彼の独特の謙虚さは、その自伝のタイトル『私と知り合いだった大統領たち』に明らかである。

（6）機密書類の閲覧許可の拒否――ジェローム『アインシュタイン・ファイル』第四章「爆弾から排除される」。

（7）ロブソンの監視――ダバーマン『ポール・ロブソン』二五三―二五四ページ、およびケネス・オライリー『人種問題』三一ページ。

（8）クリスタルナハト――『ニューヨーク・タイムズ』一九三八年十一月十一日号、第一面。

（9）「自ら進んで責任を引き受けようとした」――リチャード・ローズ『原子爆弾の誕生』三〇五ページ（邦訳　神

沼二真、渋谷泰一訳、啓学出版、一九九三年、上巻、五三五ページ）。スペンサー・ウィアート、ガートルード・シラード『シラードの証言』八三ページ（邦訳　伏見康治、伏見諭訳、みすず書房、一九八二年、一一〇ページ）にも引用されている。

（10）「親愛なる教授」、アインシュタイン宛のルーズヴェルトの返書、一九三九年十月十九日付――ネーサン、ノーデン『アインシュタインの平和論』二九七ページ（邦訳『アインシュタイン平和書簡』2、三五三―三五四ページ）。

（11）一九四〇年六月二十二日のNBCラジオ番組「私は米国市民」におけるアインシュタインのインタビューの大半は、同書、三一二―三一四ページ（邦訳『アインシュタイン平和書簡』2、三七二―三七四ページ）に再録されている。

（12）「ドイツがポーランドに侵攻した」――ギルダ・スノーのエッセイ、ジェニングス、ブルスター『二〇世紀』二一一ページに所収。

（13）「名誉の壁」の二十一枚のパネルに刻まれた六百人の名前のうち、アメリカ・インディアンの数は全部で四名であった。黒人の数は四十二名であった。残りの名士たちの出身地は五十九カ国にわたっていて、ドイツが七十九名、英国が七十四名、中国が一名であった。――アメリカン・コモン責任者（兼万国博覧会の副会長）ロバート・D・コーンが発行した『一九四〇年ニューヨーク万国博覧会　アメリカン・コモンの「名誉の壁」』。

（14）「名誉の壁」におけるスピーチ――アインシュタイン・アーカイヴズ、ボックス三六、ファイル二八‐五二九、一‐二。

（15）ルーズヴェルトの優柔不断は「破滅的」である。――アインシュタインが友人で同僚のノーベル賞受賞者ハロルド・ユーリーに宛てた一九四〇年八月十六日付の手紙。ネイサン、ノーデン『アインシュタインの平和論』三一五―三一七ページ（邦訳『アインシュタイン平和書簡』2、三七四―三七五ページ）。ルーズヴェルトの英国に対する支持は「無条件の連帯ではなく、熱意にかけ、不十分である」とアインシュタインは述べた。

（16）アメリカの参戦を歓迎した。――アインシュタインがドイツ国民に宛てた一九四一年十二月七日のメッセージ。――ネーサン、ノーデン『アインシュタインの平和論』三二〇ページ（邦訳『アインシュタイン平和書簡』2、三七九ページ）。

(17)「ファシズムを転覆することのうちにある。」――ロブソンの記者会見、『レイバー・ヘラルド』一九四二年九月二十五日第一面。デイヴィス『ポール・ロブソン研究入門』一八〇ページ。

(18)「私は何ら問題はないと思う。」――『デイリー・プリンストニアン』一九四二年八月十七日号、第一面。白人士官が指揮を執る黒人部隊――リチャード・B・ストリー編『「ライフ」――変化の世紀』二一九ページ。戦争が始まったとき、米国海兵隊は完全にアフリカ系アメリカ人を排除していた。海軍は彼らを本質的に召使い（コックや給仕）として使用していた。陸軍は人種を隔離した部隊を創設した。赤十字は人種による血の分離まで行なった。後になって、戦争がますます多くの兵士を要求するに連れて、いっそう多くの黒人徴集兵《ジーアイ》が戦闘任務に就くことを「許可」された。

第7章　銃後

(1)「アインシュタインは、彼が原子爆弾計画参加者リストから外されていたことを知っていたはずである。」（ジェローム『アインシュタイン・ファイル』四〇―四一ページ）アインシュタインは、詳細を知らなかったにしても、巨大な政府プロジェクトが進行中であることを確実に知っていた。――「[合衆国の]ほとんどすべての核物理学者が、そして他分野の無数の科学者たちが連絡先を知らせないまま姿を消してしまった。[だから]アインシュタインはたぶん生じている事態を想像できたであろう。」（アルブレヒト・フェルジング『アルバート・アインシュタイン』七一八ページ）

(2) 戦争に関係のあるいくつかの団体――この中にはスペイン亡命者救援会、共同反ファシスト亡命者委員会、ロシア戦争救援会、スペイン民主主義支援委員会、世界平和のための科学文化会議、全国米ソ友好協会、世界反戦会議などが含まれている。

(3) 全国米ソ友好協会への募金を呼びかける、一九四三年四月七日付のアインシュタインの手紙――アインシュタイン・アーカイヴズ、ボックス七九、五四‐七五二。一九四五年十一月十四日の米ソ友好大集会――ＦＢＩのアインシュタイン・ファイル、セクション三、四六一。

（4）　米国海軍の顧問を務めていた——一九四三年六月十八日から一九四四年十月十五日にかけて、アインシュタインは海軍大尉スティーヴン・ブラナウアーに宛てて、高性能爆薬に関する問題について規則的に詳細な報告——手書きのもの、タイプされたもの、それに手書きの図もある——を提出した。後のブラナウアーの報告によれば、兵器テストによってアインシュタインの解法が完全に正確であることが確認されたという。海軍大尉スティーヴン・ブラナウアー『アインシュタインと米国海軍』（フェルジング『アインシュタイン』七一五ページに引用されている）。（ブラナウアーは定期的に「魚雷の最適な爆発のような問題」をアインシュタインに提起した。「彼の答は……正確だった。」）ブラナウアー大尉宛のアインシュタインの手紙は、一九七九年に海軍により機密扱いを解除された。コピーが国立公文書館から入手できる。戦時公債のための募金運動——セイエン『アメリカにおけるアインシュタイン』一四九ページ。

（5）　ヴィヴィアン・M・バオホ、パトリシア・アズカリアス『デトロイト・ニューズ』、「リアヴュー・ミラー」シリーズ、オンライン、二〇〇四年、の記事によるデトロイト暴動の詳細。「左翼のアフリカ系アメリカ人労働者からの指導」——マイケル・ゴールドフィールド『政治の色』二一五—二一七ページ。

（6）　ヴィヴィアン・M・バオホ、パトリシア・アズカリアス『デトロイト・ニューズ』、「リアヴュー・ミラー」シリーズ、オンライン、二〇〇四年。

（7）　同右。「警察によって殺されたのは——全部で十七人だったが——黒人だけであった。……当時NAACPに属していたサーグッド・マーシャルは、暴動に対する市当局の取り扱いを糾弾した。警察は白人の残虐行為には素知らぬ顔をして、不当にも黒人だけを標的にしたと、彼は告発した。彼の言によれば、白人がレックス劇場の前で警察の見ている前でお咎めなしに車をひっくり返したり、燃やしたりしていたのに、逮捕者の八十五パーセントは黒人であった。『この警察長官の弱腰の方針と多数の警官の反黒人的態度が合わさって、暴動を避けられなくするのを助長した』と、マーシャルは語った。」

（8）　ルーズヴェルトにデトロイト暴動の再発防止策を取るよう求める声明にアインシュタインが署名——［ニューヨークの新聞］『ピー・エム』一九四三年八月七日。ＦＢＩのアインシュタイン・ファイル、セクション三、二九九に引用されている。デトロイト暴動は「共産主義者の扇動」によるものであるというＨＵＡＣの結論——デイヴィッド・コート『大いなる恐怖』一六七ページ。

(9)「私はNAACPの一員です」と、アインシュタインは一九四二年六月二十四日にマレイ・ギトリンに宛てて書いた。アインシュタイン・アーカイヴズ、ボックス八〇、五五‐一三三‐一三五。サム・バッカノン救援闘争の支持――FBIのアインシュタイン・ファイル、セクション八。新たなNAACP救援基金の発起人――FBIのアインシュタイン・ファイル、セクション三、二九八。ルーズヴェルトにデトロイト暴動の再発防止策をとるように求めた一九四三年八月七日付『ピー・エム』の手紙――セクション三、二九九。またバッカノン事件については――『ニューヨーク・アムステルダム・ニューズ』一九四三年十月二日号、第三面。

(10) アインシュタイン・ファイル、相関報告、一一五三。

(11)「黒人の間での急進主義と扇動」に関するフーヴァーの初期のメモ、および彼がランドルフの『メッセンジャー』とデュ・ボイスの『クライシス』を引用していること――デイヴィッド・レヴァリング・ルイス『W・E・B・デュ・ボイス』六―七ページ。「黒人活動」ファイルとガーヴェイに対する攻撃――アイサン・セオハリス、ジョン・ステュアート・コックス『ボス』五七ページ。セオハリスとコックスはローエンタール(『FBI』九〇ページ)や、ロバート・ヒル「『黒人の中の最急進主義者』――マーカス・ガーヴェイと黒の恐怖、一九一七―一九二〇年」『プロローグ』(一九八四年冬季号)、そしてセオドア・コーンワイベル・ジュニアによる一九八四年の論文「FBIとブラック・アメリカ、一九一七―一九二二年」を引用している。

(12) フーヴァーの人種主義――リチャード・ギッド・パワーズ『秘密と権力』三二四―三三一ページ。政治的には中道――一九九九年にフレッド・ジェロームがFBIの広報担当者ロックス・トゥームに、誰かFBIを「公平に評価」してくれるような人を紹介してくれと頼むと、トゥームは即座に「リチャード・ギッド・パワーズに電話したまえ」といって、彼の電話番号を教えてくれた。フーヴァーはFBIがこの爆弾事件を捜査することを抑えてしまった――『ニューヨーク・タイムズ』一九九七年七月十三日号、第四部、第十六面。それから『ニューヨーク・タイムズ』二〇〇〇年五月二十二日号、第十八面および二〇〇一年四月十三日号、第十二面の記事も参照。

(13) FBIのアフリカ系アメリカ人「捜査官」――パワーズ『秘密と権力』三二三ページ。第六の黒人捜査官ジェイムズ・エイモスは、高い技能を身につけたベテラン刑事であったが、一九五三年十二月に死ぬまで、捜査局ニューヨーク・オフィスで武器目録を管理する職務に留め置かれていた。ケネス・オライリー『人種問題』二九―三〇ページを参照。

(14) CBSラジオのエドワード・R・マロウ――ナガサキへ原爆が投下された三日後の、一九四五年八月十二日。増大する批判者の数――『カトリック・ワールド』(一九四九年九月号)と、もう一つの指導的なカトリックの雑誌『アメリカ』(同じく九月号)は、爆弾が落とされる前から日本は降伏する準備をしていたと書いた。宗教的な立場からの批判者にはほかにも、米国連邦キリスト教会会議の、「キリスト教信仰に照らした教会と戦争との関係委員会」(一九四六年四月)があった。一九四五年八月二十九日付『クリスチャン・センチュリー』は、原爆投下が「わが国を弁護の余地のない道徳的立場に置いた」と書いた。

(15) 反日的なコメント、人種差別的な社説の戯画――『フィラデルフィア・インクワイアラー』は、「哀れっぽい鼻声で、しくしく泣き、不平をこぼすジャップたち」を罵倒した。白人系新聞の九十八パーセントが原爆投下を支持した――ガー・アルペロヴィッツ『原爆投下の決定』四二七―四二八ページ(邦訳『原爆投下の内幕 悲劇のヒロシマ、ナガサキ』鈴木俊彦ほか訳、ほるぷ出版、下巻、一一二―一一三ページ)、およびポール・ボイヤー『爆弾の朝の光によって』一二一―一一九ページ。メディアの原爆投下賛成の中には、『ニュー・リパブリック』、『ネイション』、それに共産党の『デイリー・ワーカー』も含まれていた。

(16) 黒人新聞からの批判――ロイ・ウィルキンズによる『クライシス』の論説(一九四五年九月号、二四九ページ)。ボイヤー『爆弾の朝の光によって』一九九ページに引用されている。ヒューズ、ホワイト、デュ・ボイスによる『シカゴ・ディフェンダー』の論文――それぞれ八月十八日、九月八日、九月十五日。『ワシントン・アフロ‐アメリカン』――一九四五年八月十八日号。

第8章　公民権問題の活動家

(1) 「二重の勝利」――エミリー・ワックス「黒人たちのもう一つの第二次世界大戦の戦い」、『ニューズデイ』一九九八年十一月八日号。デイヴィッド・ウィリアムズ『ヒット・ハード』も参照。「私は第九十二師団に属していた。」――ハワード・「ストレッチ」・ジョンソンは一九一五年生まれで、第九十二師団で戦っている間に二度にわたり名誉戦傷章を受けた。ジェニングス、ブルスター『二十世紀』二八六―二八七ページも参照。

(2)「黒人の投票を阻止するために「あらゆる手段」を使えと、ビルボ、ミシシッピ州民に呼びかける」――一九四六年六月二十三日付『ニューヨーク・タイムズ』の見出し。

(3) リンチのうねり――「一九四五年六月と一九四六年九月の間に、再開したテロの支配下で五十六人の黒人が殺害された。」（ダバーマン『ポール・ロブソン』三〇五ページ）アンドル・シフリン編『冷戦と大学』の、デイヴィッド・モントゴメリによる序文、およびラルフ・ギンズブルグ『リンチの百年』も参照。

(4) テネシー州コロンビアの事件経過――ジュアン・ウィリアムズ『サーグッド・マーシャル』一三一―一四二ページ。

(5)「ドイツの突撃隊に近かった」――一九四六年三月二日付『ニューヨーク・タイムズ』第二十六面に引用されたサーグッド・マーシャルのことば。コロンビアでの出来事やマーシャルの果たした役割の詳細に関しては――マーシャル自身が、この未来の最高裁判事の殺害に成功しかねなかった（現地の警察も含む）リンチ集団から辛うじて逃れたのであった。――ウィリアムズ『サーグッド・マーシャル』一三一―一四二ページを参照。

(6) 民主党全国委員会副委員長オスカー・W・ユーイングは、中西部におけるクランの勢力増大について報告した――『ニューヨーク・タイムズ』一九四六年二月三日号、第三十二面。

(7) コロンビアにおける正義のための全国委員会は、メアリ・マックレオド・ベシューン、ロイ・カールソン大佐（カールソン海兵突撃隊）、マーシャル・フィールド、オスカー・ハマースタイン二世、ヘレン・ヘイズ、シドニー・ヒルマン、ラングストン・ヒューズ、ハロルド・イックス、ハーバート・レーマン、シンクレア・ルイス、ジョー・ルイス、アダム・クレイトン・パウエル・ジュニア、A・フィリップ・ランドルフ、アーティー・ショー、デイヴィッド・O・セルズニックなど大勢の有名人を含んでいた。ゲイル・ウィリアムズ・オブライエン『法の色――第二次大戦後の南部における人種、暴力、司法』二六三ページ、注八六を参照。

(8) アントン・ライザー（アインシュタインの義理の息子ルドルフ・カイザーの筆名）『アルバート・アインシュタイン　伝記的な肖像』一八七ページ。実際、アインシュタインは名誉学位を「仰々しい巻物」だといっていた。

(9)　ホレイス・マン・ボンド『自由のための教育』第一章。リンカーン大学のウェブサイトに引用されている。

(10)「意義のある大義のために……私はおとなしくしているつもりはありません。」――『ボルティモア・アフロ－アメリカン』一九四六年五月十一日号、第一面。

(11)　ビルボに宛てたロバート・バードの手紙――グラハム・スミス『ジム・クロウがジョン・ブルに出会ったとき』。バードはビルボと同じくKKKの団員であった。だが、ブッシュ政権のイラク戦争に対する率直な批判者であるバード上院議員は、その人種観を根本的に変化させた。――「私は引用の内容に異を唱えるつもりはない。嘆かわしいことだとは思っているが」と彼は語った。「私はあのような卑しむべき感情にとらわれたことが恥ずかしい。KKKに巻き込まれてしまったことは、私が今までに犯した最大の愚行だった。振り返ってみても、いまだにあの出来事全体を理解するのは難しい。私が自力で引き出せる唯一の結論は、私が危険な視野狭窄にどっぷりはまりこんでいたということである。今日でも、若い人々をギャングや憎悪集団に走らせる恐れのある、あの視野狭窄だ。」AP通信、ウェスト・ヴァージニア州チャールストン、一九九九年九月四日。

(12)　ダグラス・スター『血液』九六―九九、一〇八―一〇九、一六九―一七〇ページ（邦訳『血液の物語』山下篤子訳、河出書房新社、一九九九年、一四一―一四四、一五三―一五五、二三一―二三二ページ）。

(13)『リンカーニアン』第十七巻、第四号（一九四六年六月四日号）。

(14)　アインシュタインに宛てたボンド博士の手紙に関して、われわれはペンシルヴァニアのリンカーン大学ラングストン・ヒューズ記念図書館文書係スーザン・ピーヴァーに感謝する。メモの全文は次の通りである。「数日前、ピッツバーグ市で私どもの一人の学生の母親が私にこう語りました。『私の息子がアインシュタイン博士を見る機会に恵まれたと知って、私は大変幸せでした。』私たちはみんなこのしがない母親と同じくらい感激しています。」アインシュタインが「父の角帽」を被った。――フレッド・ジェローム によるイヴォンヌ・フォスター・サザランドのインタビュー、二〇〇四年十一月二十九日。

(15)　マーガレット・C・シールズがまとめた、一九五〇年末までの一三五編の政治的文章と一五〇編の『ニューヨーク・タイムズ』の引用のリストが、ポール・アーサー・シュリップ編『アルバート・アインシュタイン　哲学者－科学者』六九一―六九五ページに出ている。それから、ネル・ボニ、モニック・ラス、ダン・H・ローレンス『アルバート・アインシュタイン著作集の伝記的チェックリストならびに索引』は、一九五〇年以後に発表されたアインシュタインのその後の文章をリストにまとめている。一九二〇年から一九五五年の間に発表されたとしてこのチェックリストが掲げているアインシュタインの専門外の（「一般的な」）随想や論文の総数は、実に三〇七に上っている。

（16）複数の写真を含む一面記事が一九四六年五月七日付『フィラデルフィア・トリビューン』および一九四六年五月十一日付『ボルティモア・アフロ‐アメリカン』に出た。『ニューヨーク・エイジ』、『ニューヨーク・アムステルダム・ニューズ』（「アインシュタインは語る、人種差別は『白人』の病と」）、『ピッツバーグ・クリエ』はいずれも、一九四六年五月十一日に少なくとも一枚の写真をつけて、この出来事を報じた。

（17）わずか数週間の間に、アフリカ系アメリカ人帰還兵が、すなわちノースカロライナ州ベイリーではJ・C・ファーマー、ジョージア州テイラー・カウンティではこの地域で投票した唯一の黒人であるマシオ・スナイプスが白人の集団に射殺された。ファーマーの場合は、母親が百ヤード離れたところに立っている前で、八台の車に分乗した二十人から二十五人の「保安官代理」の集団が発射した弾丸で殺された。一時間前にバスを待っていた時に、彼は一人の警官ともめ事をおこしていたのだった。スナイプスは自宅のポーチで十人の白人によって射殺された。NAACP『米国におけるリンチの三十年』およびギンズブルグ『リンチの百年』。

（18）ジェローム『アインシュタイン・ファイル』第六章「リンチ終結アメリカ十字軍」。

（19）トルーマンとの対決——『シカゴ・ディフェンダー』一九四六年九月二十八日号。『フィラデルフィア・トリビューン』九月二十四日号が伝えたところによれば、脅しをかけたのかと質問されたとき、「自分は大統領にこれは脅しではなくて、単に黒人大衆の気分について事実を述べているにすぎないときっぱりいってやったと、ロブソンは記者たちに語った。」

（20）ACELに関するFBIの十二ページのファイルは、セクション四、五七二ページから始まっている。引用した文章は五八二ページにある。

（21）KKKがFBIの監視下に置かれたのはやっと一九六四年になってからのことである。——ストロリー編『ライフ』——変化の世紀』二一六ページ。

(22) フーヴァーのリンチ観――フーヴァーから司法長官への一九四六年九月十七日付メモ(FBIファイル六六―六二〇〇―四四)。パワーズ『秘密と権力』五六三ページ、注三〇に引用されている。

(23) 大統領執務室でトルーマンと対峙したACELの代表団は、ポール・ロブソンのほかに、米国ユダヤ人会議のアーヴィング・ミラー師、教会婦人統一会議会長で米国商工会議所前会頭夫人のハーパー・シブリーを含んでいた。ACELの他の支援者の中には、W・E・B・デュ・ボイス、弁護士のバートリー・クラム、女優のメルセデス・マッケンブリッジ、ハワード・メディカル・スクール校長のジョセフ・J・ジョンソン博士、『シカゴ・ディフェンダー』編集長のメッツ・T・P・ローチャード、それから幾人もの黒人教会指導者などがいた。『ニューヨーク・タイムズ』一九四六年九月二十三日号、第十六面およびダバーマン『ポール・ロブソン』六七四ページを参照。

(24) 都市同盟への手紙、一九四六年九月十六日――プリンストンのアインシュタイン・アーカイヴズ、資料五七―五四三。

(25) ビルボ追放全国委員会、活動と支援者たち――ジェラルド・ホーン『共産党の隠れ蓑?』一六、五六ページ。

(26) ミシシッピ州の上院議員セオドア・ビルボは、一九四六年八月九日の番組「ミート・ザ・プレス」でインタビューを受けた。

(27) ボブおよびアドリエンヌ・クライボーンによる「ビルボ氏よ、聴け」は、最初、『敵と味方の愛の歌』(フォークウェイズ、二四五三)というアルバムに一九五六年に収録された。これらの歌詞の再録を許可されたスミソニアン・フォークウェイズに感謝する。

(28) 「今昔を問わず最も成功した共産党の隠れ蓑」とかつて呼ばれていたCRCは、一九四六年から一九五六年にわたって、ウィリー・マギーやトレントンの六人を救援する全国的ならびに国際的運動やいくつもの同様な活動(第九章を参照)の先頭に立ったほか、『われわれは集団殺戮を糾弾する』を刊行した。この報告は、黒人に対するリンチや警察による銃撃を年次を追って詳論したものである。この研究は国連に請願として提出された。「この本は多数の言語で何回も増刷されたので、米国政府にとっては国際的な迷惑になった。」それと同時に、この団体はスミス法で逮捕された共産主義者を守るために、そしてCRCがマッカーシズムの主要な法的武器と見なしたもの――共産党統制法、マッカラン法、それにHUACのような議会調査委員会――に反対して抗議運動を組織した。

（ブールほか編『アメリカ左翼事典』一三四―一三五ページに所収のジェラルド・ホーンの記述）

第9章　世界戦争から冷たい戦争へ

（1）「若返らせた」――ウィットナー。ジン『二十世紀』一二七ページに引用されている。GNPや企業利益の増大――ゴールドフィールド『政治の色』二三三―二三四ページ。世界の収入の四十パーセント以上――ジェニングス、ブルスター『この世紀』二八七ページ。

（2）ジェニングス、ブルスター『この世紀』二八七ページ。

（3）住宅建設のめざましい伸び――同書、二八五ページ。

（4）ジン『二十世紀』一二七ページ。

（5）「先任順に解雇された」――ゴールドフィールド『政治の色』二三七ページは、電気工労働組合（UE）、缶詰工労組、シカゴの農業機器労働者組合、デトロイトの統一自動車労組の六〇〇支部など左翼に指導された人種混合の労働組合や、「人種的に進歩的な共産党（CP）」傘下の、いくつかの他の労働組合を挙げている。

（6）「致命的な犯罪の瀬戸際にいる」――マーティン・J・シャーウィン『破壊された世界』一一〇ページ（邦訳『破滅への道　原爆と第二次世界大戦』加藤幹彦訳、TBSブリタニカ、一九七八年、一六九ページ）およびクラーク『アインシュタイン　その生涯と時代』六九七―七〇一ページ。

（7）ゴールデンが後から書いたメモによると、アインシュタインは「合衆国で軍国主義的な精神が広がっているのを見ると、心が痛む」と語り、アメリカ人を帝政時代のドイツ国民になぞらえた。アインシュタインは付け加えて「戦争を回避するただ一つの道は、パックス・アメリカーナ、つまり合衆国による善意の世界支配しかないとアメリカ人たちは考え始めている」といい、「歴史が示すところによれば、そんなことは不可能であり、戦争と悲嘆への確実な先駆けになる」と警告した。だが、ゴールデンは政府の政策から離れようとはしなかった。『合衆国の外交関係　一九四五―一九五〇年』第一巻、四八七―四八九ページに収められている、マーシャル国務長官に宛てたゴールデンのメモ（一九四六年六月九日）を参照。五十五年後の二〇〇一年四月に、ゴールデンはこのインタビユーについて『ニューヨーク・タイムズ』に違った説明をしている。「アインシュタインは、合衆国の指揮の下で世界軍を創設することが不可欠だといった。そうしなければ、次の十年間に原子戦争が起こるであろう。」（『ニューヨーク・タイムズ』二〇〇一年五月一日号）。九十一歳（ゴールデンが『タイムズ』に話したときの歳）になった人に、記憶が正確でないといってみても始まらない。だが、この件に関していえば、ゴールデンの最初のメモは、アインシュタインが合衆国の軍国主義的傾向をはっきり非難していたことを疑問の余地なく示している。

（8）ソビエトの科学者たちの批判――『モスクワ・ニュー・タイムズ』一九四七年十一月二十六日号。アインシュタインの返答は『ブレティン・オブ・アトミック・サイエンティスツ』（一九四八年二月号）に発表され、『思索と意見』一四六―一六五ページに再録されている。アインシュタインは長い返答を書いた。ソビエトの科学者たちは、アインシュタインの世界政府案を、「［社会主義］国家に対する［西側列強による］攻勢のスクリーン」であると主張した。アインシュタインは、西欧諸国により繰り返された軍事的・政治的攻撃を「ロシアがここ三十年間に……蒙ってきた」ことを事実として承認したが、原子兵器による破滅を避けるためには、どちら側にも選択の余地はないと主張した。「今までに人類に襲いかかった最も恐ろしい危険を除去するには［世界政府を除いて］ほかにいかなる方法も存在し得ないのである。」

（9）「戦争には勝った……平和はまだ勝ち取られていない」――『ニューヨーク・タイムズ』一九四五年十二月十一日号。スピーチの全文は、ネーサン、ノーデン『アインシュタインの平和論』三五五―三五六ページ（邦訳『アインシュタイン平和書簡』2、四一七―四一八ページ）。

（10）民族解放運動に対するアインシュタインの支持――アフリカ問題会議（ロブソンとデュ・ボイスがそれぞれ議長と副議長であった）事務局長マックス・ヤーガンへの手紙。FBIのアインシュタイン・ファイル、セクション八を参照。また『デイリー・ワーカー』一九四七年四月二十一日号、第四面をも参照。

（11）「驚異的な復興」――ジン『二十世紀』一二七―一二八ページ。

（12）ウィルソンのコメント――同書、一二七ページ。ロシア人を非難――同書、一二八ページ。

（13）神がアメリカに原爆を与えた――ジェニングス、ブルスター『この世紀』二九五ページに引用されているチャーチルのことば。

（14）「貴殿の勇気ある行為」――ウォーレスに宛ててアインシュタインが一九四六年九月十八日（ウォーレスが更迭される二日前）に書いた手紙。アイオワ大学ウォーレス・アーカイヴズ所蔵。ジョン・C・カルヴァー、ジョン・ハイド『アメリカン・ドリーマー――ヘンリー・A・ウォーレスの生涯』四一八ページ。

（15）アインシュタインがヘンリー・ウォーレス、フランク・キングドン、ポール・ロブソンと一緒に写っているUPIの写真は、（他の新聞にもあるが）『シカゴ・スター』一九四七年十一月四日号、第二面に掲載された。これがFBIのアインシュタイン・ファイル、セクション八、八三―八五に引用されている。

（16）ウォーレスへの支持――アイオワ大学ウォーレス・アーカイヴズ。カルヴァー、ハイド『アメリカン・ドリーマー』四一八ページ。

（17）「大部分の責任があった」――ジン『二十世紀』一三一ページに引用されているダグラス・ミラーとマリオン・ノーワックのことば。トルーマンが個人的にフーヴァーを嫌っていたことは広く語られてきた。彼はまた、FBIがもう一つのゲシュタポになりはしないかと危惧していたとも報じられた。最初、彼は忠誠審査の主要権限を公務員委員会に与えるように議会に提案したが、議会は承知せず、FBIに最大の権限を与えることを投票で決めた。一九四七年十一月、トルーマンは政府職員を審査する全権限をフーヴァーの捜査局に与えることに同意した。

（18）トルーマンの忠誠プログラム――ジン『二十世紀』一三一ページに引用されているミラーとノーワックによる。

（19）エレン・シュレッカー（『こんなに多くの犯罪』）は、マッカーシー‐フーヴァーリズムの主要な標的が労働組合における急進左翼的影響にあったことを納得させる議論を展開している。ハリウッドにおいてさえ、赤狩りは大きな映画会社の大いに歓迎するところとなったが、それは、「戦闘的な組合活動家を厄介払いする」のを助けてくれたからであった。ジョン・ハワード・ローソン『思想戦の中の映画』一三ページを参照。

（20）ジェローム『アインシュタイン・ファイル』。

（21）ACLUのFBIとの協力とアーンストがフーヴァーのためにした内部活動――ドナー『監視の時代』一四六―一四七ページ。それに、アーンスト「私がもうFBIを恐れない理由」、『リーダーズ・ダイジェスト』（一九五〇年十二月号）。

（22）ジェラルド・ホーン『黒と赤』二〇九ページ。シカゴ支部のベン・ベルはロイ・ウィルキンズに自分は「FBI

に問い合わせをしたことがある」と打ち明けた。

(23)「人種間問題に関する活動を非忠誠と結びつける傾向」――ゴールドフィールド『政治の色』二七〇―二七一ページ。

(24) シュレッカー『こんなに多くの犯罪』二八二ページ。

(25)「打ち砕いた」――同書、三九一ページ。「アカ攻撃に対して傷つきやすい」――デイヴィッド・レヴァリング・ルイス『W・E・B・デュ・ボイス』五二六ページ。

(26) シュレッカー『こんなに多くの犯罪』三九三ページ。

(27) ロバート・ハリス、『ネイション』一九五一年三月三日号。

(28) 救援運動における共産党の役割――ロビン・D・G・ケリー、オンライン・ニューズレター『エンカルタ・アフリカーナ』。また、ゴールドフィールド『政治の色』一九二―一九三ページも参照。

(29)「どうじたばたしても黒人の男には勝ち目はないのよ。」――ロザリー・マギーのことば。「最高裁、重要な証拠を却下――脅迫と偽証の上に立つ国家対マギー事件」、『フリーダム』第一巻第四号(一九五一年四月)一ページ。

(30) ジェシカ・ミットフォード『よき古き闘争』一六一ページ。

(31)「忌まわしいニューヨークの共産党員たち」――『ニューヨーク・タイムズ』一九五〇年七月二十七日号、第三十七面。

(32) リンチの呼びかけ――『ジャクソン・デイリー・ニューズ』、ジェシカ・ミットフォード『よき古き闘争』一七九ページに引用されている。

(33) ウィリー・マギーが妻に宛てた最後の手紙――ジェシカ・ミットフォード「ウィリー・マギーを擁護して」、アルバート・フリード『アメリカにおける共産主義』三七七―三七八ページ。

(34) 黒人女性の諸団体――ロビン・D・G・ケリー、オンライン・ニューズレター『エンカルタ・アフリカーナ』。

(35) イングラム闘争――ホーン『共産党の隠れ蓑?』二〇五―二一二ページ。

(36)『サタデイ・リビュー・オブ・リテラチュア』一九四七年十一月十一日号。

(37) 耳を貸してくれそうな人ならば誰に対しても、CRCは次のように主張した。「共産党を擁護することが、万人の市民的自由を擁護するためには最重要である。」――ジェラルド・ホーンの、CRCに関する小論。ブール、ブール、ジョーガカス編『アメリカ左翼事典』一三四ページに所収。

(38) 「理解しがたい」――一九五四年二月二十日のシカゴ十戒協会における挨拶のテープ録音。『思索と意見』三七―三九ページおよびネーサン、ノーデン『アインシュタインの平和論』六〇〇―六〇一ページ（邦訳『アインシュタイン平和書簡』3、六九七―六九九ページ）に所収。

(39) アリス・カラプリス『親愛なるアインシュタイン教授』（邦訳『おしえて、アインシュタイン博士』杉元賢治訳、大月書店、二〇〇二年。）

(40) SCEFとハイランダー・フォーク・スクールは辛うじて生き延びた――シュレッカー『こんなに多くの犯罪』三九一ページ。ハイランダーでのローザ・パークス――フレッド・パウレッジ『ついに自由に？』七四―七五ページ。

(41) アインシュタイン「高等教育における人種差別に関する全南部会議へのメッセージ」（第II部 資料Iを参照）。

(42) 手錠をかけられて――「尊敬おくあたわざるデュ・ボイスが……手錠をかけられ、指紋を採られ、保釈され、そして裁判のために再拘留された」――コート『大いなる恐怖』一七六ページ。「反核、反冷戦」団体としての平和情報センター――ロビン・D・G・ケリー。ブール、ブール、ジョーガカス編『アメリカ左翼事典』二〇四ページによる。

(43) 「長い間、マルカントニオを見つめていた」――シャーリー・グラハム・デュ・ボイス『デュ・ボイス――写真で見る伝記』。デュ・ボイスの親友にして同僚だったハーバート・アプセーカーからも同じ報告が得られた――二〇〇一年二月十九日、カリフォルニア州サンホセにあるアプセーカーの自宅で行なわれたフレッド・ジェロームによるインタビュー。

(44) マサチューセッツ大学アマースト校デュ・ボイス文書、リール六六、第五九一番。

第10章　アインシュタインとロブソン（二）

（1）盗聴を防ぐために、招待状は共通の友人を通じて送られた――一九九八年十月―十一月の、フレッド・ジェロームとロイド・ブラウンの会話。

（2）ロブソン暗殺の試み――ハワード・ファスト『ピークスキル』八二ページ（邦訳『ピークスキル事件』松本正雄訳、筑摩書房、一九五二年、一四二ページ）、および九六ページに向かい合っている写真（邦訳　写真3と4）。

（3）「なかばファシスト的」――ヘンリー・A・ウォーレスに宛てた一九四九年一月二十六日付の手紙、アインシュタイン・アーカイヴズ。この手紙はNATO創設に対するアインシュタインの懸念をもっぱら表していた。彼はNATO創設を「恐怖」と呼んでいた。

（4）「［国務省職員］シプリーとナイト（そして彼らの動きの多くを指揮していたフーヴァー）によって……歌手ポール・ロブソンと作家ハワード・ファストは旅券発給を拒否された」――カート・ジェントリー『J・エドガー・フーヴァー　人と秘密』四〇九ページ（邦訳『フーヴァー長官のファイル』下巻、吉田利子訳、文藝春秋、一九九四年、二二一ページ）。

（5）「黒人教会も脅迫電話を受けた」および「だが、あなたが一緒にいらっしゃったのも偉大な人じゃありませんか」――一九九八年十月―十一月のブラウンとの会話。

（6）イスラエルについてのアインシュタインの意見――二〇〇二年二月二十四日の「ライク・イット・イズ」におけるロイド・ブラウンの、ギル・ノーブルに対する発言。アインシュタインがイスラエルの大統領にならないかという誘いを断ったことについては、他の論者たちが、健康状態の不安や政治的経験の欠如などを含むさまざまな競合する理由を挙げてきた。

（7）同右。

（8）ロブソンによるアインシュタイン訪問の報告は、『フリーダム』に彼が毎月書くコラム「ヒヤズ・マイ・ストーリー」（一九五二年十一月）に発表された。ブラウンのインタビュー――「ライク・イット・イズ」、二〇〇二年二月二十四日。

（9）「絶滅」――一九五〇年二月十二日、エリノア・ルーズヴェルトの最初の全国向けテレビ番組で、アインシュタインは水素爆弾が世界の「絶滅」を招来するかも知れないと警告した（「アインシュタインの宇宙」、BBCおよびWGBHテレビジョン、一九九七年）。

（10）アインシュタインの「意気消沈期」の手紙――インディアナ州の友人への手紙、ネーサン、ノーデン『アインシュタインの平和論』五三八―五三九ページ（邦訳『アインシュタイン平和書簡』3、六三一ページ）。「敬愛するアメリカ人たちはドイツ人に成り代わってしまいました」、そして「私たちはなすすべもなく、傍観しています」（エリザベート王妃宛、一九五一年六月六日）、同書、五五四ページ（六四六ページ）。「これほど孤立していると感じたことは今までにありません」（ゲルトルーデ・ワルシャウアー宛て、一九五〇年七月十五日）、アリス・キャラプリス『引用可能なアインシュタイン』二四ページ（邦訳『増補新版　アインシュタインは語る』林一・林大訳、大月書店、二〇〇六年、五三ページ）。

（11）「一番悲しいのは」――（エリザベート王妃宛て、一九五二年一月二十三日）、ネーサン、ノーデン『アインシュタインの平和論』五六二ページ（邦訳『アインシュタイン平和書簡』3、六五六ページ）。

（12）「ポール・ロブソン、ピース・アーチの大コンサートで数千人を魅了」という見出しを掲げたブリティッシュ・コロンビアの『ユニオン・ニューズ』一九五二年六月六日号、第一面から――「五月十八日のピース・アーチにおけるポール・ロブソンのコンサートを描写するのに必要な最上級を見いだすのは難しい。というのも、抗議活動に参加した人々の数や盛り上がった熱狂の度合いは、地域労働組合の主催者たちの乱暴きわまる夢想さえも大きく上回っていたからである。」

（13）アインシュタインがブルックリンの学校教師ウィリアム・フラウエングラスに宛てて書いた手紙について報じた一九五三年六月十二日付『ニューヨーク・タイムズ』の見出しは、「アインシュタイン、『証言を拒否せよ』と議会に喚問された知識人に助言」というものだった。そして、十二月十七日のは、アル・シャドウィッツの証言を記述して、「証言者、アインシュタインの助言に従い、自分が赤であったかどうか答えるのを拒否」であった。

（14）「彼があんなに陽気なのを今までに見たことがない」――カーラーのことば。セイエン『アメリカにおけるアインシュタイン』二七二ページに引用されている。「アメリカの敵」――一九五三年六月十四日付『ニューヨーク・タイムズ』に引用されているマッカーシーのことば。

(15)「この闘争に飽きてしまうということ」――一九五四年二月二十日のシカゴ十戒協会に宛てた挨拶のテープ録音。『思索と意見』三七―三九ページおよびネイサン、ノーデン『アインシュタインの平和論』六〇〇―六〇一ページ(邦訳『アインシュタイン平和書簡』3、六九七―六九九ページ)に所収。「私は死ぬまで闘い続けなければならない」――フランコ派ファシストの犠牲者のための救援金を集める目的で、一九三七年十二月にロンドンのアルバート・ホールで開かれた大衆集会でのロブソン。ダバーマン『ポール・ロブソン』二一三ページ。

FBIのアインシュタイン・ファイルから

(1)ACEL関係の記載は、アインシュタイン・ファイルの中の二つのFBI報告にまとめられている。すなわち五七二ページから始まる一九五二年の相関報告セクション四(人目をひくレッテル貼りを含んだ抜粋は五八二ページからのもの)と、一九五三年八月十五日の要約報告である。項目のいくつかは、ワシントンで抗議行動があった一九四六年九月二十三日以後に書かれたが、ほかにもっと以前に書かれた項目もあるので、時制が過去から現在へ、そして再び過去へ戻っている理由が納得できる。ロブソンの「共産党との長いつながりの記録」を記述する項目はワシントン事件の七年後に書かれたもので、一九五三年の要約報告セクション八の二九―三〇ページに出ている。

訳者あとがき

本書は Fred Jerome and Rodger Taylor. *Einstein on Race and Racism*. Rutgers University Press, 2005. の全訳である。

本文中に挿入されたごく少数の割注は、訳者によるものである。索引は、原著のそれに人名をかなり追加すると共に、参照箇所を原注からも積極的に拾うようにした。引用文献のうち邦訳のあるものについては、引用箇所を記したが、引用文そのものは新たに翻訳したものである。原注にひいてあるインターネットのホームページのアドレスのうち、翻訳の時点で新しくなっていたものについては、特に断ることなく書き換えた。アインシュタインの文通相手であったベルギー国王アルベール一世の妃エリザベートの称号は、新しい国王が即位する（一九三四年と一九五一年）ごとに変化しているはずであろうが、原著ではクイーンで通しているので、訳語も王妃で通した。

著者の一人フレッド・ジェロームは、二〇〇二年に出した著書『アインシュタイン・ファイル　世界一有名な科学者に対するJ・エドガー・フーヴァーの秘かな戦争』によって知られるベテランのジャーナリストで、一九六〇年代初頭には南部で公民権運動を取材していたが、その後、科学技術の分野にも関心を広げ、一九七九年には科学者たちの参加を募ってジャーナリストの電話相談に応じる組織「メディア・リソース・サービス」（MRS）を創設した。『ニューズウィーク』や『ニューヨーク・タイムズ』などのメディアに寄稿しているほか、ニューヨーク地区の諸大学にも出講し、シラキュース大学コミュニケーション学部の研究センター「遺伝子メディア・フォーラム」（GMF）では、シニア・コンサルタントを務めている。

もう一人の著者ロジャー・テイラーは生まれも育ちもニューヨークで、現在もニューヨーク公共図書館に勤務しながら、フリーランス・ライターとして、同地における都市生活、初期のアフリカ系アメリカ人社会、彼らの墓地問題に関する論考を発表している。本書第4章の冒頭でアインシュタインを初めて見たときの興奮を語るフローレンス・テイラーは、彼の母親だそうである。

アインシュタイン死後約半世紀がたつ今日まで、その生涯と思想、業績はさまざまな人々によって微にいり細を穿つようにして論じられてきたが、彼の人種観や、人種差別に反対する彼の活動に関しては十分に伝えられてこなかった、というよりはベールが掛けられてきたと考える著者たちが、アインシュタインの書簡、論文、講演、インタビューなどを博捜して、これらの問題と真っ正面から取り組んで著わしたのが本書である。

第Ⅱ部資料編第1章にまとめられたアインシュタインの発言の時期は、一九三一年から約二十年間にわたる。これはドイツにおけるヒトラーの台頭に始まり、第二次世界大戦を経て、米国におけるマッカーシズムの最盛期にいたる激動の時代である。第I部は、それぞれの発言の政治的・社会的な文脈を、こうした時代背景の中に位置づけている。だから、この第I部は、二十世紀第二四半期の米国における人種差別反対運動の概観として読むこともできようが、単なる背景説明にとどまらず、アインシュタインが移住したプリンストンという町のアメリカ史における重要な役割を明らかにすると共に、この地のアフリカ系アメリカ人住民からの聞き取りを縦横に活用して、この町の大学や研究所、そしてアインシュタインについて新たな光をあて、今までに知られていなかった事実を掘り起こすことに成功している。

第I部の叙述は、当然のことながら一九五五年のアインシュタインの死で終っているから、本書に登場した幾人かの人々のその後を簡単に記しておこう。

八十三歳の誕生祝賀会までがFBIに監視されていたW・E・B・デュ・ボイス（ちなみにこの名前はドゥー・ボイズと書く方が原音に近いようだが、本書では日本での慣用的な表記にしたがった。）は、九十一歳になった一九六一年に米国共産党に入党する。同じ年にガーナのエンクルマ大統領から『エンサイクロペディア・アフリカーナ』の編集を依頼されて同国にわたり、一九六三年に同地で没した。

一九五八年になってようやく再び国外に出られることになったポール・ロブソンはロンドンを本拠にしてヨーロッパ各地での活動を再開したが、六〇年代初頭に健康を害し、一九六四年に米国に戻った後も、入退院を繰り返す日々が続いて、公的活動から退き、一九七六年に死去した。夫人エスランダの死の三年後のことであった。

一九三四年のロブソン夫妻のモスクワ行きに同行した英国のジャーナリスト、マリー・シートンは本書ではエイゼンシュテインの伝記（邦訳『エイゼンシュタイン』上下、佐々木基一、小林牧訳、美術出版社、一九六六―六八年）の作者と紹介されているが、後にロブソンの伝記（本書の参考文献にはのっていないが。）も書いた。彼女はそのほかインドのネール首相や映画監督サタジット・レイの伝記も書いて、一九八五年に世を去った。

一九四九年に下院非米活動委員会の公聴会で交友関係について証言するのを拒否して、議会侮辱罪に問われた物理学者デイヴィッド・ボームは、結局は無罪になったものの、プリンストン大学を追われ、国外に職を求めることを余儀なくされて、ブラジル、イスラエル、英国と渡り歩いた挙句、ロンドンのバーベック・カレッジで定年を迎え、この地で一九九二年に死去した。

一九五五年の一月にメトロポリタン歌劇場で歌う初めてのアフリカ系アメリカ人歌手となったマリアン・アンダーソンは、一九九三年に九十六歳の長寿をまっとうしている。

医者にして医療機器製作者でもあった父親につれられて、新旧両大陸でアインシュタイン家に出入りしていたピーター・バッキーは、父の後を継いでバッキーX線インターナショナルの社長になったが、若いころとっていたメモに基づいて、一九九二年に『私生活のアインシュタイン』を上梓した後、一九九七年に死去した。アインシュタインの葬儀に参列した十一人のうち四人までがバッキー家の人々だったというほどの親しいつきあいであったらしい。

こういうわけで、著者たちはアインシュタインの口にはめられた猿ぐつわを外すと共に、二十世紀に生きた人々の経験を新しい世紀に引き継ぐという貴重な仕事も果たしているわけである。

なお、四〇ページに出てくる映画『国民の創生』に関しては、ジョン・ホープ・フランクリン『人種と歴史　黒人歴史家のみたアメリカ社会』（本田創造監訳、岩波書店、一九九三年）第七章「『国民の創生』——歴史という名の宣伝」に詳しく論じられているから、参照されるとよい。
フレッド・ジェロームが「アインシュタインとＦＢＩ」と題して、ノースウエスタン大学物理学・天文学部の公開講座で二〇〇三年十二月に行なった講演の動画と音声がインターネット上で公開されている（http://physics.northwestern.edu/pub_lec.html）。この中には、テレビ番組に出演して水爆による人類の絶滅を警告するアインシュタイン（本書二六五ページ注（９）参照）の映像も挿入されている。
現在、米国ではアインシュタインとロブソンの友情を主題にした映画の製作が進行中で、アインシュタインをベン・キングスレーが、そしてロブソンをダニー・グローヴァーが演じるということである。著者たちが苦心してまとめ上げた本書の内容が、より多くの人々に知って貰えるよすがにでもなって欲しいものである。

一昨年、出版局の平川俊彦氏に勧められてこの翻訳を始めたが、訳稿の編集は新しく編集代表になられた秋田公士氏の手を煩わすことになった。お二人を初め出版局の方々のさまざまなご配慮に感謝する。

二〇〇八年二月

豊田　彰

著　者

フレッド・ジェローム（Fred Jerome）

アメリカのジャーナリスト．1960年代初頭には南部で公民権運動を取材していたが，その後，科学技術の分野にも関心を広げ，1979年には科学者たちの参加を募ってジャーナリストの電話相談に応じる組織「メディア・リソース・サービス」を創設した．『ニューズウィーク』や『ニューヨーク・タイムズ』に寄稿しているほか，ニューヨーク地区の諸大学にも出講し，シラキュース大学コミュニケーション学部の研究センター「遺伝子メディア・フォーラム」ではシニア・コンサルタントを務めている．著書に『アインシュタイン・ファイル　世界一有名な科学者に対するJ. エドガー・フーヴァーの秘かな戦争』がある．

ロジャー・テイラー（Rodger Taylor）

ニューヨークに生まれる．現在はニューヨークの公共図書館に勤務しつつ，フリーランスのライターとして，同地における都市生活，初期のアフリカ系アメリカ人社会，彼らの墓地問題などに関する論考を発表している．

訳　者

豊田　彰（とよだ あきら）

1936年，愛知県に生まれる．名古屋大学大学院理学研究科博士課程修了．物理学専攻．茨城大学名誉教授．訳書に，セール『白熱するもの』，『幾何学の起源』，『コミュニケーション〈ヘルメスⅠ〉』（共訳），『干渉〈ヘルメスⅡ〉』，『翻訳〈ヘルメスⅢ〉』（共訳），『分布〈ヘルメスⅣ〉』，『青春　ジュール・ヴェルヌ論』，『ルクレティウスのテキストにおける物理学の誕生』，バートン『古代占星術』，チャンドラセカール『真理と美』（以上，法政大学出版局），バシュラール『原子と直観』，『近似的認識試論』（共訳．以上，国文社）などがある．

《叢書・ウニベルシタス 890》
アインシュタインとロブソン

2008年 6 月10日　初版第 1 刷発行

フレッド・ジェローム／ロジャー・テイラー
豊田 彰 訳
発行所　財団法人　法政大学出版局
〒102-0073 東京都千代田区九段北3-2-7
電話03(5214)5540 振替00160-6-95814
組版・印刷：平文社　製本：誠製本

Printed in Japan

ISBN978-4-588-00890-0

索　引

略語

ア行

カ行

サ行

タ行

ナ行

ハ行

マ行

ヤ行

ラ行

ワ行

ワックスウッド，ハワード（Waxwood, Howard）　69
ワッターソン，カスリン（Watterson, Kathryn）　116n
ワトキンス，アレクサンダー・デュマ（Watkins, Alexander Dumas）　39
ワラー，ファッツ（Waller, Fats）　89
『われわれは集団殺戮を告発する』（CRC）　161

参考文献

インタビューした人々

Lloyd Banks
Morris Boyd
Lloyd Brown
Harriet Calloway
Consuela Campbell
Eric Craig
Penney Edwards-Carter
Fanny Reeves Floyd
James Floyd
Shirl Gadson
Albert Hinds
Timmy Hinds
Wallace Holland
Joi Morton
Terri Nelson
Henry Pannell
Rod Pannell
Alice Satterfield
Shirley Satterfield
Lena Sawyer
Callie Carraway Sinkler
Yvonne Foster Southerland
Lillie Trotman
Mary Trotman
Evelyn Turner
Mercedes Woods

アルバート・アインシュタインに関するもの

書籍と論文

Berlin, Isaiah, et al. *Einstein and Humanism*. Jerusalem: Papers from the Einstein Centennial Symposium, 1979.

Bernstein, Jeremy. *Albert Einstein and the Frontiers of Physics*. New York: Oxford Universiy Press, 1997.
(邦訳　ジェレミー・バーンスタイン『アインシュタイン　時間と空間の新しい扉へ』林大訳，大月書店，2007 年．)

Boni, Nell, Monique Russ, and Dan H. Lawrence. *Bibliographical Checklist and Index to the Collected Writings of Albert Einstein*. Paterson, N.J.: Pageant Books, 1960.

Brunnauer, Lt. Stephen. "Einstein and the US Navy." In *Heterogeneous Catalysis*. Houston: Robert A. Welch Foundations, 1983.

Brian, Denis. *Einstein, A Life*. New York: John Wiley, 1996.

（邦訳　デニス・ブライアン『アインシュタイン　天才が歩んだ愛すべき人生』鈴木主税訳，三田出版会，1998 年.）
Bucky, Peter A. *The Private Einstein*. Kansas City, Mo.: Andrews and McMeel, 1992.
Calaprice, Alice. *Dear Professor Einstein: Albert Einstein's Letters to and from Children*. Amherst, N.Y.: Prometheus Books, 2002.
（邦訳　アリス・カラプリス編『おしえて，アインシュタイン博士』杉元賢治訳，大月書店，2002 年.）
———. *The New Quotable Einstein*. Princeton, N.J.: Princeton University Press, 2005.
（邦訳　アリス・カラプリス編『アインシュタインは語る』増補新版，林一・林大訳，大月書店，2006 年.）
———. *The Expanded Quotable Einstein*. Princeton, N.J.: Princeton University Press, 2000.
Clark, Ronald W. *Einstein: The Life and Times*. New York: Avon Books, 1972.
Dukas, Helen, and Banesh Hoffman, eds. *Albert Einstein: The Human Side*. Princeton, N.J.: Princeton University Press, 1979.
（邦訳　H・デュカス，B・ホフマン編『素顔のアインシュタイン』林一訳，東京図書，1991 年.）
Einstein, Albert. "Educatin and World Peace." *New York Times*, November 24, 1934, 17.
———. *Ideas and Opinions*. Based on *Mein Weltbild*. Introduction by Alan Lightman. New York: Modern Library, 1994.
———. "Message to the Southwide Conference on Discrimination in Higher Education, Atlanta University, 1950." In *Discrimination in Higher Education*. New Orleans: SCEF, 1951.
———. *Out of My Later Years*. New York: Philosophical Library, 1950.
（邦訳　アインシュタイン『晩年に想う』中村誠太郎・南部陽一郎・市井三郎訳，講談社文庫，1971 年.）
———. "To American Negroes." *The Crisis* 39 (1932), 45.
———. "Why Socialism?" *Monthly Review* 1, no. 1 (May, 1949).
———. *The World As I See It* [*Mein Weltbild*]. Amsterdam, 1934. Revised edition edited by Carl Seelig. Zurich: Europa Verlag, 1953.
（邦訳　アインシュタイン『我が世界観』石井友幸・稲葉明雄訳，白揚社，1935 年.）
Fölsing, Albrecht: *Albert Einstein: A Biography*. New York: Viking; 1997.
Frank, Philipp. *Einstein: His Life and Times*. New York: Alfred A. Knopf, 1947.
（邦訳　フィリップ・フランク『評伝　アインシュタイン』矢野健太郎訳，岩波現代文庫，2005 年.）

French, A. P., ed. *Einstein, A Centenary Volume*. Cambridge, Mass.: Harvard University Press, 1979.
（邦訳　A・P・フレンチ編『アインシュタイン　科学者として・人間として』柿内賢信ほか訳，培風館，1981 年.）
Friedman, Alan J., and Carol C. Donley. *Einstein as Myth and Muse*. New York: Cambridge University Press, 1985.
（邦訳　A・J・フリードマン，C・C・ドンリー『アインシュタイン「神話」：大衆化する天才のイメージと芸術の反乱』沢田整訳，地人書館，1989 年.）
Golden, Fred. "Relativity's Rebel." *Time*, December 31, 1999.
Green, Jim, ed. *Albert Einstein*. Melbourne, Australia: Ocean Press, 2003.
Highfield, Roger, and Paul Carter. *The Private Lives of Albert Einstein*. New York: St. Martin's Press, 1993.
（邦訳　ロジャー・ハイフィールド，ポール・カーター『裸のアインシュタイン』古賀弥生訳，徳間書店，1994 年.）
Hoffman, Banesh, with Helen Dukas. *Albert Einstein, Creator and Rebel*. London: Hart-Davis, MacGibbon, 1973.
（邦訳　B・ホフマン，H・ドゥカス『アインシュタイン：創造と反骨の人』鎮目恭夫・林一訳，河出書房新社，1974 年.）
Holton, Gerald. *Einstein, History and Other Passions*. New York: Addison Wesley, 1996.
Holton, Gerald, and Yehuda Elkana, eds. *Albert Einstein: Historica and Cultural Perspectives*. From the Einstein Centennial Symposium in Jerusalem. Princeton, N.J.: Princeton University Press, 1982.
Jerome, Fred. "Einstein and Martin Luther King Share Common Enemy, Racism." *Our World News* on-line, January 20, 1998.
———. *The Einstein File: J. Edgar Hoover's Secret War against the World's Most Famous Scientist*. New York: St. Martin's Press, 2002.
———. "Einstein, Race, and the Myth of the Cultural Icon." *ISIS*（December 2004）.
Levenson, Thomas. *Einstein in Berlin*. New York: Bantam Books, 2003.
Nathan, Otto, and Heinz Norden, eds. *Einstein on Peace*. New York: Simon and Schuster, 1960.
（邦訳　ネーサン，ノーデン編『アインシュタイン平和書簡』1，2，3．金子敏男訳，みすず書房，1974，1975，1977 年.）
Pais, Abraham. *Einstein Lived Here*. New York: Oxford University Press, 1994.
（邦訳　アブラハム・パイス『アインシュタインここに生きる』村上陽一郎・板垣良一訳，産業図書，2001 年.）
———. *Subtle Is the Lord*. New York: Oxford University Press, 1982.

(邦訳　アブラハム・パイス『神は老獪にして：アインシュタインの人と学問』金子務ほか訳，産業図書，1987 年.)
Reiser, Anton [pseud. Rudolf Kayser]. *Albert Einstein, A Biographical Portrait.* New York: A. & C. Boni, 1930.
Rosenkranz, Ze'ev, ed. *Albert through the Looking Glass.* Jerusalem: Jewish National and University Library, 1998.
———. *The Einstein Scrapbook.* Baltimore: Johns Hopkins University Press, 2002.
Sayen, Jamie. *Einstein in America.* New York: Crown Publishing, 1985.
Schlipp, Paul Arthur, ed. *Albert Einstein Philosopher-Scientist.* LaSalle, Ill.: Open Court Publishing, 1949; Library of Living Philosophers, 1970.
Schwartz, Richard Alan. "Einstein and the War Department." *ISIS* (June 1989).
———. "The FBI and Dr. Einstein." *The Nation*, September 3-10, 1983.
Simmons, John. *The Scientific 100.* Secaucus, N.J.: Carol Publishing Group, 1996.
Stachel, John. *Einstein from B to Z.* Boston: Birkhäuser, 2002.
———. "Exploring the Man beyond the Myth, Albert Einstein." *Bostonia* (February 1982).
Stern, Fritz. *Einstein's German World.* Princeton, N.J.: Princeton University Press, 1999.
Vallentin, Antonina. *The Drama of Albert Einstein.* Garden City, N.Y.: Doubleday, 1954.
(フランス語原著からの邦訳　アントニーナ・ヴァランタン『アインシュタインの悲劇』西田義郎訳，東洋経済新報社，1956 年.)
———. *Einstein: A Biography.* London: Weidenfeld and Nicolson, 1954.
Wallace, Irving. *The Writing of One Novel.* New York: Simon and Schuster, 1968.
Weart, Spencer, and Gertrude Szilard. *Leo Szilard: His Version of the Facts.* Cambridge, Mass.: MIT Press, 1978.
(邦訳　S・R・ウィアート，G・W・シラード編『シラードの証言』伏見康治・伏見諭訳，みすず書房，1982 年.)

ビデオテープと DVD

Aigner, Lucien. "A Day with Einstein, Recollections by Lucien Aigner." 1940 photo sessions in Princeton. Videotape. Lenox, Mass.: Herbert Wolff, K2 Productions, 1994.
Devine, David, and Richard Mozer. *Einstein: Light to the Power of E(2).* Videotape. Toronto: Devine Productions, 1997.
"Einstein Revealed." *Nova.* Videotape. Boston: WGBH, 1996.
Einstein's Universe. Narrated by Peter Ustinov. Videotape. London: BBC and Boston: WGBH, 1997.

ロブソンに関するもの

書籍と論文

Armentrout, Barbara, and Sterling Stickey. *Paul Robeson's Living Legacy*. Chicago: Columbia College Chicago and Paul Robeson 100th Birthday Committee, 1999.

Brown, Lloyd. *The Young Paul Robeson*. Boulder, Colo.: Westview Press, 1999.

Davis, Lenwood G., ed. *A Paul Robeson Research Guide*. Westport, Conn.: Greenwood Press, 1982.

Duberman, Martin Bauml. *Paul Robeson*. New York: Alfred A. Knopf, 1988.

Foner, Philip, ed. *Paul Robeson Speaks*. New York: Citadel Press, 1978.

Gilliam, Dorothy Butler. *Paul Robeson, All-American*. New York: New Republic Book Company, 1976.

Paul Robeson: Tributes and Selected Writings. Compiled and edited by Robert Yancy Dent, assisted by Marilyn Robeson and Paul Robeson Jr. New York: Paul Robeson Archives, 1979.

Robeson, Paul. *Here I Stand*. Reprint. Boston: Beaton Press, 1998.

(邦訳　ポール・ロブスン『ここに私は立つ』工藤直子訳，ポール・ロブスン生誕百周年記念日本委員会，1996 年．)

Robeson, Paul Jr. *The Undiscovered Paul Robeson*. New York: John Wiley, 2001.

Robeson, Susan. *The Whole World in His Hands*. Secaucus, N.J.: Citadel Press,1981.

Stewart, Jeffrey C., ed. *Paul Robeson, Artist and Citizen*. New Brunswick, N.J.: Rutgers University Press, 1998.

ビデオテープと DVD

Brown, Lloyd. "Interview." *Like It Is with Gil Noble*. TV program. February 24, 2002.

Noble, Gil. *The Tallest Tree in the Forest. Like It Is* special presentation, 1977.

Videotape. St. Louis: Phoenix Films, Timeless Video release, 1994. Contains Robeson speaking on music at some length.

Paul Robeson: Here I Stand. DVD. Directed by St. Clair Bourne, narrated by Ossie Davis. New York American Masters and Thirteen/WNET, 1999.

全般的なもの

Alexander, Stephan. "*Communazis.*" New Haven: Yale University Press, 2000.

Alperowitz, Gar. *The Decision to Use the Atomic Bomb*. New York: Random House, 1995.
（邦訳　ガー・アルペロビッツ『原爆投下決断の内幕：悲劇のヒロシマ，ナガサキ』鈴木俊彦ほか訳，ほるぷ出版，1995年.）

Anderson, Marian. *Lord What a Morning*. Madison: University of Visconsin Press, 1956.
（邦訳（抄訳）　マリアン・アンダーソン『マリアン・アンダーソン』西崎一郎訳，時事通信社，1959年.）

Aptheker, Herbert, *Anti-Racism in U.S. History: The First Hundred Years*. Westport, Conn.: Praeger, 1993.

———. *A Documentary History of the Negro People*. New York: Carol Publishing Group, 1993.

Belfrage, Cedric. *The American Inquisition, 1945-1960*. Indianapolis: Bobbs-Merrill, 1973.

Bernstein, Barton J., ed. *Politics and Policies of the Truman Administration*. Chicago: Quadrangle Books, 1970.

Beyerchen, Alan D. *Scientists under Hitler*. New Haven: Yale University Press, 1977.
（邦訳　A・D・バイエルヘン『ヒトラー政権と科学者たち』常石敬一訳，岩波書店，1980年.）

Bond, Horace Mann. *Education for Freedom*. Lincoln, Pa.: Lincoln University, 1976.

Boyer, Paul. *By the Bomb's Early Light: American Thought and Culture at the Dawn of the Atomic Age*. Chapel Hill: Univesity of North Carolina Press, 1994.

Brecher, Jeremy. *Strike!* San Francisco: Straight Arrow Press （a division of Rolling Stone）, 1972.

Breese, Gerald. *Glimpses of Princeton Life, 1684-1990*. Princeton, N.J.: Darwin Press, 1991.

Buhle, Mario Jo, Paul Buhle, and Dan Georgakas, eds. *Encyclopedia of the American Left*. Urbana: University of Illinois Press, 1992.

Carroll, Peter N. *The Odyssey of the Abraham Lincoln Brigade: Americans in the Spanish Civil War*. Stanford, Calif.: Stanford University Press, 1994.

Caute, David. *The Fellow-Travelers: Intellectual Friends of Communism*. New Haven: Yale University Press, 1988.

———. *The Great Fear. The Anti-Communist Purge under Truman and Eisenhower*. New York: Simon and Schuster, 1978.

Civil Rights Congress. *We Charge Genocide: The Historic Petition to the United Nations for Relief from a Crime of the United States Government against the Negro People*. New York:

International Publishers, 1951.
Chipp, Herschel B. *Picasso's Guernica*. Berkley: University of California Press, 1988.
Cook, Fred J. *The FBI Nobody Knows*. New York: Macmillan, 1964.
Corson, William R. *The Armies of Ignorance*. New York: Dial Press, 1977.
Crane, Ralph. *Century of Change*. Boston: Little, Brown, 2000.
Culver, John C., and John Hyde. *American Dreamer: A Life of Henry A. Wallace*. New York: W. W. Norton, 2000.
Donovan, Robert J. *Conflict and Crisis: The Presidency of Harry S. Truman, 1945-1948*. New York: W. W. Norton, 1977.
DeLoach, Carta. *Hoover's FBI*. Washington, D.C.: Regnery Publishers, 1995.
Demaris, Ovid. *The Director: An Oral History of J. Edgar Hoover*. New York: Harper's Magazine Press, 1975.
De Toledano, Ralph. *J. Edgar Hoover*. New Rochelle, N.Y.: Arlington House, 1973.
Donner, Frank J. *The Age of Surveillance*. New York: Vintage Books, 1981.
Du Bois, Shirley Graham. *Du Bois: A Pictorial Biography*. Chicago: Johnson Publishing, 1978.
Fariello, Griffin. *Red Scare: Memories of the American Inquisition: An Oral History*. New York: W. W. Norton, 1995
Fast, Howard. *Peekskill*. New York: Civil Rights Congress, 1951.
（邦訳　ハワード・ファスト『ピークスキル事件』松本正雄訳，筑摩書房，1952 年.）
Fost, Catherine. *Subversive Southerner*. New York: Palgrave Macmillan, 2002.
Franklin, John Hope. *From Slavery to Freedom*. 2nd ed. New York: Alfred A. Knopf, 1963.
（原著 4 版の邦訳　ジョン・ホープ・フランクリン『アメリカ黒人の歴史　奴隷から自由へ』井出義光ほか訳，研究社出版，1978 年.）
Franklin, John Hope, and Loren Schweninger. *Runaway Slaves: Rebels on the Plantation*. New York: Oxford University Press, 1999.
Fred, Albert. *Communism in America: A History in Documents*. New York: Columbia University Press, 1997.
Friedrich, Otto. *Before the Deluge: A Portrait of Berlin in the 1920's*. New York: Harper & Row, 1972.
（邦訳　オットー・フリードリク『洪水の前：ベルリンの一九二〇年代』千葉雄一訳，新書館，1985 年.）
Gellately, Robert. *Backing Hitler: Consent and Coercion in Nazi Germany*. Oxford: Oxford University Press, 2001.
———. *The Gestapo and German Society*. Oxford: Clarendon Press, 1990.
Gentry, Curt. *J. Edgar Hoover, the Man and the Secrets*. New York: Penguine Books, 1991.

（邦訳　カート・ジェントリー『フーヴァー長官のファイル』上，下巻，吉田利子訳，文藝春秋，1994 年.）

Ginzburg, Ralph. *100 Years of Lynching*. Baltimore: Black Classic Press, 1962.

Goldfield, Michael. *The Color of Politics*. New York: New Press, 1997.

Hack, Richard. *Puppetmaster: The Secret Life of J. Edgar Hoover*. Beverly Hills, Calif.: New Millenium Press, 2004.

Hageman, John Frelinghuysen. *History of Princeton and Its Institutions*. Philadelphia: J. B. Lippincott, 1879.

Honey, Michael. "The War within the Confederacy: White Unionists of North Carolina." *Prologue* (Summer 1986).

Hoffman, Peter. *The History of German Resistance, 1933-1945*. Cambridge, Mass.: MIT Press, 1977.

Horne, Gerald. *Black and Red: W.E.B. Du Bois and the Afro-American Response to the Cold War, 1944-1963*. Albany: State University of New York Press, 1986.

———, *Communist Front? The Civil Rights Congress, 1946-1956*. Cranbury, N.J.: Associated University Presses, 1988.

Hudson, Hosea. *Black Workers in the Deep South*. New York: International Publishers, New York, 1972.

James, C.L.R. *Fighting Racism in World War II*. New York: Pathfinder Press,1980.

Jennings, Peter, and Todd Brewster. *The Century*. New York: Doubleday, 1998.

Keenan, Roger. *The Communist Party and Auto Workers Union*. Bloomington: Indiana University Press, 1980.

Keller, William W. *The Liberals and J. Edgar Hoover*. Princeton N.J.: Princeton University Press, 1989.

Kelley, Robin D. G. *Hammer and Hoe: Alabama Communists during the Great Depression*. Chapel Hill: University of North Carolina Press, 1990.

Kessler, Ronald. *The F.B.I.* New York: Pocket Books (Simon and Schuster), 1993.

Lawson, John Howard. *Film in the Battle of Ideas*. New York: Masses and Mainstream, 1953.

Leslie, Stewart. *The Cold War and American Science*. New York: Columbia University Press, 1993.

Lewis, David Levering. *W.E.B. Du Bois: The Fight for Equality and the American Century, 1919-1963*. New York: Henry Holt, 2000.

Lichtenstein, Nelson. *Labor's War at Home*. Cambridge: Cambridge University Press, 1982.

Lipsitz, George. *Rainbow at Midnight: Labor and Culture in the 1940s*. Chicago: University of Illinois Press, 1994.

Lowenthal, Max. *The FBI*. New York: William Sloane,1950.

Marrin, Albert. *The War for Independence: The Story of the American Revolution*. New York: Atheneum, 1998.

Meier, August, and Elliot Rudwick. *Black Detroit and the Rise of the UAW*. New York: Oxford University Press, 1979.

———. *From Plantation to Ghetto*. New York: Hill and Wang, 1976.

Meyer, Gerald. *Vito Marcantonio: Radical Politician, 1902-1954*. Albany: State University of New York Press, 1989.

Miller, Douglas, and Marion Nowack. *The Fifties: The Way We Really Were*. New York: Doubleday, 1977.

Mitford, Jessica. *A Fine Old Conflict*. New York: Alfred A. Knopf, 1977.

Mitgang, Herbert. *Dangerous Dossiers*. New York: Ballantine Books, 1988.

Naison, Mark. *Communists in Harlem during the Depression*. Chicago: University of Illinois Press, 1982.

Nash, J. R. *Citizen Hoover*. Chicago: Nelson-Hall, 1972.

Nelson, Steve. *Steve Nelson, American Radical*. Pittsburgh: University of Pittsburgh Press, 1981.

O'Brien, Gail Williams. *Color of Law: Race, Violence, and Justice in the Post-World War II South*. Chapel Hill: University of North Carolina Press, 1999.

O'Reilly, Kenneth. *Black Americans: The FBI File*. New York: Carroll and Graf Publishers, 1994.

———. *"Racial Matters": The FBI's Secret File on Black America, 1960-1972*. New York: Free Press, 1989.

Painter, Nell Irvin. *The Narrative Hosea Hudson, His Life as a Negro Communist in the South*. Cambridge: Cambridge University Press, 1979.

Parenti, Christian. *The Soft Cage: Surveillance in America from Slavery to the War on Terror*. New York: Basic Books, 2003.

Pendelton, Leila Amos. *A Narrative of the Negro*. Washington D.C.: R. L. Pendelton, 1912.

Powers, Richard Gid. *G-Men: Hoover's FBI in American Popular Culture*. Carbondale: Southern Illinois University Press, 1983.

———. *Secrecy and Power: The Life of J. Edgar Hoover*. New York: Free Press, 1987.

Powledge, Fred. *Free at Last? The Civil Rights Movement and the People Who Made It*. Boston: Littel, Brown, 1991.

Preis, Art. *Labor's Giant Step: Twenty Years of CIO*. New York: Pioneer, 1964.

Rhodes, Richard. *Dark Sun: The Making of the Hydrogen Bomb*. New York: Simon and Schuster, 1995.

(邦訳　リチャード・ローズ『原爆から水爆へ：東西冷戦の知られざる内幕』上下，小沢千重子・神沼二真訳，紀伊國屋書店，2001 年.)

———. *The Making of the Atomic Bomb*. New York: Simon and Schuster, 1986.
（邦訳　リチャード・ローズ『原子爆弾の誕生』上下，神沼二真・渋谷泰一訳，紀伊國屋書店，1995 年.）
Robbins, Natalie. *Alien Ink*. New York: William Morrow, 1992.
Robinson, Cedric. *Black Marxism: The Making of the Black Radical Tradition*. London: Zed Books. 1983.
Schiffman, Andre, ed. *The Cold War and the University*. New York: New Press, 1977
Schott, Joseph. *No Left Turns*. New York: Praeger, 1972.
Schrecker, Ellen W. *The Age of McCarthyism*. New York: Bedford Books of St. Martin's Press, 1994.
———. *Many Are the Crimes, McCarthyism in America*. New York: Little, Brown, 1988.
———. *No Ivory Tower*. New York: Oxford University Press, 1986.
Schultz, Bud, and Ruth Schultz. *It Did Happen Here: Recollections of Political Repression in America*. Berkely: University of California Press, 1989.
Schwartz, Richard Alan. *Cold War Culture*. New York: Facts on File, 1997.
———. *The Cold War Reference Guide*. Jefferson, N.C.: Mcfarland, 1997.
Sherwin, Martin J. *A World Destroyed: The Atomic Bomb and the Grand Alliance*. New York: Alfred A. Knopf, 1975.
（邦訳　マーティン・J・シャーウィン『破滅への道：原爆と第二次世界大戦』加藤幹雄訳，TBS ブリタニカ，1978 年.）
Shirer, William. *The Rise and Fall of the Third Reich*. New York: Simon and Schuster, 1959.
（邦訳　ウィリアム・シャイラー『第三帝国の興亡』井上勇訳, 創元社, 1961 年.）
Simpson, Christopher. *Blowback: America's Recruitment of Nazis and Its Effects on the Cold War*. New York: Weidenfeld and Nicolsen, 1988.
Smith, Graham. *When Jim Crow Met John Bull*. New York: St. Martin's Press, 1988.
Starr, Douglas. *Blood: An Epic History of Medicine and Commerce*. New York: St. Martin's Press, 1988.
（邦訳　ダグラス・スター『血液の物語』山下篤子訳，河出書房新社，1999 年.）
Stern, Fritz. *Dream and Delusions: The Drama of German History*. New York: Alfred A. Knopf, 1987.
Stolley, Richard B., ed. *LIFE: A Century of Change*. Boston: Little, Brown, 2000.
Stone, I. F. *The Truman Era*. New York: Random House, 1953.
（邦訳　I・F・ストーン『アメリカ逆コース』内山敏訳，新評論社，1953 年.）
Sullivan, William C., with Bill Brown. *The Bureau: My 30 Years in Hoover's FBI*. New York: W. W. Norton, 1979.
（邦訳　ウィリアム・サリバン，ビル・ブラウン『FBI：独裁者フーバー長官』土屋政雄訳，中央公論社，1981 年.）

Summers, Anthony. *Official and Confidential: The Secret Life of J. Edgar Hoover*. New York: G. P. Putnam's Sons, 1993.
（邦訳　アンソニー・サマーズ『大統領が恐れた男：FBI 長官フーヴァーの秘密の生涯』水上峰雄訳，新潮社，1995 年.）
Swearingen, M. Wesley. *FBI Secrets*. Boston: South End Press, 1995.
Theoharis, Athan. *From the Secret Files of J. Edgar Hoover*. Chicago: Ivan R. Dee, 1991.
――――. *J. Edgar Hoover, Sex, and Crime*. Chicago: Ivan R. Dee, 1995.
――――. *Spying on Americans*. Philadelphia: Temple University Press, 1981.
Theoharis, Athan, and John Stuart Cox. *The Boss*. Philadelphia: Temple University Press, 1988.
Turner, William W. *Hoover's FBI, the Men and the Myth*. Los Angeles: Sherbourne Press, 1971.
――――. *Rearview Mirror: Looking Back at the FBI, the CIA and Other Tails*. Granite Bay, CA Penmarin Books, 2001.
Ungar, Sanford. *The FBI*. Boston: Little, Brown, 1975.
Vidal, Gore. *United States: Essays, 1952-1992*. New York: Random House, 1992. (See especially Essay 91, "The National Security State."
Washington, Jack. *The Long Journey Home: A Bicentennial History of the Black Community of Princeton, New Jersey, 1776-1976*. Trenton: Africa World Press, 2005
Welch, Neil, and David W. Marston. *Inside Hoover's FBI*. Garden City, N.Y.: Doubleday, 1984.
Whitehead, Don. *The FBI Story*. New York: Random House, 1956.
Williams, David J. *Hit Hard*. Toronto: Bantam War Book Series, 1983.
Williams, Juan. *Thurgood Marshall, American Revolutionary*. New York: Times Books, 1998.
Wise, David. *The American Police State*. New York: Random House, 1976.
――――. "The FBI's Greatest Hits." *Washington Post Magazine*, October 27, 1996.
Wise, David, and Thomas B. Ross. *The Invisible Government*. New York: Random House, 1964.
Wistrich, Robert S. *Antisemitism: The Longest Hatred*. New York: Shocken Books, 1991.
Wittner, Lawrence S. *Rebels against War: The American Peace Movement, 1941-1960*. New York: Columbia University Press, 1969.
Wright, Bruce. *Black Robes, White Justice*. Secaucus, N.J.: Lyle Stuart, 1987.
Zinn, Howard. *Twentieth Century, A People's History*. New York: Harper & Row, 1980.